丛书由信阳师范学院资助出版

中国工作环境研究丛书

中国组织工作环境研究

理论框架与实证分析

RESEARCH ON THE CHINESE WORKING CONDITIONS

A Theoretical and Empirical Study

张　彦　宋争辉　李　俊　董金秋　著

社会科学文献出版社
SOCIAL SCIENCES ACADEMIC PRESS (CHINA)

编者序

工作环境（working conditions）主要指的是从业者在其工作单位中，在主观上所感受到的一种工作氛围（working climate）与工作状态（working state）。工作组织与单位作为一个社会中重要的制度载体，主要通过其所形成和营造的独特的社会环境或者组织文化影响并规范员工的组织行为。在欧洲，工作环境研究已经初具规模，成为一个很重要的交叉学科领域。在中国，学者们对工作环境的研究才刚刚开始，目前主要从工作时间、工作报偿、工作场所以及工作中的员工参与四个方面展开研究。

从历史发展的过程来看，工业文明的一个重要特点，就是使人们从互不关联的“个体劳动”中脱离出来，走向互为关联的“集体劳动”。人们在“集体劳动”过程中不断互动，社会交往日益频繁。这种不断互动与频繁交往使人们产生了对公共品的需求，同时也发展出公共道德规范。随着公共（集体）空间和公共品在质量上的提高与数量上的增加，“集体劳动”的效率会不断提高，与此同时，“集体劳动”的环境以及公共空间的环境也会不断改善，这既是文明发展的历史趋势，也是文明发展的条件和前提。[①] 在现代社会，工作组织是各类组织中的最主要形式，也是多数社会成员的主要“栖身”场所。人们生活在社会里，工作是人们生活最重要的组成部分，它会给人们带来完全的满足与充分的意义。一方面，人们的工作以及工作的环境深深地影响着人们的行为，

① 郑永年：《当代中国个体道德下沉根源》，《联合早报》2019年7月23日。

这样的组织及其环境实际上是人们在社会生活中价值观与行为取向重塑的社会场所；另一方面，人们的行为也深深地嵌入了他们工作的那个单位或者说他们的职业或工作之中。在很多情况下，人们在这种环境中完成他们的社会化过程。恰恰在这个意义上，人们在工作单位中感受到的组织氛围与工作状态，对人们在组织中的行为会产生举足轻重的影响。

事实上，经济增长的质量和效率取决于参与经济活动的劳动者的质量，取决于这种经济活动的组织者所营造的工作环境的质量。良好的工作环境，能够成就有质量的工作，它既是社会高质量发展的前提，也是条件。一个高质量发展的中国，首先需要创新劳动者的工作环境，同时需要提高劳动者的工作质量，这是当今中国发展的重要基础。

不少的研究告诉我们，一个好的工作环境，在微观个体层面，能够为人们获得幸福与满足提供必要的物质保障和前提，为人们的情感满足提供必要的社会归属，能够帮助个体更好地在组织中实现自我、激发潜能，为人们的自我成长和满足提供必要的公共场所；在中观组织层面，能够促进良好的组织文化构建，提高组织成员对组织的认同感和满意度，提高组织效率，进而快速推动组织的创新与发展；在宏观社会层面，有助于我国的经济与社会实现“新常态”下的健康、平稳发展，同时也能够为高质量发展提供合理的预期。

按照社会学的理论，在一个组织的发展过程中，人们的行为结构总是嵌入组织的结构之中。在这个意义上，工作环境作为组织员工行为的结构性因素，同样也发挥着至关重要的作用。毋庸置疑，好的工作环境、工作质量，作为衡量人类福祉的重要指标，不应该也不能够被排除在社会发展的关注范畴之外。

从学科特点来说，组织工作环境问题是社会学研究的重要内容，特别是从组织社会学角度出发进行的研究具有明显的学科特长和优势。就研究路径而言，将组织社会学的相关理论、方法和观点运用于对工作环境问题的研究，不仅使我们从学术视角对组织工作环境变迁的结构特征及影响机制有更为深入的认识，而且由于工作环境贴近现实生活实践，勾连社会成员与各类工作组织，因而使其成为宏观与微观社会治理的一个重要环节。

在很多情况下，我们还可以观察到，一个社会的景气离不开这个社会中各种不同类型的组织的景气，或者组织中良好的工作环境。当一些社会成员在自己所隶属的组织中不愉快、不满意，感受不到组织的激励，体会不到其他组织成员的帮助和支持时，那么，他们这种不满的感受和情绪就会或多或少地以各种不同的方式宣泄到社会当中去，这在一定程度上会影响一个社会的景气。所以，从某种意义上说，研究一个组织的景气以及组织的工作环境能够使我们在更深层次上理解一个社会的景气，这恰恰也是我们研究组织景气与工作环境的学术意义①。

另外，对工作环境研究的深入，能够为组织的评估提供一个良好的学术与方法的基础。事实上，如何运用科学的方法对一个组织的景气状况进行评估，对于提高组织的效率、提高员工的满意度和获得感、增强员工对组织的认同与归属，都能够起到很重要的作用。

正是从工作环境研究的重要学术意义和应用价值出发，我们从 2013 年开始，对中国的工作环境问题进行了深入研究。这套丛书，就是试图根据我们的田野调查和研究数据，从各个不同的角度对中国的工作环境问题进行深入的观察与分析，同时也是对我们前一个时期的研究工作的一个小结。

同时需要说明的是，这套丛书由信阳师范学院资助，这项研

① 所以，这套丛书也可被看作两个国家社会科学基金项目课题研究的进一步深入和延续，分别为：张彦，2015 年国家社会科学基金一般项目“中国企业工作环境研究：概念、量表与指数构建”（项目编号：15BH05）；李汉林，2018 年国家社会科学基金重大项目“中国社会景气与社会信心研究：理论与方法”（项目编号：18ZDA164）。

究由信阳师范学院中国工作环境研究团队实施。

我们衷心地期望，这套丛书的出版，能够进一步推动中国工作环境研究的深入。

是为序。

目　录

导　言

当我们对一个所选择的对象进行研究的时候，首先需要弄清楚的问题是，为什么要研究这个对象？它的学术意义和价值在哪里？这既是一种学术上的论证，也是一种研究中的定位。

那么，我们为什么要开展中国工作环境研究呢？它的学术意义和价值又在哪里呢？

我们知道，今天的中国，正处于一个重要的发展拐点：粗放型增长正在迈向集约型增长，从重视发展速度逐步转变为强调发展质量。事实上，经济增长的质量和效率取决于参与经济活动的劳动者的质量，取决于这种经济活动的组织者所营造的工作环境的质量。一个高质量发展的中国，首先需要创新劳动者的工作环境，需要提高劳动者的工作质量，这是当今中国高质量发展的条件和基础。而只有一个高质量的工作环境才能够创造工作的高效率和高质量，才能够最终实现一个国家发展的高质量。良好的工作环境，能够成就有质量的工作，它既是社会高质量发展的前提，也是其条件。

在这里，工作环境（working conditions）主要指的是从业者在其工作单位中，在主观上所感受到的一种工作氛围（working climate）与工作状态（working state）。[①] 工作组织与单位作为一个社会中重

① Tony J. Watson, *Sociology*, *Work and Organization*, London: Routledge, 2012, p. 5; Nausheen Author Nizami and Narayan Author Prasad, *Decent Work*: *Concept*, *Theory and Measurement*, New York: Palgrave Macmillan Press, 2017, p. 3; Søren Ventegodt and Joav Merrick, *Health and Happiness from Meaningful Work*: *Research in Quality of Working Life*, New York: Nova Science, 2009, p. 1; Agnès Parent-Thirion, et al., *6th European Working Conditions Survey*, Dublin: Eurofound Press, 2016, p. 12.

要的制度载体，主要是通过其所形成和营造的独特的社会环境或者说组织文化来影响和规范员工的组织行为的。从历史发展的过程来看，工业文明的一个重要特点，就是使人们从农业文明之下的互不关联的“个体劳动”中脱离出来，走向公共（集体）空间（市场、工厂、社区等）的互为关联的“集体劳动”，人们在“集体劳动”的过程中不断互动以及在公共空间中交往日益频繁，公共空间的扩展使人们产生了对公共品的需求，同时也发展出公共道德规范。随着公共空间和公共品在质量上的提高与数量上的增加，“集体劳动”的效率会不断提高。与此同时，“集体劳动”的环境以及公共空间环境会不断改善，这既是文明发展的历史趋势，也是文明发展的条件和前提。① 事实上，在现代社会，工作组织是各类组织中的最主要形式，也成为多数社会成员的主要“栖身”场所，这日益凸显了工作环境的重要性。人们生活在社会里，工作是人们生活最重要的组成部分，它会给我们带来完全的满足与充分的意义，故而工作本身也是一种激励。

从人们一生的生活轨迹来看，如今，人们一生中绝大部分的时间是在各种不同的工作组织中度过的。和组织中其他成员的互动，事实上已经成了社会成员互动过程中最重要和最经常的内容，和其他社会群体互动的频率与重要性依次递减，从而形成了人们社会生活的“差序格局”。人们的行为深深地嵌入了他们所工作的那个单位，或者说他们的职业或工作之中。人们在生活中的烦恼来源于社会，更多的是来源于工作。人们的生活圈子在很多情况下与他们的工作圈子交叉，工作圈子实际上是他们人生的重要组成部分。反过来，人们的工作以及他们所工作的那个环境也同样深深地影响着人们的行为，这样的组织及其环境实际上是人们在社会生活中价值观与行为取向重塑的社会场所。在很多情况下，人们在这种环境中完成他们的社会化过程。在这里，工作组织与

① 郑永年：《当代中国个体道德下沉根源》，《联合早报》2019 年 7 月 23 日。

单位作为一个社会中重要的制度载体，主要是通过其所形成和营造的独特的社会环境或者说组织文化来影响和规范人们的社会行为的。恰恰在这个意义上，人们在工作单位中感受到的组织氛围与工作状态，对人们在组织中的行为会产生举足轻重的影响。

按照社会学的理论，在一个组织的发展过程中，人们的行为结构总是嵌入组织的结构之中。[①] 在这个意义上，工作环境作为组织员工行为的结构性因素，也发挥着至关重要的作用：一个好的工作环境，为人们获得幸福与满足提供必要的物质保障和前提；为人们的情感满足提供必要的社会归属；帮助个体更好地在组织中实现自我、激发潜能，为人们的自我成长和满足提供必要的公共场所。个体所归属的工作组织或群体是其安身立命之所，个体与组织的关系、个体在组织中的地位，是影响甚至决定个人安全感的最重要的因素。毋庸置疑，好的工作环境、工作质量，给人们及其家庭提供了好的收入、地位和生活机会，作为衡量人类福祉的重要指标，它们不应该也不能够被排除在社会发展的关注范畴之外。

从中观组织层面观察，高质量的工作环境能够促进良好的组织文化构建，提高组织成员对组织的认同感和满意度，提高组织运行效率，进而快速推动组织的创新与发展。在宏观层面，它既有助于我国的经济实现“新常态”下的健康、平稳发展，同时也能够为稳定协调的、高质量的社会发展提供合理的预期。另外，通过营造良好的工作环境来提高人们对组织乃至社会的认同程度，提高组织成员的人力素质，进而缓解社会矛盾、实现社会团结及广泛的社会公平，也是社会治理的重要内容之一。

我们知道，在今天的中国社会，人们大多数的经济、政治与社会行为都是嵌入在一定的组织之中，并通过组织来完成的；党

① Søren Ventegodt and Joav Merrick, *Health and Happiness from Meaningful Work*: *Research in Quality of Working Life*, New York: Nova Science, 2009, p. 1.

和政府在经济、政治以及社会上的意志都是通过一个个具体的组织来加以贯彻的；人们在经济、政治以及社会方面的期望更多的是通过组织来实现的。组织是党和政府贯彻意志、组织成员实现自己期望的重要制度载体。当一个组织不能扮演制度载体这种社会角色的时候，或者说不能做到上传下达，上上下下都不满意的时候，这个组织就会呈现不景气的状况。我们很容易观察到，当一些社会成员在自己所隶属的组织中不愉快、不满意，感受不到组织的激励，体会不到其他组织成员的帮助和支持时，那么，他们这种不满的感受和情绪就会或多或少地以各种方式宣泄到社会当中去，这在一定程度上会影响一个社会的景气。所以，从某种意义上说，一个社会的景气离不开这个社会中各种不同类型的组织的景气，离不开这些组织所创造的良好的工作环境。这恰恰是我们研究组织中的工作环境的社会意义。

另外，我们可以观察到，组织中的工作环境的状况会直接影响组织成员的社会化过程。工作组织与单位是一个社会中极其重要的制度载体。这个制度载体中的环境如何、氛围如何，可以直接影响组织成员的社会化过程，对组织成员行为的形塑起着至关重要的作用。工作组织中的社会化可以为个人提供关于“我是谁”的部分答案，通过工作单位中的工作，人们建立起以职业为纽带的次级社会关系；通过职业活动和成就，人们获得自己的社会地位和社会声望，实现个人的人生理想；工作环境以及组织景气能够影响个人能力提升、品格完善、价值观念重塑，促使人们进行异于家庭与学校的新一轮社会化过程，以帮助人们更好地适应现实社会生活，真正实现从“自然人”到“社会人”的转变。

与此同时，我们还可以看到，组织中的工作环境的状况会直接影响组织成员的成长和组织自身的效率。一个组织中的良好的工作环境，在微观个体层面，能够为个体提供一种对于“我现在应该怎么做”的部分回答，能够帮助个体更好地在组织中实现自我、激发潜能；能够提高个人劳动的热情和工作的积极性，增强工作的自豪感与工作满足感，使其更有可能留在组织中并为组织加倍努力。在中观组织层面，则有助于增强组织成员的认同感，能够凝聚和团结组织成员的集体力量，达成组织的目标，实现组织的良性运行和发展壮大。

最后，对工作环境研究的深入，能够为组织的评估提供一个良好的理论与方法基础。从实践意义上说，如何运用科学的方法对一个组织的景气状况进行评估，对于提高组织的效率、提高员工的满意度和获得感、增强员工对组织的认同具有很重要的意义。我们现在更多的是从主观上来感受自己单位的工作环境，用一套科学的方法制作科学的量表来评估和测量一个组织的景气状况，使人们的主观感受客观化、指标化是一个值得重视和努力的方向。

第一章　文献综述

一　从生活质量到工作质量

如果要追溯工作环境的研究缘起，就不得不谈到生活质量（quality of life，QOL）。生活质量这个概念最早出现在美国经济学家加尔布雷思所著的《富裕社会》（1958）一书中。该书主要揭示了美国居民较高的生活水平与满足社会的、精神的需求方面相对落后之间的矛盾现象。[①] 他敏锐地指出，经济上的“富裕社会”并未自然带来社会整体的和谐发展，其背后隐藏着的是严重的收入不平等和环境恶化等社会问题。他在 1960 年发表的美国《总统委员会国民计划报告》和鲍尔主编的《社会指标》中正式提出了生活质量这个专门术语。此后，生活质量逐渐成为一个专门的研究领域。

在生活质量概念内涵的探讨中出现了两种截然不同的取向：生活水平理论与生活质量理论。学者们讨论认为，生活质量是有别于生活水平的概念，生活水平回答的是为满足物质、文化生活需要而消费的产品和劳务的多与少，往往以相对单一的硬件标准为参照，生活质量回答的是生活得“好不好”、“满意不满意”或“舒适不舒适”等，通常以人们对生活的适应状态和主观感受等主观指标来评估。生活水平与生活质量既有区别也有联系，生活质量须以生活水

① 约翰·肯尼思·加尔布雷思：《富裕社会》，赵勇等译，江苏人民出版社，2009。

平为基础，但其内涵具有更大的复杂性和广泛性，更侧重于对人的精神文化等高级需求满足程度和环境状况的评价。

以往的研究表明，工作环境的研究源于生活质量研究。在生活质量指标研究渐成体系的过程中①，一些学者②发现，在客观条件指标中，个体获得报酬的工作是决定生活质量的最重要的因素之一。他们认为，工作不仅能够为个体提供金钱以维持个体生活，还可以带给个体认同感、社会地位、个人发展的机会等附加价值。不谋而合的是，还有学者在生活质量的主观感受指标中也发现了工作对个体积极情绪体验的影响。Sirgy 借用等级域和特点域两种观点阐释了一个好的工作对个体生活满意度的积极影响，并且在实证研究中验证了这一理论假说。③ 由此，有部分学者开始着力从劳动经济学的视角不断探索一个好的工作（good work or good job）的决定因素有哪些，探讨如何通过工作质量的改善，从而提高个体生活质量。④

从个体的角度来看，好的工作或者好的工作环境（good

① 学者们致力于构建客观指标体系，包括人口出生率和死亡率、居民收入和条件、社区各种团体种类的参与率、社会安全或社会保障等。通过客观综合指标的比较分析，可以权衡社会变迁的程度。同时，主观指标的建构则主要以人际关系、社会结构和心理状况等因素决定的生活满意度和幸福感为基础。

② Andrew E. Clark, "What Really Matters in a Job? Hedonic Measurement Using Quit Data", *Labour Economics*, Vol. 8, No. 2, 2001, pp. 223 - 242; Andrew E. Clark, "What Makes a Good Job? Evidence from OECD Countries", in S. Bazen, et al. (eds.), *Job Quality and Employer Behavior*, New York: Palgrave Macmillan Press, 2005, pp. 11 - 30; Max Haller and Markus Hadler, "How Social Relations and Structures can Produce Happiness and Unhappiness: An International Comparative Analysis", *Social Indicators Research*, Vol. 75, No. 2, 2006, pp. 169 - 216.

③ M. Joseph Sirgy, *The Psychology of Quality of Life: Hedonic Well-being, Life Satisfaction, and Eudaimonia*, Dordrecht: Springer, 2012.

④ 学者常用工作报酬和工作时间等客观指标来定义工作质量（quality of work）；也有学者指出，工作质量也可以从主观指标加以衡量，包括员工的幸福感、满意度、工作生活平衡、工作自主性和个人发展。主观和客观指标的结合应用，目前在工作环境研究中始终是一个没有完全解决的方法与测量问题。参见 Andrew J. Oswald and Stephen Wu, "Objective Confirmation of Subjective Measures of Human Well-being: Evidence from the U. S. A", *Science*, Vol. 327, 2010.

working condition）包括很多方面，但员工们还是有共同高度重视的一些目标，按照它们的相对重要性可列举如下：工作正常且稳定、主管友好且讲道理、自主决定工作节奏的机会、自由组织工作、令人愉悦的人际关系、管理者懂得人且对人有兴趣、环境卫生和有安全预防措施、室内清洁、舒适的温度和光线、与高层人员工作、展示小特质的机会。① 可见，这 11 个方面大致可概括为 3 个维度，一是工作（收入）稳定，二是工作社会关系友好，三是工作场所良好。

经济学家们常用工作报酬和工作时间等客观指标来定义工作质量（quality of work）；社会学家们和组织心理学家们则指出，广义上工作质量还应包含员工的幸福感、满意度、工作生活平衡、工作自主性和个人发展等主观指标。例如，Gallie 指出工作质量是由技术、培训、工作自决性、工作生活平衡和工作不安全性五个维度构成。②

除了学术讨论上的蓬勃发展，自 2001 年以来，工作质量和生活质量的话题也已然成为欧洲一个重要的政治议题。欧盟于 2001 年制定并执行了一项欧洲就业战略（European Employment Strategy，EES）。在这项战略中，欧盟对工作质量做了一个明确的界定，它指出，工作质量这一概念内涵，应基于一个多元的视域，它既应包含客观的工作岗位特点，还应包含主观的员工工作评价、员工性格以及员工与岗位的匹配程度。在欧洲就业战略研究框架下，欧盟各国的学者们发现，影响工作质量的因素有多个，分别是内在工作质量、技术、终身学习与职业生涯发展、性别平等、工作健康与安全、灵活性与安全性；劳动市场的进出自由；工作组织和工作生活平衡；社会对话和员工参与；多样性和

---

① Eugene V. Scheider, *Industrial Sociology: the Social Relations of Industry and the Community*, McGraw Hill, 1971, pp. 216 – 217.

② Duncan Gallie, *Employment Regimes and the Quality of Work*, Oxford: Oxford University Press, 2007, pp. 1 – 33.

非歧视；完整的经济体现和产量。在这些影响因素的相关研究中，Sirgy 指出，工作满意度更可能是工作质量的结果变量，而非工作质量的一个构成维度。随后，这一发现被后来的学者相继证明。①

在这场工作质量的大讨论中，学者们逐渐厘清工作质量的衡量实质上是对个体工作行为所处的物理环境和组织环境的评估。因而，从 2008 年至今，欧盟率先在其成员国进行了为期五年的“欧洲工作环境调查”（EWCS），用包括工作时间、劳动报酬、待遇公平、工作生活平衡等一系列完整的题器来了解在欧洲社会中工作变迁与社会变迁在多大程度上相互影响，由此为政策制定提供相应的选择依据。

二 欧洲六次工作环境调查

国外工作环境调查研究发端于欧盟。《欧共体条约》第 136 条规定，各成员国应积极致力于“促进就业”和“改善生活和工作条件”，以便“在保持改善的同时，使它们能够协调一致”。基于此，自 1990 年起，欧盟开始进行“欧洲工作环境调查”（该调查每隔五年在欧盟成员国实施一次，迄今已有六份报告）。其目的有：①在协调的基础上评估和量化全欧洲员工和个体经营者的工作环境；②分析工作环境各维度之间的关系；③确定有风险的群体和值得关注的问题以及进展情况；④通过提供关于这些问题的同类指标来监测趋势；⑤促进欧洲政策的发展，特别是工作质量和就业相关政策。虽然这六份报告没有提供系统的工作环境研究论据，甚至在对工作环境的概念上都缺乏认知统一的表述，但其最大的贡献有如下几点。

① M. Joseph Sirgy, *Handbook of Quality-of-life Research: An Ethical Marketing Perspective*, Dordrecht; London: Kluwer Academic Publishers, 2001, pp. 24 - 25.

（1）工作环境的边界探讨不断深入。从1991年第一次欧洲工作环境调查仅用19个题器对工作环境是什么进行开创性的探寻，到2015年用106个题器对工作环境进行深入调查，工作环境的测量因子不断拓展，最终初步呈现如下因子构成："物理环境风险""工作时间""工作特征""工作场所""工作控制""工作健康""收入""工作满意度""工作生活平衡"等。

（2）在工作环境测量因子不断拓展、精细化的过程中，研究者尝试对工作环境的测量因子进行聚类、归纳，初步形成工作环境的内部结构，包括物理环境（工作场所、物理环境风险等）、组织环境（工作特征、工作控制等）、互动环境（工作场所中的暴力、骚扰与歧视、工作支持等）、主观心理环境（工作满意度、工作生活平衡等）。

（3）从仅关注工作环境本身，拓展到工作环境的产出系统。1991年第一次工作环境调查仅仅围绕个体工作的一些客观条件来进行测评，1995～1996年的第二次调查便开始在此基础上拓展关注工作环境的一些产出因子，例如工作满意度、健康、旷工等。在随后的三到六次调查中，逐年加大对工作环境产出的研究，且从仅关注健康问题，开始更加侧重于关注个体在工作环境下的主观感受，以及对其生活、家庭的影响。

（4）对客观工作环境的测评，逐渐从诸多工作特征、工作条件因子，聚焦于工作时间、工作控制这两个方面。在第一次欧洲工作环境调查中，研究者更多将目光聚焦在工作环境中的风险因素，例如噪声、温度、粉尘、化学用品、振动等，以及工作的环境条件（包括工作场所是户内或户外、劳动行为的重复性、重体力活等）。但从第二次调查开始，研究者的研究视线开始转移到工作时间和工作控制上来。对工作时间的关注，从之前仅了解工作时长，衍生到常规工作时间的类型、轮班与倒班制、工作时间的结构划分、通勤时间、工作节奏、影响工作时间的因素等。在工作控制上，也逐渐更加关注组织对个体在工作时间、工作任务、工作节奏、工作顺序等方面的授权，以及参与组织决策、给予意见的机会等。

（5）逐渐从测评客观工作环境，转为研究个体在工作环境中的主观感受。随着逐年工作环境调查外延的扩展，调查者发现对劳动力市场发展和就业质量有影响的不仅仅是客观的工作环境，更多是个体在工作环境中的主观感受。因此，自 1995～1996 年第二次工作环境调查首次测评个体的工作满意度开始，随后的每次调查都逐渐加大对个体在工作环境中的主观感受的测评，测评的指标也日益增多。到了 2010 年的第五次调查，首次提出工作质量这一概念，来综合概括个体对工作环境的主观评价。

表 1－1　欧洲六次工作环境调查分析（1991～2015 年）

类别	时间	工作环境的测量与维度划分	主要观点	观点间的相互关系
第一次欧洲工作环境调查	1991 年	用单一性的题器，从工作风险（噪声、温度、空气质量、化工物质、姿势、重体力活、振动）、工作设施（劳动工具、工作场所与家具、电子设备）、工作时间、重复性工作任务、工作节奏、工作控制（任务、方法、速度）、时间压力、收入、风险警示信息、培训、工作支持（同事、领导）、身体健康等方面测量个体的工作环境状况。问卷共 19 个题器	对工作环境这一概念没有清晰的边界，尝试以个体工作行为为中心，找到影响工作行为的环境因素，且几乎为客观指标	工作环境是个体工作时的所有客观条件的集合
第二次欧洲工作环境调查	1995～1996 年	从四个维度测评工作环境： 1. 物理环境与工作设计：（1）环境因素（噪声、振动等工作中的物理风险，劳保设施）；（2）工作状态（工作姿势、重体力活、温度、光线、通风、劳动工具等）；（3）安全警示信息；（4）工作场所 2. 组织环境：（1）工作时间与时间类型（持久性、夜班与倒班、周末工作、通勤）；（2）工	尝试划分工作环境的边界，主要有物理环境、组织环境、工作中的互动环境等方面。同时，强调工作环境的产出系统，进而试图借此评估个体工作环境的优劣。	尝试对工作环境各个元素进行了聚合，形成了四个维度，首次关注到了工作环境下的产出部分，其中包含了个体对工作环境的主观感受，且首次引

续表

类别	时间	工作环境的测量与维度划分	主要观点	观点间的相互关系
第二次欧洲工作环境调查	1995～1996年	作节奏（计件工作、快速工作、有截止日期的工作）；（3）工作控制与工作自主性（工作顺序、工作方法、工作速度、工作时间）；（4）工作内容（任务的复杂性、任务的多样性、团队合作、与外部人士接触、技术要求） 3. 社会环境：（1）参与与咨询；（2）男女公平机会；（3）工作中的暴力（身体暴力、欺凌、性骚扰）；（4）工作歧视（性别、年龄、种族、国籍、残疾歧视）；（5）福利设施（子女照顾与教育） 4. 工作产出：（1）职业风险与健康问题（身体健康、压力）；（2）工作满意度；（3）旷工；（4）健康与安全风险概率；（5）薪酬	此外，在分报告中聚焦于不同雇佣状态下的工作环境、男女工作环境的差异和工作中的约束与自主性问题	入工作环境满意度这一测量指标
第三次欧洲工作环境调查	2000年	工作环境报告分为： 1. 工作特征：电子产品使用、团队合作、与外部人士交往、在家工作 2. 物理工作因素：工作风险 3. 工作组织：重复性工作、工作控制、工作节奏、影响工作节奏的因素、工作内容、技术培训与授权 4. 工作时间：工作时间的持续性、兼职、通勤时间、工作时间类型、不规律工作时间 5. 信息与咨询：风险警示信息、参与工作环境与组织改革的机会 6. 社会心理因素：暴力、欺凌、歧视、性别隔离 7. 产出：健康风险、健康问题、工作环境满意度 8. 收入与支付系统：收入水平 9. 工作与家庭生活：婚姻状况、家庭成员情况	从工作环境九个维度来看，本次报告将工作环境聚焦在岗位要求、围绕工作产生的人际互动、工作的产出及影响个体工作的家庭情况这四个方面	除了关注工作环境本身之外，首次借助调查对象的人口学特征，描述欧洲劳动力市场的特点。此外，在工作环境的维度上又分散到以工作行为为中心的各个环境因素上，没有进行聚合；在上一年各元素基础上进行了细化，其中首次将工作与家庭生活纳入工作环境考察范围

续表

类别	时间	工作环境的测量与维度划分	主要观点	观点间的相互关系
第四次欧洲工作环境调查	2005 年	工作环境报告分为： 1. 工作时间：工作时长、非标准工作时长、工作时间安排、工作时间的构成 2. 物理风险：振动、噪声、低温、烟雾、化学物质、辐射、体资、重复劳作、安全警示信息、劳保用品的使用 3. 工作场所中的暴力、骚扰与歧视 4. 工作特征：工作场所、技术使用、技术提高与培训 5. 工作组织：工作自主性、工作灵活与团队合作、工作节奏的决定权、工作强度 6. 工作对健康的影响 7. 管理与沟通结构 8. 工作生活平衡 9. 工作环境满意度 10. 收入与付出系统	强调工作环境的产出系统，且从收入、健康、工作环境满意度、工作生活平衡四个方面重点阐述工作环境对个体的影响	延续第三次调查的维度划分和数据分析方式，但在工作时间、工作生活平衡上更加细化
第五次欧洲工作环境调查	2010 年	工作环境报告分为三个方面： 1. 欧洲的劳动力市场 2. 工作环境与工作组织：组织变迁、工作时间与工作场所、工作场所中的物理与社会心理风险、工作组织 3. 工作质量：内在奖励、工作环境满意度、工作生活平衡、技能提高与培训、收入与经济安全、健康与幸福感	将工作环境划分为了三个层次：宏观 - 劳动力市场环境，中观 - 工作环境与组织中的互动环境，微观 - 主观工作感受（工作质量）。另外，首次提出工作质量这一概念，将第四次调查中的产出部分几乎全部纳入这个概念中	首次把工作环境的研究分为主客观两方面，客观层面上研究工作环境的特征，主观层面上探讨个体对工作环境的主观聚合感受，即工作质量

续表

类别	时间	工作环境的测量与维度划分	主要观点	观点间的相互关系
第六次欧洲工作环境调查	2015 年	工作环境报告分为四个方面： 1. 欧洲劳动力市场结构 2. 工作质量：物理环境、工作强度、工作时间质量、社会环境、技术与自由裁量权、期望、收入 3. 工作生活：职业与雇佣安全、不断提高的技能与竞争力、维持且促进健康与幸福感、调和工作与非工作生活、工作的可持续性 4. 工作质量的类型：high flying、smooth running、active manual、under pressure、poor quality	弱化了客观工作环境，强调个体对工作质量的感受。此外，还首次根据工作质量的七个维度区分出了五种类型的工作质量	偏重聚焦在工作质量上，对工作环境的研究从各个维度上的描绘阶段，进入类型归纳与对比的研究阶段

资料来源：Pascal Paoli, *First European Survey on the Work Environment* 1991 – 1992, Dublin: Eurofound Press, 1992; Pascal Paoli, *Second European Survey on Working Conditions*, Dublin: Eurofound Press, 1997; Pascal Paoli and Damien Merllié, *Third European Survey on Working Conditions* 2000, Dublin: Eurofound Press, 2001; Agnès Parent-Thirion, et al., *Fourth European Working Conditions Survey*, Dublin: Eurofound Press, 2007; Agnès Parent-Thirion, et al., *5th European Working Conditions Survey*, Dublin: Eurofound Press, 2012; Agnès Parent-Thirion, et al., *6th European Working Conditions Survey*, Dublin: Eurofound Press, 2016.

三　工作环境的研究述评

（一）工作环境的学科界定与结构分析

尽管目前的研究尚未对工作环境进行学科界定，也未曾对工作环境的概念做出明确的界定，但是，作为研究变量，这一概念已经在经济学、管理学、社会学、医学等学科领域的研究中被频繁提及。

在概念使用上，工作环境有两种英文表述，working condition 和 working environment。使用“working condition”一词来表述工作环境的文献，往往会用物理环境（physical condition）、社会心理环境（psychosocial condition）来概括个体工作行为发生的环境。与此对应的，使用“working environment”一词（有时还可以用 workplace 表述）的文献，则往往将研究视野局限于空气、噪声、粉尘等物理环境。

尽管在概念上工作环境并未有清晰的界定，甚至在概念使用上都还存在争议，但是，工作环境的内在结构分析却走在了研究的前列。按照调研需求，工作环境常常会根据研究目的被分解为不同的组成因子。总结目前的研究文献发现，工作环境概念的内部结构划分主要有两种倾向。

首先，有研究者①认为工作环境的实证考察由工作安排（work arrangement）、物理工作环境（physical working conditions）和社会心理工作环境（psychosocial working conditions）三部分构成。其中，工作安排是指由工作岗位所赋予个体的具体工作任务，包括工作负荷、工作时间、轮班情况等；物理工作环境包含危险环境（粉尘、噪声、温度等）暴露、电脑辐射等个体工作行为发生时所处的客观物理因素；社会心理工作环境多使用 Karasek 的 demand-control-support 模型，从工作需求、工作控制和工作中的社会支持三个维度去考察在工作过程中个体所处的中观组织环境和微观个体岗位环境②。其中，也有研究者将工作安排排除在外，认为工作环境仅由物理工作环境和社会心理工作环境两部分构成。③ 在这类众多研究中，对员工客观物理工作环境的研究多与管理心理学的经典霍桑实验所得结果类似，发现客观物理工作环境对员工的工作绩效、身体健康、工作满意度等有影响，但是否显著结果却不一。除此之外，近年来个体员工所处的社会心理工作环境及其影

① Elena Ronda Prez and Ronan Van Rossem, “Differences in Working Conditions and Employment Arrangements among Migrant and Non-migrant Workers in Europe”, *Ethnicity & Health*, Vol. 17, No. 6, 2012, pp. 563 - 577.

② R. Karasek, *Job Content Questionnaire and User's Guide*, Los Angeles: University of Southern California, 1985.

③ 参见 Søren Ventegodt and Joav Merrick, *Health and Happiness from Meaningful Work: Research in Quality of Working Life*, New York: Nova Science, 2009, pp. 9 - 22.

响更多激起了社会学、管理学、经济学研究者们的兴趣。学者们基于 Karasek 的 demand-control-support 模型，集中探讨了个体员工的社会心理环境与个体工作感受（如工作倦怠、工作满意度、幸福感等）的关联，并且研究结果显示员工的社会心理环境现状与工作倦怠、工作满意度、幸福感等呈不同程度的显著相关。

此外，还有一部分学者反向研究员工的工作环境。他们假设，如果员工所处的工作环境较差，其势必会感到不同程度的工作压力。据此，员工个体不同程度的工作压力，就能够反映其工作环境的优劣。工作压力小，其工作环境较好；工作压力大，其工作环境较差。Lederer 等研究者在考察麻醉师的工作环境与工作倦怠的关系时，就借用引起个体工作压力的两个维度——工作任务的质量与常规工作问题来考察麻醉师工作环境的优劣。其中，工作任务的质量，是由常规工作要求（包括工作的灵活性、多样性）、常规工作可能（包括时间控制、交流与分享、合作的范围、注意力集中的需要等）组成；常规工作问题则包含时间压力、工作干扰两个内容。[①] 另外，Ertel 等研究者在研究自由作家的社会心理工作环境与其健康水平的关联时，也不约而同地从工作压力来衡量目标群体社会心理工作环境的质量。[②]

无论以上哪种划分方式，都不约而同地将工作环境这个概念定位在个体所处的客观环境（objective working conditions）上。这种客观环境可以包含个体工作行为发生时所处的客观物理环境（如温度、粉尘、噪声等），也包含个体的工作岗位所赋予的客观工作环境（如工作时间、工作内容、劳动工具等）和个体所处的组织环境（如与同事交流、领导支持等），而将个体对客观

---

① Wolfgang Lederer, et al., "Significance of Working Conditions on Burnout in Anesthetists", *Acta Anaesthesiologica Scandinavica*, Vol. 50, 2006, pp. 58 - 63.

② Michael Ertel, et al., "Adverse Psychosocial Working Conditions and Subjective Health in Freelance Media Workers", *Work and Stress*, Vol. 19, 2005, pp. 293 - 299.

工作环境的主观感受，也就是主观工作环境（subjective working conditions）排除在外。

（二）工作环境的相关研究

国外学术界几乎与欧盟工作环境调查同步开始了工作环境研究，主要聚焦职业女性、医护人员、煤矿工人等一些特殊行业、特殊职业、特殊群体的工作环境的相关研究。我国学者们根据我国目前社会经济发展的特点，在此基础上，还聚焦农民工、教师等职业群体的工作环境问题。选择这些群体作为工作环境的研究对象的原因有两点。第一，上述群体所处工作环境的复杂性。例如医护人员为工作环境起步研究就选定的研究对象，主要是因为这一行业的工作者的工作任务繁重，物理工作环境有一定风险性，人际互动环境也相对较为复杂。第二，工作环境质量对上述群体的影响较大。例如，农民工群体往往因其工作环境的低劣引起工作流动，进而影响社会稳定；教师则会因其不佳的工作环境引起工作压力，进而产生职业倦怠或离职倾向。

具体分析发现，目前学术界对上述群体的工作环境研究始于工作场所结构的研究，继而逐渐扩大与内化其研究边界（见图 1－1）。

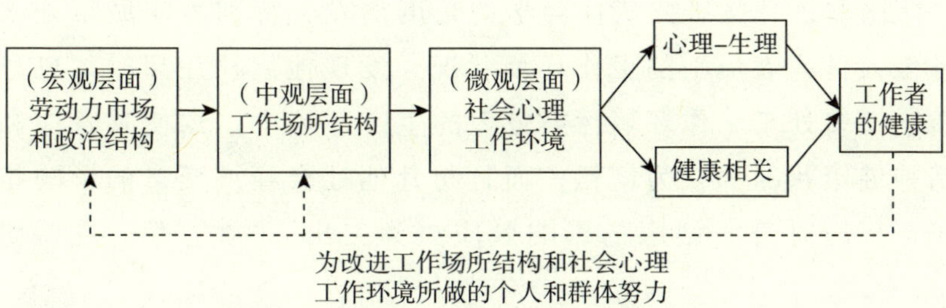

图 1－1　学界工作环境研究的基本内容

首先，研究者对工作环境的研究始于管理学领域。自霍桑实验以来，管理学者们一直试图探寻工作场所中的物理环境设计如何影响工作者的工作行为和态度。综合目前国内外学者对工作场所（workplace）的研究发现，工作环境中的噪声、粉尘、烟草暴露、腐蚀化学用品、放射物等风险因素日益成为社会发展进程中人们非常关注的话题。国内外学者多以煤矿工人、护理人员和科技人员为研究对象，围绕其工作场所中可能面临的环境风险因素进行测量与安全评估，进而发现上述物理工作环境中的风险因素在不同程度上显著对工作者的工作行为和健康安全产生影响。

基于此，有的学者将工作环境研究的边界延伸到了宏观劳动力市场结构和就业质量领域。我国学者们基于对农民工工作环境的研究发现，农民工在工作过程中受到物理环境和组织环境的双重影响，工作环境越差，农民工外出务工意愿和工作流动意愿就越强[①]，进而影响区域经济劳动力市场结构。此外，还有学者聚焦大学毕业生，将工作环境列为大学毕业生就业质量测评的指标之一，通过对工作场所是否安全便利、办公条件是否优越等物理工作环境及企业文化、人际关系和工作氛围等人文工作环境的测评衡量大学毕业生的就业质量。

相对而言，国内对工作环境的研究比较薄弱，主要是从不同的学科角度关注组织中工作环境所产生的一些问题，并围绕这些问题展开分析。

比如，一些研究从社会学的角度出发，特别关注城市外来务工人员或农民工的工作环境状况，发现他们往往超时加班严重，又多处于工作环境污染较大的生产环境中，致使其身体和精神健康状况都较为糟糕，而且与其他社会经济变量的影响相比，环境对身心健康的影响效应更为突出。[②] 在这里，这些研

① 孙小龙、王丽明、贾伟：《工作环境、工作强度与农民工工作流动》，《中国农业大学学报》2016 年第 8 期。

② 牛建林、郑真真、张玲华、曾序春：《城市外来务工人员的工作和居住环境及其健康效应——以深圳为例》，《人口研究》2011 年第 3 期；孙中伟、张莉、张晓莹：《工作环境污染、超时加班与外来工的精神健康——基于“二次打击”的理论视角》，《人口与发展》2018 年第 5 期；俞林伟：《居住条件、工作环境对新生代农民工健康的影响》，《浙江社会科学》2016 年第 5 期。

究主要是在物质意义上理解工作环境，比如关注工作场所中是否存在有毒有害物质或噪声、是否存在冒险作业、是否经常甚至过度加班等。还有一些研究从法学的角度出发，主张用工作环境权来取代以往的劳动安全卫生权，倾向于在物质意义上理解工作环境及工作环境权，认为组织中的工作过程应该符合国家标准或者能够有利于劳动者的身心健康等。①

又比如，一些研究也试图从管理学与心理学的角度出发，认为工作环境对工作倦怠感具有显著影响，比如管理制度的正式性、工作控制感、组织内人际关系和权益保护等与工作倦怠感呈负相关，而工作技术要求、工作机械化程度、工作时间等则与工作倦怠感呈正相关。② 一些研究指出，不良的工作性质、工作压力和职业紧张会增加焦虑和抑郁，而工作场所中的人际支持和健康服务则会减少焦虑和抑郁。③ 还有学者聚焦某一个具体的行业，探讨人们在那里的工作环境以及工作感受。④

此外，一些研究聚焦工作环境及工作质量指标，并探讨这些指标在国内运用的适应性问题。⑤ 还有一些研究侧重在管理心理学和组织行为学领域探讨衡量组织治理有效性的指标。⑥ 与此同时，

① 范围：《论工作环境权》，《政法论丛》2012 年第 4 期；义海忠、谢德成：《工作环境权的内容及价值》，《宁夏社会科学》2012 年第 5 期。

② 王毅杰、卢楠：《工作环境、相对剥夺与农民工工作倦怠》，《南通大学学报》（社会科学版）2014 年第 3 期。

③ 姜学文、鞠巍、常春：《职业人群焦虑和抑郁状况与工作环境的通径分析》，《中国心理卫生杂志》2019 年第 5 期。

④ 参见《中国卡车司机调查报告 No. 1：卡车司机的群体特征与劳动过程》（2018）、《中国卡车司机调查报告 No. 2：他雇 卡嫂 组织化》（2018）、《中国卡车司机调查报告 No. 3：物流商 装卸工 女性卡车司机》（2019），社会科学文献出版社。

⑤ 参见孙钰华《工作生活质量：追求教师工作与生活的和谐发展》，《比较教育研究》2008 年第 4 期；卿涛、丛庆、罗键：《企业知识员工工作生活质量结构及测度研究》，《南开管理评论》2010 年第 1 期；黄维德、柯迪：《各国体面劳动水平测量研究》，《上海经济研究》2011 年第 11 期。

⑥ 王雁飞：《管理心理学》，华南理工大学出版社，2005；苏东水：《管理心理学》，复旦大学出版社，2013；陈国权：《组织行为学》，清华大学出版社，2006。

一些研究关注对职业群体与组织过程的分析，探讨工作环境作为结构性因素对组织功能乃至社会功能的作用，试图揭示转型过程中上述群体工作环境的复杂性、易变性，探讨这些群体在工作环境质量上的主观感受对社会治理以及组织治理的影响。[①]

与上述领域的工作环境研究不同的是，心理学学者认为，个体对工作环境的感知才是影响个体工作行为与心理状态的主要原因。因而，他们将工作环境的研究边界内延至工作者的社会心理工作环境。什么是社会心理工作环境？1998 年国际劳工组织在《职业卫生与安全百科全书》中做了如下阐释：

> 所谓社会心理工作环境，是指工作环境中的社会心理因素的总和，包括组织气氛或组织文化、工作角色、工作中的人际关系、工作任务的内容与设计（例如工作多样性、工作意义、工作范围和重复性等）。社会心理工作环境也可延伸到影响工作中压力发展的组织外环境（例如国内需求）和个人层面（例如性格与态度）。

要求 - 控制模型（demand-control model）是国外社会心理工作环境研究最常用的分析范式。该模型包含两个维度：一是工作者在工作创新、重复、决定权等方面的控制或决策范围；二是对工作者在工作节奏、强度、技术以及与人合作上所提出的要求。以此两个维度，构成四种不同的社会心理工作环境类型：①“放松型”，即高控制 - 低要求；②“活力型”，即高控制 - 高要求；③“消极

① 蔡禾、曹志刚：《农民工的城市认同及其影响因素——来自珠三角的实证分析》，《中山大学学报》（社会科学版）2009 年第 1 期；蔡禾：《城市化进程中的农民工》，社会科学文献出版社，2009；蔡禾主编《中国劳动力动态调查：2017 年报告》，社会科学文献出版社，2017；沈原、闻翔：《转型社会学视野下的劳工研究》，《中国工人》2014 年第 5 期；刘爱玉：《城市化过程中的农民工市民化问题》，《中国行政管理》2012 年第 1 期；刘爱玉、陈彦勋：《工作满意度：农民工与城镇工人的比较》，《江苏行政学院学报》2010 年第 2 期。

型”，即低控制-低要求；④“工作压力型”，即低控制-高要求。[①]显而易见，“消极型”和“工作压力型”这两种社会心理工作环境类型势必影响工作者的健康及其相关行为表现。因而，国外许多学者纷纷将社会心理工作环境与工作满意度、工作压力、工作绩效、心理资本、健康等概念进行关联，探讨社会心理工作环境对上述各方面的直接影响、中介影响。他们认为，社会心理工作环境通过两个途径“嵌入”了工作者中：一方面，工作环境改变工作者的心理和生理；另一方面，工作者的认知和情感也改变其对工作环境的体验方式。这就使得不同的个体体验到的工作环境是不同的。与国外社会心理工作环境的蓬勃研究不同，我国学者对社会心理工作环境的研究从2016年才慢慢开始兴起，尚且处于探索阶段。朱永凯等在研究社会心理工作环境与职业人群心理健康的关系中，从个体水平（包括个人影响和发展、工作生活平衡、信任和公平、自我效能感）和群体水平（包括工作场所社会资本、工作场所儒家传统价值观）两个方面考查职业人群的社会心理工作环境。结果显示，无论是个体水平还是群体水平，社会心理工作环境的众多维度对心理健康均会产生重要影响。[②]

此外，在上述对工作环境内涵及其影响因素的众多研究中，国际劳工组织和一些发达国家逐渐意识到工作者在工作场所的安全监控等权益的重要性，并制定了相关法律法规加以保护。1949年，瑞典颁布了世界上最早的一部关于劳动安全卫生的《劳工保护法》（后修订改名为《工作环境权法》），首次提出工作环境权这一概念。随后，美国、法国、英国以及国际劳工组织在其劳动保护相关立法中均有提及。目前国内外学术界对工作环境权并没有一个统一的概念界定，“劳动安全权”、“职业安全卫生权”、“安

① R. Karasek and T. Theorell, *Healthy Work: Stress, Productivity, and the Reconstruction of Working Life*, New York: Basic Books, 1990.

② 朱永凯等：《社会心理工作环境与职业人群心理健康关系的多水平分析》，《中国健康教育》2018年第10期。

全卫生保护权”、“职业安全权”或“劳动保护权”等都是国内外常见的相似概念。对工作环境权的不同称谓即意味着对其不同的定义。例如，“职业安全权”强调工作者在工作场所中不遭受各种危险因素侵害的权利；“劳动卫生权”或“职业安全卫生权”则强调工作者在劳动过程中的安全和健康保护。基于此，更多学者认为，工作环境权是指劳动者依法享有的能在保障其生命安全、身心健康和人格尊严的环境中进行工作的权利，并且该权利的保护以实现劳动者的体面劳动为最终目标。它包括安全卫生保障权、身心健康和人格尊严权、知情权、参与决策权和建议权、拒绝权和紧急避险权、接受培训权、投诉权和损害赔偿请求权等。目前我国的工作环境权立法体系分散、没有统一的立法，法律可操作性不强、存在漏洞，法律监督执行机构实行多头管理的管理模式、职权分工不明确，法律救济途径不畅等一系列制度问题导致了大量安全卫生事故的发生。因此，法学学者纷纷提出应由国家统一制定关于工作者工作环境权的相关法律，弥补法律空白。

四 文献研究小结

综上所述，国内外工作环境相关研究对工作环境的解读经历了如下三个阶段：起步期，学者们聚焦于工作环境中的物理环境这一层面，针对不同行业的工作者在工作场所中面临的自然风险因素进行评估，进而研讨工作环境对工作者健康、安全的影响；探索期，一部分学者将研究触角从工作环境的物理存在深入工作环境的个体感知中，将工作者对其身处的工作环境的认知与态度（社会心理工作环境）作为研究重点，进而在探寻社会心理工作环境与其产出系统（如工作满意度、工作绩效、离职倾向等）的关系中发现，社会心理工作环境是影响工作者工作行为与态度的重要因素，另一部分学者则将工作环境的外延延伸到社会系统中，发现工作环境质量对整个社会的就业质量和劳动力市场结构有至关重要的影响；发展期，在上述研究成果基础上，学者们日益笃定工作环境对工作者职业生涯发展、组织绩效和社会经济的影响，进而提出工作环境权的构想，旨在以立法的形式，保障工作者拥有良好工作环境的权益。由此不难发现，学者们已然从宏观工作环境（涉及就业质量）、中观组织环境（涉及单位组织提供的物理工作场所）和微观心理环境（社会心理工作环境）三大维度对工作环境进行了概念边界探索和内在结构剖析，并且在此基础上进行了许多相关影响研究。但是，深入分析可见，学者们从中观组织层面解析工作环境还停留在表象层面，更多的是在描述单位组织为工作者提供的物理工作场所的硬件条件，探讨其是否便于工作者开展工作、是否影响其身体健康，而忽略了组织中的制度环境和人际互动、组织氛围等组织软环境。前者在新制度经济学领域中被视为一簇规范人们行为的规则体系，具有强制性；后者则是人们在工作场所中的社会交往过程中无意识形成的，具有非正式性。新制度经济学还深入分析了二者之间的关系：制度环境虽然对组织软环境有明显的约束力，但它们并不必然对应唯一的制度结构；制度环境只有在与软环境相融合的情况下才能发挥作用。因而，二者是相互融合、相互补充、相互促进的关系，制度环境与组织软环境无疑是影响工作者工作行为与态度的非常重要的因素，是我们从中观组织层面探讨工作环境不可或缺的元素。

目前国内的这些研究在两个主要方面表现出了明显不足：一是对于社会整体性的雇员群体缺乏经验研究成果；二是对于工作质量理论的变迁缺乏深入论述。

综观国内外关于工作环境的研究，一个值得引起关注的问题是，整个对于工作环境的研究缺乏整体的理论设计和研究框架，考虑分析具体的工作环境问题的研究多，而深入探究能够将这些具体问题整合起来的理论与逻辑的研究还远远不够。

从欧洲现有的研究来看，研究者们突出了人在工作中的幸福感，强调工作与生活的和谐与平衡，把人的主观正面的积极感受放在了衡量组织中的工作环境质量的重要位置，但他们明显忽略了组织秩序对提高工作环境质量的重要性。实际上，组织中好的工作环境，不仅需要人们有主观正面的积极感受，同时也需要强调组织秩序和规则对规范人们在组织中行为的重要作用。

综观国内外关于工作环境的研究，我们发现，欧洲现有的研究呈现三个方面的主要缺憾。①偏重微观性、个体性和主观性的研究，缺乏将这些研究嵌入客观指标与宏观经济社会结构中的研究取向。②研究数据的解读性描述侧重于经验性描述，不注重对事物之间因果逻辑的解释性阐述。在欧盟历年工作环境研究报告中，多见关于变量的频数描述和相关分析，虽然其力图比较各年份的变化及各成员国之间的差异，却没有提供分析这些变量差异的内在分析逻辑。③工作环境的概念、量表和指标缺乏理论建构和方法论的深入探讨。在欧盟的工作环境研究报告中，工作环境是一个操作性概念，其形成的理论基础缺乏严密的推理逻辑，因此在操作过程中，很容易丧失理论上的解释力。比如，关于工作环境的 15 个指标间的内在逻辑关系是什么，为何使用这些指标而不是那些指标，这些都没有在报告中交代清楚，致使工作环境这一概念在指标体系的“自循环”中越发丧失概念的内涵。就方法论而言，工作环境的量表指标既缺信度又缺效度，研究也未对指标间的相关性给出合理的解释，离一个简单、敏感、便于操作的量表还相去甚远。国内现有的研究，尤其在工作质量方面，虽然有了不少探索性或适应性研究，但至少还存在两个方面的不足：一是对于社会整体性的雇员群体缺乏经验研究成果；二是对于工作质量理论的变迁缺乏深入论述。对工作环境的整体研究而言，目前，国内现有的许多研究试图通过对工作环境某方面的主观态度变化来反映一个组织的发展变迁状况，尚未将结构性因素以及客观指标纳入其中来考量，进而在关键机制方面缺乏解释力。

总之，在国外，从 1990 年开始在欧盟的范围内进行了多次的大型调查，经过 20 多年的学术积累，研究者们开拓了一个崭新的

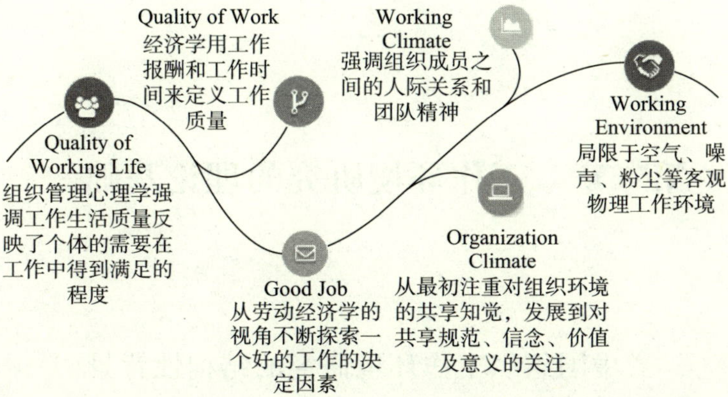

图 1-2 工作环境研究的相关概念群

学术领域，形成了一个学术社区。在国内，一些关于工作环境的研究也在逐步开展。这些都为这个领域在国内的进一步发展与深入打下了比较坚实的基础。我们这项研究的一个重要任务，就是要在国内外目前研究的基础上，把强调秩序与强调个人良好的主观感受结合起来，从治理的角度来关注与分析人们在组织中正面积极的主观感受，为日后中国工作环境的研究提供一个比较好的理论背景与框架。

第二章　工作环境研究的理论基础

一　中国组织工作环境研究的结构性背景

分析中国组织中的工作环境，首先要明确一点，我们是在一个特定的社会结构中来讨论中国组织中的工作环境的。作为一个学术概念，工作环境的调查研究发端于欧盟。虽然中国的工作环境与欧盟国家有着许多共性的问题，但是中国特色社会主义制度及特有的社会结构必然使其工作环境具有鲜明的中国特色，与中国经济、政治、文化和社会等组织管理体制相一致。如果我们在这个研究过程中不能够清晰地认识到中国工作环境的一些特殊的结构性背景，那么我们对问题的分析很可能就会显得苍白无力，且不能较深刻地认识和解释中国工作环境这一重要的“社会事实”(social fact)。

我们认为，分析今天的中国社会，尤其是分析今天中国社会中的工作环境，最需要注意以及最本质的结构性背景主要表现在两个方面，一个方面是要在分析的过程中充分考虑在中国各种不同类型组织中的嵌入性的问题，换句话说，对中国组织结构的任何分析，都要顾及组织中被嵌入的其他的非专业性的结构性要素。忽略这一点，实际上就忽略了中国组织中的一些最本质的且能够起决定性作用的结构和因素。另一个方面就是在分析过程中要充分顾及“单位”这个中国组织中工作环境的重要的制度载体。尽管今天的中国已经发生了天翻地覆的变化，但是“单位”无论是作为一种“历史事实”还是作为一种依附于中国共产党以及中国特色社会主义制度身上的“客观存在”，它都会对今天中国组织中成员的行为结构乃至整个组织的行为结构产生潜移默化的、举足轻重的影响。认真地了解这一点，我们就会在更深的层次上了解中国的组织，了解中国组织中的工作环境。为了更好地理解工作环境研究的理论背景与理论框架，我们有必要从下面的一些概念切入，做一些具体的梳理与思考。

1. 嵌入性：中国组织中工作环境的结构背景

我们知道，嵌入（embeddness）作为这个理论的核心概念，首先主要是指人们经济行为对非经济的结构与制度的依赖。或者说，人们对某些经济行为与模式的选择，受制于他们所赖以生存的那个社会的社会结构、社会生活方式和思维模式。[①] 在这里甚至可以进一步认为，经济行为只是社会行为的一种形式，即便其内容和方式是理性选择结果，但在这个理性选择过程中，社会结构的诸多因素也都会被考虑进来[②]，其中非常重要的因素就包括社会支持、信任、道德规范等社会环境因素。另外，嵌入性概念也同样存在于组织与制度层面，正如经济行为受到其行为发生的那个社会环境及社会结构的影响，特定的组织与制度是那个社会的社会结构的重要组成部分[③]，并因此受到外部制度环境影响。另外，这个核心概念要求人们，对于嵌入性的研究不但要弄清楚嵌入性为什么会存在，而且还需要深入地分析嵌入性对经济行为与制度的影响以及嵌入性的构建问题。

---

① K. Polanyi, “The Economy as Instituted Process”, in Granovetter M. and Swedberg R. (eds.), *The Sociology of Economical Life*, Westview Press, 1992, p. 34.

② K. Polanyi, “The Economy as Instituted Process”, in Granovetter M. and Swedberg R. (eds.), *The Sociology of Economical Life*, Westview Press, 1992, p. 34.

③ “我们认为：第一，经济行为是社会行为的形式之一；第二，经济行为置身于社会中；第三，经济组织是社会结构的组成部分。”参见 Mark Granovetter and Richard Swedberg, *The Sociology of Economic Life*, Boulder, C. O.: Westview Press, 1992, p. 6.

在这里，我们感兴趣的问题是，一种新的组织与制度嵌入社会结构环境的过程是如何发生的呢？或者说，这种新的组织与制度是如何逐步地嵌入社会结构性环境之中并逐渐影响人们在其中的工作环境的呢？

首先是变通。一个组织不可能简单地拿来和照搬一些外部的制度以及人们的行为规则，更多的是要按照自身所处的社会结构环境作出相应的修正和改变。在这里，变通，是制度与组织中一种新的规则①或者说一种新的制度安排嵌入新的社会结构环境中的第一步，也是最重要的一步②。

其次是适应。变通更多的是指一种新的制度安排、一种新的规则逐步嵌入社会结构环境的过程，而适应在这里则是指人们的行为要逐步地适应制度中规则的变化。这主要是因为制度对于人们行为的选择具有主导作用；个人“嵌入”制度中并被其所创造和指引，故对个人的行为解释离不开对制度的理解，个人在很大程度上是一个因变量。在这里，有两个方面的问题值得注意。

一方面，一旦一种制度建立起来，它就能够规定人们进一步的行动。制度规范行为，在这里有着一种强制性的意味。另一方面，在制度的制约下，人们在组织中行为的适应，不仅仅是一个被动的过程，在更多的情景下，同时还表现为一个积极学习的过程。或者更确切地说，在意识形态的帮助下，人们对新的制度、新的规范与规则是逐渐地由被动的适应到主动的学习和接受，即制度本身可以成为一种思维过程。③ 在这样的一个社会过程中，人们逐渐地被社会化，逐渐地接受这种新的制度安排，力图使其变成约束自己的行为规范，并最终使这种制度的安排“嵌入”特定

① 王汉生、刘世定、孙立平：《作为制度运作和制度变迁方式的变通》，《中国社会科学季刊》（香港）1997 年冬季卷。

② 周雪光：《组织社会学十讲》，社会科学文献出版社，2003。

③ Mary Douglas, *How Institutions Think*, London: Routledge & Kegan Paul, 1986, pp. 1 – 8.

的社会结构之中，“嵌入”人们自身的行为结构之中，变成社会结构的一部分，变成人们自身行为结构的一部分。在这里，当一种制度真正嵌入了其所赖以生存的社会结构与社会环境中时，那么这种制度同时也就深深地打上了这种社会环境、社会结构乃至社会文化的烙印，形成一种互依互存、逐渐混为一体的状况。事实上，一种组织与制度发展到一定时期，需要进一步创新与变迁的时候，这种制度与其赖以生存的社会结构的高度整合会给制度的变迁带来很大的障碍。认识到这一点，对于我们深刻地认识嵌入性正反两个方面的社会功能是非常有益的。“如果在一个社会里制度发生着变化和变迁，那么通常的情况不是这个社会中的某一个制度发生着变化和变迁，而是这个社会中的整个制度同时发生着变迁。”[①] 在这里，一个重要的启示是，一种组织与制度的变迁与创新并不是一种独立的社会过程。因为在这样一种社会过程中，其不仅包括一种组织与制度的变迁，同时还包括或者说要求这种组织与制度赖以生存的那个社会结构环境的变迁。

那么，理解嵌入性对我们研究中国组织中的工作环境有什么样的理论意义呢？

我们知道，在今天的中国，任何一个社会、政治、经济及文化的组织，都或多或少地承载着完成其非专业性任务的责任。党的组织作为一种结构已经深入地嵌入中国的大部分社会组织之中，并成为其中的一个极其重要的组成部分。这种政治组织的嵌入，一方面是为了加强党的领导、弘扬主流意识形态，另一方面是为了从执政党的角度来加强组织员工的思想政治工作。这种政治嵌入使中国的社会组织在结构上被赋予了非专业性的要素，在功能上被赋予了政治上的责任。以企业组织即经济组织为例，这种政治嵌入以后，企业在其结构与功能上同时具有了双重的价值取向

① 胡伟、李汉林：《单位作为一种制度——关于单位研究的一种视角》，《江苏社会科学》2003年第6期。

（政治的价值取向以及经济的和市场的价值取向），企业行为同时也受到双重规范的制约。在这种情况下，对待这样一种具有中国特色的社会事实，任何一种现存的西方组织理论的解释可能都会显得苍白无力：因为我们既不能用纯粹的经济组织理论来解释，也不能用单一的政治组织理论来论证，西方的企业制度理论更无法阐述清楚这样一种组织现象的产生过程、条件与后果以及对经济生产过程的影响。所以，在这个意义上，如果不理解企业的经济行为及其产生的重要经济后果之一是执政党执政的经济基础，那么就不可能理解在中国组织中的这种政治嵌入。当我们在深入思考中国的工作环境的时候，如果不考虑组织中的政治嵌入以及其他非专业因素在组织中的嵌入，那么，我们就不能从根本上去正确解释、分析与研究中国的工作环境状况。① 换句话说，理解党在中国各种组织中的这种嵌入，是我们理解、研究与分析中国组织工作环境的最重要的基础、背景和出发点。如果我们的研究不考虑今天中国各种类型组织中这样一种政治嵌入性，那么，我们对中国组织工作环境的分析与研究就会既缺乏深度与张力，也不会具有实际操作性。

另外，这种嵌入性与单位制传统之间还存在相互强化的效果。一方面，各种组织都因这种独特的政治嵌入性而被赋予了不同程度的政治职责，即在不同程度上有参与基层治理的责任要求；另一方面，在单位制传统这种体制思维习惯下，政府的这种将各类组织作为基层治理载体的倾向会进一步加强。在这种情况下，从治理的角度来理解和分析各类组织的工作环境就必然且合理了。事实上，组织的物质条件、组织制度安排和道德规范状况等，不仅可以在情感层面直接影响甚至决定成员的满意度、认同感和归属感，而且可以

① 有人曾经试图把“党的建设”和“社会责任”嵌入中国“现代企业制度”，并作为超越西方企业制度的一种途径。参见王欢欢《我一直想找到这样一种制度》，《中国新闻周刊》2017 年第 14 期。

在认知和规范层面对成员进行规训和教化，协调成员之间的关系，增进组织的内聚力，实现组织内在的有序和团结。

除了嵌入对组织行为与结构及其工作环境影响的分析以外，我们还可以观察到组织内的工作嵌入对组织成员行为与态度以及他们对工作环境的感受也会产生很大的影响。在这里，工作嵌入主要研究的是员工行为受组织影响的过程、条件与结果。个人的工作行为是嵌入在其所处组织的工作环境之中的。从员工的角度理解工作环境因素对人们在组织中离职与留职的影响，或者说，人们在工作上嵌入组织的方式、程度、态度和情感直接影响人们离职与留职的行为，影响人们对组织满意度的水平，而与之息息相关的则是组织中的工作环境因素。[①] 在这里，一个简单的相关关系是，组织中的工作环境愈好，人们对组织的满意度与认同感就会愈高，其离职行为的可能性就会愈低。“单位制”条件下个体在组织中的嵌入是一种资源依赖性的嵌入，如果不与所在的组织保持一致，离开所隶属的组织及工作，个人就会失去生存的资源和依据。而随着改革开放和市场经济体制的逐步完善，组织成员的组织认同及组织嵌入程度日渐取决于其个体心理需要以及组织内部的环境，个人的组织嵌入性不仅会影响其在组织中的角色行为和心理状态，而且还会影响到企业等组织的整体效能和竞争力，这从一个方面说明了从嵌入切入来分析工作环境的重要意义。所以，无论是宏观还是微观的角度，嵌入性都是我们研究组织工作环境的极其重要的结构性背景。

2. 单位：中国组织工作环境的制度载体

要研究中国组织的工作环境，首先最重要的是要理解中国组织。

---

① 袁庆宏、陈文春：《工作嵌入的概念、测量及相关变量》，《心理科学进展》2008 年第 6 期；王欣：《工作嵌入影响因素研究综述》，《科技广场》2015 年第 1 期；陈绵同、刘晓芳：《工作嵌入理论研究综述》，《商品与质量：消费研究》2015 年第 2 期。

新中国成立70多年来，在中国社会中最重要的组织形式就是单位，或者说单位组织。尽管中国社会经过了70多年的风风雨雨，中国的单位随着中国社会的变迁发生了或多或少的变化，但它作为与历史、与现代乃至与当代关联的一种重要的社会生活的组织形式和组织环境，始终与共和国的成长如影相随。正是在这个意义上，不理解中国的单位，就很难理解中国的组织、中国组织中的工作环境、中国组织中成员的行为、态度与感受，也就很难开展有质量的深入的中国组织工作环境研究。

在学理意义上，中国的单位主要是指在中国社会中具有国家所有或全民所有制性质的各种类型的社会经济和政治组织。在改革开放以前，中国社会中的（各种类型的）社会组织几乎全都是这种单位组织。这样的单位组织，在结构上，政治组织与具体的专业组织合二为一；在行为取向上，专业取向和意识形态的行为取向融为一体。与此同时，个人和单位的关系因资源主要由单位垄断性分配的机制而变得异常紧密，功能多元化是这种单位组织的一个显著的社会特征。这样的单位组织是我们国家1949年以后逐渐形成的一种中国社会生活与社会结构的主体形态。有人把这种状况归纳起来称为“中国的单位现象”。这种独特的单位现象主要是指：大多数社会成员被组织到一个具体的“单位组织”中，由这种单位组织给予他们社会行为的权利、身份和合法性，满足他们的各种需求，代表和维护他们的利益，控制他们的行为。单位组织依赖于国家（政府），个人依赖于单位组织，同时，国家依靠这些单位组织来控制和整合社会。因而，单位组织的状况构成了当代中国城市社区的基本结构。个人在这种组织中社会化，受这种组织文化的影响，逐渐形成了一种独特的价值观念和行为规范。

我们知道，改革开放以前，中国社会的控制与整合主要有两个重要的基础：一个是单位对国家和对上级单位的全面依赖；另一个是单位成员对单位组织的全面依赖。造成单位对国家和对上级单位全面依赖的条件主要是领导由上级任命以及资源分配上的依赖；而造成单位成员对单位组织全面依赖的条件主要是单位组织的功能多元化。当单位组织对其成员能够提供“从摇篮到墓地”的服务，且其组织成员又没有别的选择的时候，人们的行为就会产生全面的依赖。所以，从这个意义上，单位对国家、个人对单位全面依赖，国家与单位两极构造所形成的中国社会的基本结构成为改革开放以前中国社会的主要特征。①

明白了什么是单位以及独特的单位现象，就不难理解为什么要研究中国的单位现象。这主要是因为，“单位组织”在中国社会里已经远远超出了一般社会组织的意义。实质上，它不仅是一种统治的形式，还是一种制度，是一种深刻地受制度环境影响、“嵌入”特定制度结构之中的特殊的组织形态，而且也是我们中国独特的一种社会结构。② 假设忽视这样的一种社会存在，忽视研究和理解这样一种独特的制度、统治和社会结构，那么，我们就很难

① 张静把这种情况归纳为双重治理体系，其中有政府和工作单位两个治理角色，分别承担不同的职能。政府的角色是决定、审批和资源再分配，表现为制订计划、下发指令、调拨资源。单位的角色是执行和承担治理，表现为贯彻政府指令、分配资源并提供管辖范围内的公共品。在这个体系中，政府治理的对象是单位组织，单位治理的对象是单位成员。政府是通过单位来治理社会。参见张静《基层社会治理为何失效?》，《北京大学中国与世界研究中心研究报告》，2016 年 9 月。

② 单位作为一种制度，主要是因为它是在主流意识形态和价值观念基础上建立起来的一种特殊的组织和机构形态。它能够满足人们的基本需求，有一些在任何单位形态里都适用的基本的社会角色和社会地位，同时也有一些只有在单位形态里通行的特定的行为规范。在中国的单位形态里，政治作为一种组织化的形态整合于单位，成为单位结构的一部分；意识形态在中国单位里也被赋予了特殊的意义。单位作为一种统治主要表现在三个方面：首先国家主要控制整个社会的资源和财产；其次，所有的单位组织仍然处于一种完全的行政隶属关系体系之中，其主要职能是以国家和政府的名义管理国家所有的资源；最后，国家对单位组织领导人的任免权，是国家在现有制度背景下依然保持对单位组织强有力控制的基本统治手段，也是影响或决定单位组织仍然依附于国家的最重要的直接因素之一。单位作为一种社会结构，这主要是因为长期以来，人们主要是从这样的社会组织与社会制度中获得社会地位和社会角色，人们在各种不同类型的单位组织的框架内进行着行为与行为的互动。离开了“单位”这个熟悉的、没有陌生人的社会，人们就会失去在社会上行为的地位、角色和身份。参见李汉林《中国单位社会：议论、思考与研究》，上海人民出版社，2004，第 3 ~ 12 页。

深刻地理解今天的中国社会及其发展，我们就很难理解今天中国社会成员的行为方式与特征，进而也就很难从根本上把握今天的中国社会，从我们的研究任务出发，我们也就无法深入细致地理解和把握今天中国组织的工作环境。

改革开放以后，由于经济体制改革纲举目张的作用，整个社会中的利益主体由一元变成了多元，不同利益主体的意识和不同的利益诉求也随之变得愈来愈明确；改革的深入，同时也使非国家控制的经济资源与社会资源的急剧扩张和迅速成长有了制度性的保证和空间。在这个基础上，社会成员在职业选择、空间流动、价值观念和行为取向等方面也因此获得了很大的自由。也正是在这样一种宏观背景下，作为工作环境的制度载体，中国的单位制度逐渐发生着以下五个方面的根本变化。

（1）功能多元化的状况得到根本的改观。很多不属于单位所承担的社会功能被逐渐地分离了出去，通过市场化的运作方式被社会承担了起来。即便一些单位仍然还承担着一些社会功能，也已经不再是原来意义上的“单位组织功能多元化”，而是把给职工提供的这种服务当作了一种激励，当作一种特殊单位组织中的一种社会福利。

（2）单位对国家的依赖性弱化。以前那种由国家统一集中管理、占有和分配各种资源的体制格局已经被打破并逐步松动和瓦解，单位对国家和上级单位的依赖性在不断地弱化；与此同时，随着社会化服务的发展以及人们需求满足和利益实现的方式和途径的日益多样化，个人及单位成员对单位组织的依赖性也在逐步地弱化。国家对单位成员的动员能力，国家对单位、单位对个人的控制和整合的能力也都随着单位对国家依赖性的弱化而弱化。

（3）个人对单位的依赖性弱化。改革发展的过程中所形成的资源分配的弱化、分散化和市场化的趋势，对单位组织的行为及单位成员的行为都产生了极其深刻的影响。不同的单位组织和不同单位组织中的成员，在资源、利益和社会地位获得等方面的差异变得愈来愈大。这同时也说明，单位及单位成员的利益、资源和地位的获得，已经不仅是国家和政府分配的结果，也表现为是市场交易的结果，是能力和需求相互在市场上交换的结果。

（4）单位作为“生活共同体”发生变化。在改革以后的单位中，单位成员不再把单位看作一个朝夕相处的“生活共同体”，而更多地把自己的那份工作看作职位和工作场所（job and position）。在这样的组织中，人们的参与行为已经不再以对这种组织的全面依赖作为基础，而是更多地把参与作为一种利益驱动的行为，并以此为基础，来构造自己对组织的认同。

（5）利益表达与实现方式发生变化。在改革以前，不同的利益矛盾和冲突必须也只能通过单位组织来表达、综合和实现，国家对利益冲突的协调和整合也是在单位制度的框架内进行的；而在改革以后的单位组织中，由于依赖的基础发生了根本的变化，这种在单位制度框架内的表达和综合很大程度上被弱化。人们利益的实现，不仅是单位的一级组织与单位领导形成的决议和意见，同时也表现为单位领导在非正式互动过程中的协商，以及在这个基础上通过制度化的方式所形成的决议。

虽然，经过长时间的发展与变迁，目前中国的社会组织或者说单位体制与40多年前相比又发生了很大的变化，但是，单位在中国作为一种制度、一种统治形式以及一种中国特有的社会结构方式，是否就此会逐渐消失和不复存在，仍然还需要更多的实证研究来加以证明。

我们知道，我们国家坚持和完善中国特色社会主义制度，这个制度中有两个重要内容：一个是坚持中国共产党的领导，另一个是以公有制为主体。这种政治上的坚持和诉求与中国单位现象或者说中国单位社会的基本特征是一样的，归纳起来主要有三点。一是国家所有。中国的基本经济制度仍然是以公有制为主体，这个中国经济社会发展的基本方面没有变。二是单位领导由上级任命。单位的主要负责人在经过民主推荐、考察、公示以后仍然是由上一级领导部门任命，他们必须隶属于一定的“上级单位”，必须接受“上级单位”的领导，“支部建在连上”。有基层党组织的单位都必须努力地去贯彻党的指示，都必须努力地去实现这种政治功能。这样的一些单位，就不仅是一种单纯的经济组织，同时还体现着一种统治，或者说是统治的一种制度化的形式。三是单位在就业和工作方面对人们特别具有吸引力。近年来，我国党政机关，教育、金融、科学研究和技术服务行业企事业单位，其他行业大型国企等单位和部门，依然是高端人才和求职者较为集中的流向，“体制内”国有企事业单位的稳定、发展平台依然是人们就业看重的主要因素。

所以，尽管国家进行了40多年的改革，经过了这么多年的风风雨雨，但是制度的这些核心的东西仍然深深地嵌在各种不同的单位组织之中，这种制度的内核仍然没有根本的改变。即便是在经济与社会迅速发展的今天，如果我们能够承认：①一些掌握着国家命脉的经济组织和大型企业仍然是国家所有，一些行使着国家权力的社会组织仍然是国家所有；②“支部建在连上”仍然是这种组织社会结构的重要组成部分，党在这些组织中发挥着举足轻重的作用；③单位组织中的一些基本特征仍然左右着这些组织的行为及其行为取向，那么，我们就不可能不承认“单位”仍然是今天中国社会的一种基本结构。单位制作为以往长期存在的一种组织的意识形态、制度载体和行为取向，仍然深刻地影响着当前中国的社会组织以及组织成员的思维方式与行为方式，并且从更深的层次上影响和定义中国组织工作环境。研究中国的社会结构，研究嵌入这个社会结构中的工作环境，就离不开研究中国的单位现象。换句话说，通过单位去研究中国组织以及组织中的工作环境是一种前提、一种条件，也是一种观察的途径和方式。比如，我们理解了中国单位这种特殊的社会组织结构的历史、现状与发展趋势以后，就能够比较清楚地理解组织成员在这种组织结构下的行为方式与特点，成员之间的行为互动与交流、组织认同、组织规范与观念等方面逐渐形成的过程、特征以及产生的后果。这样一来，我们对组织的工作环境就会有一个符合实际的了解和真切的感受。结构定义行为，制度规范行为，在这样的情况下分析人们对组织中工作环境的感受，才会鲜活，才会有理论与实践相结合的意义。

从大的方面来说，共产党在中国不是一种抽象的概念或抽象的客观存在，它需要各类组织载体来贯彻其统治意志。所以，恰恰在这个意义上，单位将来可能会变迁、异化和弱化，但是，只要不放弃这个制度的这些最根本的东西，那么，在目前的中国社会里，单位制度恐怕就不可能从根本上被完全放弃，它仍然会作为一种制度、一种统治的形式以及作为一种中国特有的社会结构方式起作用，影响着中国组织以及成员的思维方式与行为方式，并且从根本上影响和定义中国组织的工作环境。所以，也恰恰在这个意义上，单位是我们分析与理解中国工作环境的一个不可忽视的制度载体。

高端人才青睐国有企事业单位

第十届“中国河北高层次人才洽谈会”12月13日在石家庄以岭健康城举办。据统计，本届大会精心筛选了254家企事业单位参会引才，参会单位共提供需求岗位1255个，需求人才7231人，其中博士需求1310人，硕士需求1702人，本科需求3071人，博士及硕士需求占总需求的42%，本科及以上人才需求高达84%。

虽然众多企业打出了高薪牌，记者却发现，到场招聘的教育系统内学校等事业单位以及一些知名大型国企，依然明显受求职者青睐，被团团围住。石家庄邮电职业技术学院、河北省科学院、河北大学、河北农业大学、河北经贸大学、河北科技大学等好几个单位到现场招聘，吸引了众多求职者关注。

石家庄邮电职业技术学院展位前可谓“人山人海”，很多求职者都拿着简历在等待着。记者注意到，该学院的招聘牌上写的学历要求是硕士研究生及以上。其薪酬待遇为：硕士研究生见习期满合格后平均年薪约10万元，还可享受石家庄人才绿卡（B卡）的相关待遇；博士研究生见习期满合格后平均年薪约13万元，另享受15万元至30万元的安家费、10万元科研启动经费、10万元项目经费、每月2000元的住房补贴（连续发放3年）等。

“我来这里应聘就是觉得给出的待遇不错，而且这毕竟是‘体制内’，工作比较稳定。”李同学说，她家在石家庄，在她父母眼中女孩子就应该安安稳稳的。

记者在会场观察发现，国有企事业单位的确是高级人才的“大摇篮”，不过硕士、博士们除了觉得“体制内”国有企事业单位稳定外，更加看重这些单位给他们提供的平台。“作为一名河北人，我希望自己能回到家乡工作。”毕业于中国农业大学的刘洋说，自己是学机械工程专业的，职业规划是进入一家“体制内”企业。所谓的“体制内”企业，可以是事业单位，也可以是那些知名企业。而对于自己最初的薪酬待遇，刘洋的心理预期是15万元左右。

资料来源：http://www.sjzdaily.com.cn/newscenter/2019-12/14/content_2588598.htm。

二　治理：中国组织工作环境的主要内容

分析了中国组织中工作环境的结构性背景后，让我们再来具体分析其主要内容。我们感到，从治理的角度切入和进行归纳，有利于我们之后的深入研究。因为从根本上说，改善一个组织中的工作环境，实际上就是一种对组织进行治理的社会过程。

按照社会治理的一般定义，它主要是指政府、社会组织、企事业单位、社区以及个人等多种行为主体通过平等的合作、对话、协商、沟通等方式，在互动中对社会事务、社会组织和社会生活进行引导和规范，最终实现公共利益最大化的过程。[①] 在一个组织中，通过有效率的互动、参与、合作、协商与沟通等方式，引导组织中的利益各方在博弈的过程中实现各方利益的最大化，努力改善组织中的工作环境，提高组织的经济与社会效益，从而实现组织中的治理，在这里，治理也就成了中国组织中工作环境的一个重要内容。所以，我们在这里讨论的不是一般的社会治理，更多关注的是在中国组织中的治理以及与之相联系的组织中的工作环境。因为从根本上说，在组织中，对改善工作环境的努力，就是一种治理。治理是一个过程，治理的结果就应该是工作环境状况的改善。离开了组织中治理的重要目的与结果，治理就会成为无源之水、无本之木。把治理作为改善组织中工作环境的重要内容以及由此对组织中工作环境进行分析，实际上要观察与分析的是这个组织在关乎其发展与效益等方面的治理状况以及其组织成员对这些状况的一些主观感受。从这个意义上说，组织中的治理也应该是我们研究组织中工作环境的一个重要切入点。

那么，如果我们从治理的角度切入，按照社会学理论思考的逻辑，我们主要应该从哪些方面来观察与分析组织中的工作环境状况呢？或者说，从什么样的理论视角进行分析，能够构成我们之后工作环境研究的基础呢？我们感到，从治理的角度切入来观察中国组织中的工作环境（见图 2－1），我们似乎需要观察与分析下面六个方面的状况：组织中的社会团结状况、组织中的社会冲

---

① 王浦劬：《国家治理、政府治理和社会治理的基本含义及其相互关系辨析》，《社会学评论》2014 年第 3 期。

突与整合状况、组织成员的角色结构与互动状况、组织成员参与状况、组织中的结构与功能状况以及组织中的社会保护与包容状况。这六个方面的状况能够比较全面地反映一个组织中的治理状况与水平，进而折射出这个组织中的工作环境状况。

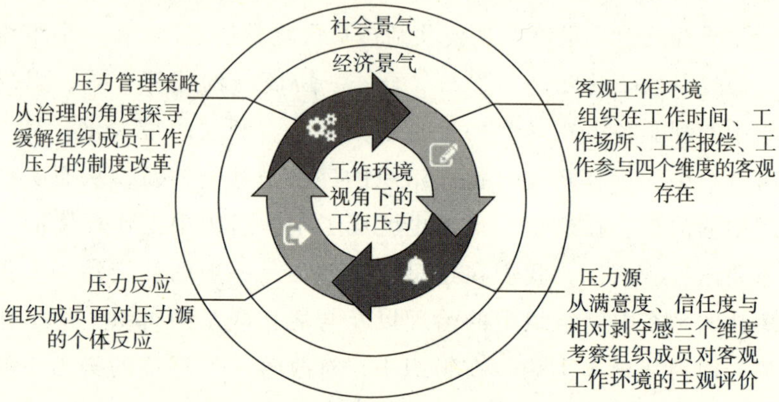

图 2－1　从治理的角度切入研究工作环境

1. 组织中的社会团结状况

社会团结是法国社会学家涂尔干在他的《社会分工论》这本著作中提出来的。他继承了欧洲社会民主思想的传统，认为资本主义社会危机形成的关键，是在从传统社会向工业社会急剧转变的过程中，利益和价值的分化造成了社会冲突和社会失范，传统的利益协调方式和价值体系解体，社会矛盾不断加深。解决这一问题的根本出路，是在新的社会基础上进行社会重组，构建新的“社会团结”，防止“社会排斥”和“社会分裂”。在他看来，法律是维护社会团结的重要力量；社会团结的精神基础是集体意识，物质基础则是社会分工；在区分机械团结与有机团结的时候，他同时指出，建立在社会分工和相互依赖基础上的有机团结，比主要建立在相似的价值观和信仰等集体意识基础上的机械团结，能够更彻底、更有效和更深刻地实现社会的整合。① 目前，“社会团结”的理念在整个欧洲仍有很大的影响。在很多国家社会民主党的党纲里，追求“社会团结”是他们党的一个很重要的目标和内容。俄罗斯总统普京所归纳的“俄罗斯思想”② 主要包括四个方面，除了爱国主义、强国意识、国家作用以外，就是强调社会团结。作为一个重大的客观事实，认真地研究社会团结的理论和在欧洲各国的实践，对于我们构建和谐社会，尤其是对我们针对组织中工作环境的分析，具有很重要的借鉴意义。

此外，我们也可以清楚地看到，所谓团结，并不只是对一个社会组织的静止状态的刻画，并不仅靠社会容量和社会密度来规定，它更是一个动态的过程。大体而言，团结既是指社会群体或组织的聚合状态，也是指社会群体或组织的一种固体化的、结晶化的过程（solidarization）。特别是在社会变迁的情境中，通过团结来考察群体或组织，不等于说用一种现行的、定型的制度模式进行衡量和度量。正因为变迁中的组织状态是复杂的，它集约了传统的或外来的、习惯的或强制实施的、文化的或体制的等各种因素，很难用类型学的方式加以考量。相反，团结这一概念所要考察的，正是一个社会组织自身结晶化的过程，以及由此而产生的制度晶体，这样的制度并不是先前设定的，而是团结的结果，并不是考察不同的制度类型会产生不同形态、不同程度的团结，而是要把团结的形态和程度看作制度生成的必要前提。因此，团结是第一位的，没有了团结，一切制度都实现不了转型，换言之，根本不会产生制度建设的空间。就中国目前变迁时期的组织研究而言，社会团结的概念恰恰为此提供了真正能够将制度成型过程纳入的很大的研究空间，因为对任何一个现存的组织而言，我们

① Emile Durkheim, *The Division of Labour in Society*, New York: Free Press, 1984.

② 参见汪宁《普京的俄罗斯新思想》，上海外语教育出版社，2005；朱达秋：《俄罗斯思想的现代意义》，《四川外语学院学报》2006 年第 2 期。

既可以找到传统意义上的文化资源，也可以找到西方现代理性化组织的配置模式，更可以找到70多年来总体体制所塑造的行政安排，所以说，研究这样拥有错综复杂的各种因素的制度建制，仅靠类型学是不够的，而必须使我们的研究直接进入一个组织具体的结晶化的过程中，看看具体的制度形成过程及这一系统与环境之间的具体关系、这一系统中的人的关系。团结，是我们实施这一研究的最恰当的原则和工具。

从社会团结的理论出发，我们思考的重点是分析组织中的社会团结以及对构建良好的工作环境的意义。从根本上说，一个组织中成员有很好的社会团结，是组织中具有良好工作环境的前提和条件。在组织中社会团结的程度，主要指的是一个组织的凝聚力和向心力的水平，它可以反映组织成员对组织的主观感受和认同状态，以及组织成员彼此之间的整合程度。而这样的一种组织成员对组织的主观感受以及彼此之间的整合与认同状态，是构成组织中良好工作环境的重要基础。归纳起来，我们感到，这种组织中的社会团结可以从以下几个方面展开分析。

首先，我们可以对组织中的社会团结从凝聚力和脆弱性这两个不同的维度进行分析。组织的凝聚力主要是指组织吸引和整合组织成员为实现特定组织目标进行集体行为的能力，而组织的脆弱性则主要是指组织在环境压力下能否保持自己整体性的能力。组织作为一种制度化的集体行为，它需要组织成员的认同，需要组织成员在集体行为的过程中产生一种集体意识，同时还需要组织成员的行为能够自觉地遵从组织内部的规范与规则，甚至作为自己在组织中行为的一部分。团结的程度在一定的意义上能够说明一个组织凝聚作用的强弱以及这个组织在环境压力下保持自己整体性的能力的高低。一个组织团结的程度愈低，这个组织对其成员的凝聚力就会变得愈弱，保持组织整体性的能力就会变得愈低，组织成员对这个组织的认同感相应地也就会显得愈低，其组织中的工作环境的状况就会变得愈差，人们对组织的离心力就会变得愈大，当然，一些组织成员由此所产生的一种改变现状的愿望与内在驱动力同时也就会变得愈强烈。在具体的研究过程中，组织的凝聚力可以从社会支持、垂直整合以及组织认同的角度来考察，而组织的脆弱性则可以从不满意度、相对剥夺感以及失范的角度来研究。①

其次，我们可以从组织中不同的制度安排上来观察组织中的社会团结。这种不同的制度安排，既可以表现为不同的所有制结构，也可以表现为组织中具体的行为规则。从理论上说，这种不同的组织制度会在一些最根本的问题上给人们的行为提供稳定的、被大家所认可并可以不断重复的行为模式，并以此来定义人们在特定组织制度中社会行为的条件，而且在很大程度上影响组织中社会团结的程度，进而进一步影响整个组织中的工作环境状况。

另外，在以往的研究中我们也看到，通过改变组织的所有制来实现组织变迁的社会过程只是一种方式，但不是唯一的方式；而且，我们不能通过所有制结构的一维标准来推论一个组织中社会团结的高低。这里我们需要思考的问题是：不同所有制的社会组织中人们的行为如果存在着行为趋同性的倾向，那么为什么会存在这种倾向，在多大的程度上以及在什么样的条件下会存在这种倾向，应该怎样来解释组织与制度变迁过程中这种行为取向的趋同或相似的特征呢？我们愈来愈强烈地感到，深入分析这种行为的趋同性和相似性，同时从理论和实践的结合上，具体分析上述两种看起来似乎矛盾，但在组织与制度创新和变迁过程中始终发生着作用的行为表现方式，对于更进一步理解我们这个社会的文化，尤其是制度化和被制度化的文化（institutionalized culture），对于深入研究我们这个社会的总体结构以及社会组织中的社会团结过程，进而在这个基础上分析组织中的工作环境都是非常重要的。

① 李汉林、李路路：《资源与交换——中国单位组织中的依赖性结构》，《社会学研究》1999 年第 4 期；李汉林、李路路：《单位成员的满意度和相对剥夺感——单位组织中依赖结构的主观层面》，《社会学研究》2000 年第 2 期。

最后，我们可以从组织成员的参与状况来研究组织的社会团结。组织成员对组织事务的关心程度与参与状况，可以直接反映出组织成员对组织的认同程度，而从这种认同程度的高低中又可以折射出组织社会团结的水平。后文将对组织成员参与状况进行具体分析。在企业的社会过程中，雇主与雇员在不同程度上都变成了企业组织的主体，都需要通过各自不同的参与来提高企业组织社会团结的程度，以应对市场的挑战。

总之，理解组织中的社会团结，对于我们有意识地引导和推动组织的创新和变迁，从根本上改善组织中的工作环境有着重要的意义。当我们看到不同类型组织在组织团结的维度上的差异性的时候，我们就会有意识地把改变组织的所有制结构以及其他的一些局部的制度安排作为组织变迁与创新的一个重要的社会过程来加以推动；而当我们同时发现不同类型的组织在一些根本的问题上行为趋同的时候，我们就会在推动组织变迁的同时充分顾及组织中的制度化文化或制度化文化对组织成员行为的影响，利用组织及组织成员行为的惯性，因势利导地推动组织的创新与变迁，提高组织的效益，从根本上优化组织中的工作环境。

2. 组织中的社会冲突与整合状况

组织中良好工作环境的一个重要的基础，就是组织中成员之间的和谐以及有效率的行为互动。在个人和社会的关系中，组织是一个重要的中介变量，因为社会中的个人总是或多或少地被整合到各种不同的社会组织中。按照一般的组织理论，组织具有放大、缓冲和解决社会冲突，维护组织成员之间的和谐，实现整合的潜在的重要功能。在一定意义上，组织管理就是努力地整合不同组织成员的利益与期望，使之能够最大限度地和组织的利益与期望结合在一起，形成一种在组织中双赢的局面，营造一个良好的工作环境。个人参与组织，总是对自己在组织中的发展，自己的经济收入、职业发展以及其他利益的实现抱有一个良好的愿望与预期。而组织作为另外一个重要的行为主体，也同样对组织中成员的行为抱有一定的期望、要求和约束。当个人期望与组织期望通过管理这个行为媒介有效地整合在一起的时候，组织的效率就会得到很大提高，组织成员积极向上努力的情绪就会被调动起来，人们在组织中就会感到愉快，感到团结和被激励。这样一来，一个良好的组织工作环境就会被营造出来。

但是，如果组织与个人的期望与预期不能够通过有效的管理整合在一起，个人的期望与预期在组织中通过努力还得不到实现，或者说大大低于了组织的期望与预期，两者之间甚至发生矛盾并得不到解决的时候，组织中的冲突就会发生、激化，甚至会变得不可避免。而且，组织成员之间的局部冲突还可能突破组织边界，在其他组织或社会领域引发共鸣或响应，进而引发更大范围的社会动荡（放大冲突的功能）。这种组织与社会的相互效应，从一个角度说明了组织工作环境的极端重要性。特别是在组织中，当各种资源处于一种短缺状态下，尤其是在资源分配不平等、不规则、不公正的情况下，人们追求自身利益最大化的行为冲动很容易激起单位中的不满和怨恨。当这种不满和怨恨不能以制度化的方式得以反映和解决，没有一种制度化或者说非制度化的利益表达与诉求机制让人们的不满和怨恨得以发泄时，那么，这种不满情绪被长期压抑之后，必然会在组织成员的行为上反映出拥抱越轨，出现剧烈的反弹与放纵的倾向。换句话说，这种不满和怨恨势必累积成为剧烈的冲突和内耗，从而从根本上破坏组织中良好的工作环境。当然，组织成员之间的局部冲突和潜在紧张，也可以通过各种机制在组织内部得到有效解决，从而把社会冲突消灭在萌芽之中（解决冲突的功能），对于一些组织无法解决的社会冲突，组织也可以通过内部机制，遏制冲突的范围、延缓冲突的进程、减少冲突所带来的损害等（缓冲冲突的功能，即安全阀机制），从根本上改善组织中的工作环境。

从理论上说，组织中一般意义上的不平等和不公正并不能直接引发组织中的冲突，只有在以下三个条件逐步递进并不断强化的情况下，才有可能引发和导致组织成员之间的冲突。[①] 这三个条件简单地说就是：①人们在组织中的相对剥夺感、地位的不一致性和不满意度变得愈来愈高；②组织中的基本价值取向和行为规范发生动摇和混乱；③组织中管理层不作为。具体地说，组织中不平等和不公正首先造成的一个最明显的社会后果是组织成员之间利益分配不当、激励机制扭曲和贫富差距过大。部分组织成员炫耀性消费的示范效应，组织中激励结构扭曲以及行为规范与取向混乱，使人们的羡慕与妒忌、攀比与模仿、失落与愤怒等各种情绪交织在一起。如果再加上不适当的炒作与推动，就会使一些组织成员心理上的那种相对剥夺感与地位的不一致性在相互比较的过程中变得愈来愈强烈，由此引发的不满意度就会变得愈来愈高。如果在这样的情况下，组织中的管理层没有及时发现苗头、做好工作，组织中一些相关政策没有做适当的调整，结构上没有做出适当的制度安排，那么，人们就会对组织中公平正义等基本价值观念发生怀疑和动摇，对组织管理层以及对组织整体的行为愈来愈不信任。在这样的情况下，任何一个偶然事件都可能会引起组织成员的过激行为和强烈反映，人们的愤怒与不满就可能会用一种极端的方式发泄出来，一些诸如上访、罢工、游行示威等的集体行为就会不可避免地发生，组织中的工作环境就会很快地恶化。

在一些具体的组织中，人们很容易从实实在在的感性层次上理解：一些人对单位短缺资源不公平占有的同时就意味着对另一些人资源的剥夺。紧密关系以及全力投入很容易造成组织成员之

① Hanlin Li, et al., *Searching for Hidden Reality: Anomie and Social Change*, SAD, 1998; R. K. Merton and A. S. Kitt, "Contributions to the Theory of Reference Group Behavior", in R. K. Merton (eds.), *Social Theory and Social Structure*, New York: The Free Press, 1968; Nee Victor, "A Theory of Market Transition: From Redistrbution to Markets in State Socialism", *American Sociological Review*, Vol. 54, 1989, pp. 663 - 681.

间的紧张、摩擦和冲突。当一些人对另一些人享有的资源、机会和利益的占有与分配感到不满、不公正，当人们对自身的资源、机会和利益的占有与分配状态感到失望、不满意且又无力回天的时候，就很容易把这种不满与愤怒转化成怨恨和内耗，转化成一种破坏性的行为动机和冲突。事实上，一个组织成员之间充满冲突和矛盾、相互内耗严重的组织不可能具有良好的工作环境，同时也不可能实现发展与效益。相反，能够实现和谐与整合的组织，才能够实现发展与效益，才会营造出良好的工作环境。

在一般意义上，组织中的整合可以通过下面五个因素的相互作用而逐步实现：第一个是共享的意义和价值体系，它有助于降低人们的认同分歧，减少协调成本，增强人们的社会共识；第二个是行为规范，人们通过社会化实践，学习这些对行为设置的限制来约束自己的行为以适应组织与社会、满足期待；第三个是权力与权威，通过对组织中权力与权威的承认与服从，以在组织成员分歧加剧、冲突激烈的时候尽可能地达到行为的一致性；第四个是组织本身，通过这种制度化的载体努力增强成员之间的互动，逐步形成分工性依赖，通过合作而彼此联结；第五个是社会互动网络，通过由此提供的信任、安全、合作等社会资本，努力促进广泛的团结与内聚。①

在一个组织中要避免冲突、实现整合，关键是要在制度上有情绪宣泄机制，或者说安全阀机制，② 使组织成员的一些负面情绪能够得以宣泄，用一种制度化或非制度化的方式让人们把他们的利益诉求表达出来、反映上去，组织的管理层要能够对这种诉求

---

① 张静：《法团主义模式下的工会角色》，《工会理论与实践》2001 年第 1 期；张静、董彦峰：《组织分化、政治整合与新时代社会治理》，《文化纵横》2018 年第 4 期；张静：《社会治理为何失效?》，《复旦政治学评论》2016 年第 1 期；张静：《社会整合纽带比较：文化与政治》，《二十一世纪》2013 年第 140 期；张静：《社会建设传统经验面临挑战》，《战略与管理》2011 年第 7～8 期。

② Lewis Coser, *The Functions of Social Conflict*, New York: Free Press, 1956.

做出合理的解释和反应，耐心地听取他们的利益诉求，认真地分析和对待他们的要求，以理服人、以理待人。在这里，员工参与能够起到很重要的作用：通过制度的渠道让组织成员了解更多的信息，使上下能够相互理解、有效沟通，使一些由于相互不理解、沟通不顺等产生的问题能够得到合理解决、有合适的说法，使组织成员之间的怨气能够平复，由此也能够释然。在一些像工资、待遇、福利、提职提薪等关乎组织成员切身利益的重大问题上，通过员工的有效参与，能够起到避免冲突、提高整合、营造良好工作环境的重要作用。

3. 组织成员的角色结构与互动状况

在一个组织中，组织成员被赋予各种不同的位置（position）和角色（role），完成不同的工作任务，在不同位置的相互作用、配合和协调下，实现组织的目标，同时实现自己的职业期望。换句话说，在一个组织中，组织成员的工作是通过身处不同的位置、扮演不同的角色、完成不同的工作任务，从而形成一个连贯的行为－生产过程与关系模式，用各种不同的“角色结构”串联起来，推动和努力实现组织的目标。在这里，理解组织中角色与角色结构，对于更好地理解组织成员的行为及过程、提高管理的效益、优化组织中的工作环境、实现组织的目标具有重要意义。

当我们在分析组织中的角色结构与互动状况的时候，我们主要可以从四个方面来观察。

一是分析角色的定义。要做好本职工作，首先要明确自己的工作任务与职责范围。有了明确的角色要求，作为管理者就可以据此来规范、考核与评估组织成员的工作。与此相联系的是角色的期望。从角色定义的角度，角色期望就是要明确行为双方履行角色的义务与责任。角色期望同时分为正式的角色期望与非正式的角色期望。正式的角色期望主要是指组织对履行一个角色作为一种工作职责和任务所做的明确的要求，而非正式的角色期望则是指组织成员对其他成员以及管理者所期待的对其工作的认可、相互的支持、鼓励和赞扬。当这种角色定义与期望在一个组织中明确的时候，人们就可以各司其职，明确自己在组织中的定位，知道做什么、怎么做以及如何努力。特别是当组织中的这种非正式的角色期望也能够同时实现的时候，那么，组织成员的行为就会受到很好的激励，同时也就能够营造出一种良好的工作环境与氛围。

二是观察角色的相容性，就是角色的责任、义务与权利是否一致。换句话说，一个具有了较大责任的角色同时拥有与之相应的荣誉、地位与经济报偿，就表现出了角色较一致的相容性。相反，如果一个角色具有较大的责任，但是被赋予了与之不匹配的荣誉、地位与经济报偿（high effort，low reward），那么，表现出来的则是角色的不相容性，或者说地位的不一致性（status inconsistency）。这种状况产生的一个直接后果是严重影响人们的工作积极性，影响组织成员之间的关系，进而影响组织中宏观与微观的工作环境。

三是分析组织中角色的紧张状况。人们在组织内外同时承担多种角色（role set）：上下级关系中领导与被领导的角色；同级关系中同事与朋友的角色；组织外父子、亲友等角色。在一个良好的工作环境里，组织成员能够得到良好的社会支持，正式的和非正式的角色期望都能够不同程度地得以实现，能够在组织和同事的帮助及鼓励下较好地处理各种角色之间的关系，使之处于一种和谐的状态。反之，如果不是这样，角色之间的关系就会紧张。比如，若上下级以及同事之间的关系处理不好，形成的是组织内部的角色冲突；工作与生活不平衡、工作与家庭不平衡说明的是和工作以外的角色之间产生的紧张状况，反过来影响工作，影响工作成员在组织中履行角色的情况。角色紧张会使组织成员的行为始终处于一种撕裂的状态，使组织成员在组织中的工作质量下降，使组织中良好的工作环境受到影响。

四是分析角色的冲突与角色压力。一般情况下，组织中角色冲突的出现主要有三个方面的原因。第一个方面的原因是角色的定义不清楚。当组织成员不清楚自己和其他组织成员任务和责任的界线，不清楚哪些该做、哪些不该做的时候，相互之间就会为应该履行的责任与义务产生矛盾，久而久之，冲突就会变得不可避免。另外，与之相联系，人们在组织中正式的角色期望实现模糊、非正式的角色期望实现受阻，比如得不到领导和同事们的理解、支持、帮助和鼓励的时候，人们心理上的怨气就会累积，反映在与其他组织成员与领导的互动过程中，就会形成一种角色的冲突。第二个方面的原因主要表现在角色地位的不一致性。也就是说，当组织成员长期纠结于干活多、回报少，同时又得不到别人的理解和支持的时候，他们在组织中的满意度就会下降，怨气就会上升，经过一段时间的积累后，就会爆发冲突。第三个方面的原因则是角色结构的紧张。如果组织成员在组织中的角色长时间地超负荷，同时又处理不好自己所承担的组织内外其他角色的关系，使自身的角色结构处于一种不平衡和不协调的状态，其相应的行为也处于一种撕裂的状态，在这种心理紧张又得不到宣泄的情况下，和其他成员互动过程中的冲突有时就会变得不可避免。

组织中角色冲突的先兆表现为组织成员自身所感到的难以承受的角色压力。这种压力来源于自身角色的超负荷、投入与回报的不匹配以及角色地位的不一致性。这种角色压力在很多情况下会不可避免地转换为人们的心理压力和怨气。不少研究表明，当这种压力和怨气得不到合理的宣泄、当这种高压力和高度紧张的角色结构得不到合理的解构和重构的时候，或者说，当没有一种有效的安全阀机制来释放这种压力和紧张的时候，那么，随着时间的推移，这种压力的积累就会变成组织内的角色冲突，从而在很大的程度上破坏组织中良好的工作环境。

4. 组织成员参与状况

在社会学意义上，组织中的员工参与主要是指组织成员通过在组织中一系列的利益表达、综合和实现的过程，参与组织中的事务，保障自身权益，并在这个过程中不断加强对组织的认同感和满意度；与此同时，通过组织成员在组织中的积极参与，其组织中的工作环境质量得以提高。以企业组织为例，企业在解决“归谁所有，谁来管理”这样一个根本的经营权问题以后，马上需要解决和面对的，是如何调整好企业内部雇主与雇员之间的社会关系，以提高企业在市场上的竞争力和生命力。事实上，改制以后，企业亟待解决的是社会学意义上的管理问题，是雇主通过怎样的制度安排，如何来激励雇员，雇员应该通过怎样的制度安排，从而来表达、综合以及实现自身利益，解决与雇主之间的矛盾与冲突，从根本上保护劳动者的权益。换句话说，是雇员如何以及在多大程度上实现对企业的认同的问题。因为从根本上说，只有雇员自觉地认同企业，积极参与企业的事务，把企业的事当成与自己利益相关的事，才能够从根本上提高企业在市场上的竞争力，从根本上实现雇主自身利益的最大化。事实上，如果一个组织不能把自身的发展与组织成员个人的发展目标建立联系，并给组织成员提供具有人生导向意义的发展目标，那么，组织成员就没有理由和动力长时间关注这个组织的发展和效率。换句话说，就是对这个组织没有根本的认同感，优化组织的工作环境也就因此变成了无本之木、无源之水。①

从员工的角度来看，企业中员工参与的重要意义，来自以下几个方面的要求：一是企业治理结构的复杂化和人力资源要求的多元化的趋势；二是以人为本，以企业职工为治理主体的现代企业制度要求；三是生产中的分工与协作，以及项目合作作为现代企业新的劳动模式；四是员工自我发展和实现的需要，是企业集约自身资源、提高效率和维持可持续发展的根本途径；五是员工参与亦是塑造企业文化和意识形态，实现员工对企业、社会和国

① 中国社会科学院员工参与课题组：《中国企业组织的变迁与员工参与研究报告》，2010；李汉林、吴建平：《组织团结过程中的员工参与》，中国社会科学出版社，2010。

家的价值认同的重要渠道。[①] 在这个过程中，员工参与首先来自政府机关、法律机构等统一制度的推动和要求，如职工代表大会制度的推行、工会组织的确立等，都是企业必须履行的社会责任。市场环境和社会环境也会对企业的员工参与制度提出要求。比如，商会和协会设立的行业专业化标准、行业最低工资标准和各工种的标准，上级主管部门推动的各种劳动竞赛、评比和社会标准，或是国际市场或协会制定的认证标准，都是企业规范化要求。以上这些，都是改善组织中工作环境的一些基本条件。

对企业主而言，也存在推动员工参与的动力机制：一是签订集体合同、保证职工参与是企业必须履行的责任；二是参与是企业主针对用工进行绩效考核和评估，以实施员工的续聘和解聘、升迁和免职、加薪与减薪等人力资源管理的基础；三是参与亦可作为企业维护安全和化解矛盾的机制，即安全阀；四是通过各种形式的员工参与，包括企业外部的各种竞赛、评比和考核，获得根据政府或市场标准而确定的各种可选择的外在资源。

在经济学研究中，企业家被看作企业中最重要的人力资源。正是从经济学这一基本理论预设出发，产权问题的核心变成了如何在企业中实现企业家的人力资本。从社会学角度来看，经济学这一理论预设从根本上忽略了企业及相应社区组织中一般性人力资本的重要性。在农村乡镇企业改制的过程中我们可以看到，企业家的人力资本根本不可能独立于他所在的那个社区的一般性人力资本。如果不依靠社区的一般性人力资本，企业家的人力资本不可能从根本上得到实现。同样地，在企业中，雇主的人力资本如果没有大量雇员作为人力资源的支持，那么雇主的人力资本的价值也不可能从根本上得到实现。正是从这种基本认识出发，雇主

① 中国社会科学院员工参与课题组：《中国企业组织的变迁与员工参与研究报告》，2010；李汉林、吴建平：《组织团结过程中的员工参与》，中国社会科学出版社，2010。

必须把雇员当作企业中的“利益相关者”，激励他们认同企业，激励他们参与企业。在这样的社会过程中，雇主与雇员在不同程度上变成了企业的主体。

如果说社会学意义上的管理问题只是企业家们潜意识中的一种行为惯性，那么，中国加入 WTO 以后经济全球一体化所形成的巨大压力，则使今天中国的企业与企业家不得不把管理、参与和企业社会责任看作需要积极面对和认真考虑的重大问题。

今天的中国是全球范围内得到国外直接投资最多的国家之一，中国被称为“世界工厂”和“国际生产车间”已经不是有意的夸张，而是实实在在的事实；“中国制造”的产品在国际消费品市场上所占的份额变得愈来愈大。经济全球一体化使中国与世界的相互依存度变得愈来愈深，同时这也给双方带来了不可预测的巨大变化。

经济全球一体化首先给中国的企业带来了许多机会。中国的企业家可以作为经济行为的主体自由地参与国际竞争，努力地使自己的企业融入国际经济大循环中。与此同时，经济全球一体化也给中国的企业带来行为规范与标准等诸方面的压力。各种不同的国际劳工的生产守则，[①] 作为一种强制性的规范，要求中国的企业履行其社会责任和义务。对于犯规企业的惩罚是抵制它们的产品，取消它们的订单。[②] 这些外在的压力使企业不得不正视自身所承担的社会责任，努力地从公司治理和道德价值、对人的责任、对环境的责任以及对社会发展的广义贡献四个方面维护自身“企

---

① 比如，国际劳工组织的“基础性条约”（Fundamental ILO Conventions）；国际自由工会联盟（ICFTU）的基本守则（Basic Code）；英国的“道德贸易基本守则”（Ethical Trading Initiative Base Code）；欧洲的“洁净衣服运动”（CCC）发起的“成衣业公平贸易约章”（The Fair Trade Charter for Garments）；国际社会责任组织（SAI）发起的“社会责任 8000”（SA8000）；公平劳工协会（FLA）通过的“工作场所生产守则”（Workplace Code of Conduct）等。参见谭深、刘开明主编《跨国公司的社会责任与中国社会》，社会科学文献出版社，2003，第 159 ~ 164 页。

② 参见谭深、刘开明主编《跨国公司的社会责任与中国社会》，社会科学文献出版社，2003，第 16 ~ 31 页。

业公民”的良好形象。[①]

从雇员的角度，企业制度的变迁给他们的行为规范和价值观念带来了很大的变化和影响。以前的雇员叫作职工，属于工人阶级，他们是企业和国家的主人。从这样的一种社会角色出发，既然是主人，就得要当家，参与也就成了题中之意。

改革开放以后，企业“归谁所有，谁来负责”的问题从产权的角度得到了根本解决。企业主变成了雇主，企业的职工也因此变成了雇员。“给老板打工”，既是转轨带来的无奈和事实，也是职工必须给自己在企业中行为以及自身社会角色的一种定位，同时也确定了职工作为雇员在一个企业的社会结构中的地位。当雇主与雇员在一个企业中变成了一种不对称的社会角色的时候，雇员的参与就不再是也不可能是一种题中之义。一方面，“给老板打工”“做事挣钱”“多一事不如少一事”似乎是很多企业中雇员的一种行为观念和取向。另一方面，当雇员的利益受到雇主的侵犯，雇员的许多正当的经济权利、政治权利、社会权利等得不到保证，劳资双方发生纠纷和冲突的时候，争取参与就变成了许多雇员需要争取的权利。“团结起来维护自己的权利”，也在有意和无意之中变成了许多雇员的一种行为取向。

在这样的情况下，雇主为了自身的利益及企业的发展，也必须努力地去提高雇员的积极性，鼓励雇员参与企业事务。因为企

① 按照一些方面的定义，企业公民主要是指一个公司将社会基本价值与日常商业实践、运作和政策相整合的行为方式。其内容主要包括四个方面：1. 公司治理和道德价值，主要包括遵守法律、现存规则以及国际标准，防范腐败贿赂，包括道德行为准则问题以及商业原则问题；2. 对人的责任，主要包括员工安全计划、就业机会均等、反对歧视、薪酬公平等；3. 对环境的责任，主要包括维护环境质量、使用清洁能源、共同应对气候变化和保护生物多样性等；4. 对社会发展的广义贡献，主要指广义的对社会和经济福利的贡献，比如传播国际标准、向贫困社区提供要素产品和服务，如水、能源、医药、教育和信息技术等，这些贡献在某些行业可能成为企业的核心战略的一部分，成为企业社会投资、慈善或者社区服务行动的一部分。参见《21 世纪经济报道》2005 年 11 月 21 日第 38 版，https://wiki.mbalib.com/wiki/企业公民。

业管理的一个重要内容就是如何最大限度地发挥雇员的积极性和创造性，改善他们的工作环境。只有在企业成为雇主的企业、提高管理水平成为企业发展的根本问题的时候，雇员在企业中的参与才会从根本上成为企业管理的一个核心问题。一些参与制度的设计和安排也正是基于这样的考虑：积极的参与、创造良好的企业文化和参与机制对雇主、雇员和企业都有好处。

从组织治理的角度，如果把组织看作一个社会系统，治理就不可能是单向性的自上而下的统治和管理，因为组织成员不只是统治和管理的被动受体，他们本身是治理可资动员的积极行动者，治理是在固化的法定占有关系下更为灵活的组织方式，主要是双向的互动、影响、调适和制约，更像是一种经过参与、协商、选择和决策的动态过程而建立的社会关系。另外，我们知道，组织成员是组织生存和发展的根本动力，组织的稳定与发展需要通过其成员制度的创新来实现。一个有效率的组织制度的核心是就业、保障和发展，这种制度的实现机制就是参与；只有将组织理解为一个社会共同体、激活其社会属性时，参与才是一个真正有意义的机制，组织中工作环境的改善才能从根本上得以实现。因为从根本上说，只有当员工视组织为“家”的时候，他们才会不由自主地逐渐产生抗拒个体化的行为；与此同时，他们更愿意在那些不断产生归属感、产生共识的组织中凝聚到一起，更愿意在那些具有良好的组织文化与组织环境的组织中工作在一起。而要得到这样的结果，就需要一个社会动员过程，动员员工参与到共同行动中来，通过参与而找到对组织的认同、对工作的热情、对彼此共同利益的确认和保护的渠道。也正是在这样的状况下，才能从根本上构成组织的社会基础。[①] 另外，组织内部的充分（团结）合

① 曼纽尔·卡斯特：《认同的力量》，曹荣湘译，社会科学文献出版社，2006，第65页；中国社会科学院员工参与课题组：《中国企业组织的变迁与员工参与研究报告》，2010；李汉林、吴建平：《组织团结过程中的员工参与》，中国社会科学出版社，2010。

作是在不断地调节其内部的社会关系，解决成员之间、成员与管理者之间等的冲突的过程中来实现的。而且，这样的一种机制表现为组织治理，或者说是通过组织治理来实现的。而治理的核心要素就是组织成员的积极参与。恰恰在这个层次上，治理才在组织成员积极参与的过程中有了举足轻重的意义，才成为改善组织中工作环境的重要前提与条件。

5. 组织中的结构与功能状况

按照帕森斯①结构功能主义的定义，结构是组成一个社会系统的相关成分与要素；功能则说明系统中各种成分和要素之间的关系，表示系统在特定条件下所要达到的目的。结构功能分析方法主要是从现存的社会系统结构出发，分析社会系统应该具备什么样的社会功能才能产生一定的社会效应，使现存的社会系统得到更好的保持，而为了完成这些社会功能，系统结构应该做出哪些变化和调整。这种分析方法要求我们分析一个社会系统的基本出发点，就是要充分地认识到，任何一个社会系统总是在保持平衡的过程中致力于自我维持。运用这种方法来分析一个社会系统，就是要努力揭示这个社会系统中所具有的正功能与负功能，在不断完善其系统的社会功能的过程中，因势利导地保持一个社会系统结构的稳定。与此同时，这种分析方法要求人们在分析一个社会系统的时候，要充分顾及它的四个基本的社会功能条件，即适应性（adaption）、目标实现（goal attainment）、整合性（integration）、系统维持（latent pattern maintenance）。结构功能主义分析方法的最根本的内在规定性就在于，它总是从现存的系统结构出发去分析系统功能，总是要求人们在分析任何一个社会系统的时候，首先要从现存的社会系统结构出发，对更好地完成系统功能

① T. Parsons, *The Social System*, New York: The Free Press, 1951; T. Parsons, *The Structure of Social Action*, New York: McGraw Hill, 1937; T. Parsons, *Structure and Process in Modern Societies*, Glencoe IL: The Free Press, 1960.

做某些结构调整和改良。

对结构功能主义分析方法进行颠覆性改造的是卢曼①的功能结构主义的分析方法。这种分析方法一反传统的从结构出发来研究系统功能的思维方法，认为要分析一个社会系统，首先不是要去搞清楚它具有什么样的系统结构，而是一开始就要从环境系统的更大的范围里去思考：这样的一个社会系统具备什么功能或者说应该具备什么功能，才能和其他环境系统平衡与协调起来，才能发挥社会系统的效益。在这样的前提下，再去考虑一些系统结构性变革与调整，以使社会系统在最大限度上达到系统目标、发挥系统功能。在这里，系统功能是系统结构的基础，系统结构是系统功能的表现，系统结构随系统功能的变化而调整。

卢曼认为，每一个社会系统都有自己独特的通信媒介（kommunikationsmedium），并且围绕着通信媒介专业化，以此区别于其他的社会系统。系统内特有的通信媒介是系统所应完成的特定社会功能的反映。在这里，卢曼具体分析了四个社会系统：一个是政治系统，其通信媒介是权力（macht）；一个是经济系统，其通信媒介是货币（geld）；一个是科学系统，其通信媒介是真理（wahrheit）；一个是家庭系统，其通信媒介是爱情（liebe）。卢曼指出，系统围绕自己特有的通信媒介专业化程度愈高，系统功能就会发挥得愈好，系统效率就会愈高。反之，如果通信媒介专业化程度低，各种非系统特有的通信媒介混杂于一个系统内，比如，如果政治系统不用权力来进行互动而是用货币来进行沟通，科学系统不以追求真理来进行交流而是用权力或者货币来进行沟通，家庭系统不以爱情来维持家庭的关系而是用货币来维持，经济系

① N. Luhmann, *Soziologische Aufklaerung* 1, Opladen: Westdeutsche Verlag, 1970; N. Luhmann and Soziale Systeme, *Grundriß einer allgemeinen Theorie*, Frankfurt: Suhrkamp, 1984; N. Luhmann, *Erkenntnis als Konstruktion*, Bern: Benteli, 1988; N. Luhmann, *Macht*, Stuttgart: Enke, 1975; N. Luhmann, *Liebe als Passion: Zur Codierung von Intimität*, Frankfurt: Suhrkamp, 1982.

统不以货币来互动而是以权力作为通信媒介，那么，系统之间的界限就会变得模糊，系统自身也就会逐渐走向异化，严重的则会使整个社会系统崩溃和解体。

此外，功能结构主义分析方法强调分析过程中要注意社会系统的两个特点：一个是自治性（autonomie），要求一个社会系统能够针对环境系统需要，独立地按照自己系统的选择标准来加工处理并反馈到环境系统中去；另一个是适应性（anpassungsfaehigkeit），要求一个社会系统能够及时根据环境系统的变化和要求调整自己本身的功能与结构，做出灵活的系统反应。与此同时，这种分析方法强调，在对一个社会系统进行分析的时候，可以从三个维度来分析：第一个是时间维（zeitlich），主要是指一个社会系统在与环境系统进行社会互动的过程中，能够有时间逐步加工、处理、消化和吸收环境系统的影响，从而使社会系统在不破坏自身结构的基础上完成与环境系统的社会互动，做出灵活的系统反馈；第二个是专业维（sachlich），主要是指一个社会系统一方面有能力按照自己系统的专业结构和通信媒介来自由选择自身的系统目标，确定自身的价值取向标准和行为规范，另一方面要求社会系统同时有能力按照自身的需要选择、排列、加工和处理环境系统的影响和要求；第三个是社会维（sozial），这主要是指社会系统对环境系统依赖于社会互动的多元化，它要求人们在保持社会系统自治性的时候，同时与多个环境系统就某一个或几个问题进行互动或者说实现依赖，这样一来，就避免了系统对某一个环境系统的过分依赖，从而失去自己的自治和独立。

了解组织中的功能与结构的状况对组织工作环境有什么意义呢？我们认为最重要的意义就在于，通过理解和优化组织所应承担的功能，相应地改善组织结构，实现组织的创新。在这样的一个组织功能与结构解构与重构的过程中，组织中的工作环境得以根本改善。在这里，如果说一个组织中的功能是为了最大限度地优化其组织目标的实现，促进组织内外资源的有效整合，提高组织对内对外的适应能力，从而使一个组织能够高效率地运转和维持，那么，组织的结构就应该为实现组织的这些功能来做一些根本调整，从而使组织的功能与结构处于一种协调发展的稳定状态。

在组织中，雇员与雇主是一对最重要的社会关系。组织中的功能与结构的调整主要也是围绕着规范和影响他们的行为及其行为结构展开的。从根本上说，雇员与雇主在组织中的行为目的都是其自身利益最大化。从雇员的角度来看，他们起码期望：有可能通过自己的努力不断满足他们在组织中日益增长的需求；有一些看得见、摸得着、够得上的激励；与同事和领导有一种相互理解、支持、帮助以及尊重的和谐关系；有能够在组织中发挥才干的平台以及有一个良好的工作环境。从雇主的角度来看，他们从根本上期望有一种和谐的雇主与雇员的关系，组织的效益能够不断提高，用尽可能少的投入获得尽可能大的产出，等等。这样的一种期望与需求，恰恰需要组织结构有效调整才能够实现。比如，通过改善组织中的物理结构环境，给组织成员创造一个温馨的工作环境，或者说，让他们在组织中“有家的感觉”；通过调整组织中的制度环境，使制度能够更有效地规范组织成员的行为，使员工之间的协作、支持、帮助、鼓励与良性竞争能够制度化，从而使员工在这样的环境中形成对组织的认同感，能够有不断被激励的自我实现的冲动和行为；等等。恰恰是在这样的一系列功能与结构的调整过程中，一个良好的工作环境被塑造出来。这样的工作环境反过来吸引着更多的成员认同，激励他们上进，提高组织效益，促进组织发展，最终形成一种良性的组织发展循环。

6. 组织中的社会保护与包容状况

社会保护（social protection）是一个较为宽泛的概念，其常被当作与社会保障（social security）和福利（welfare）等同的概念使用，但其实质上具有不同的内涵。社会保护主要是指对那些处于风险地位（at risk）的有需求者（being in need）进行的保护。[①] 有研究认为社会保护主要是以政府和社会为主体，通过一系列的政策和制度安排以及培育富有效率的劳动力市场降低人们面对就业的风险，提高居民保护自身收入和生活水平的能力，从而降低贫困发生率和减少脆弱性。[②] 在一般意义上，社会保护主要是指国家、政府和相关机构通过立法、社会保险、社会保障以及社会援助关注、帮助与支持社会中的弱势群体与个人，保证他们在社会上的基本权益。[③] 社会包容则是指一个社会要兼顾其成员有差异性的利益诉求，允许"和而不同"的追求，承认"己所不欲勿施于人"的理念。那么，分析和研究在一个组织中的社会保护与包容状况对营造良好的工作环境具有什么样的意义呢？

一个组织要营造一种良好的工作环境，最重要的是要调动组织成员的工作积极性，让他们能够自觉地为组织与自己去努力工作与创造，使他们在工作与创造的过程中能够深刻体验成就感与获得感、体验个人价值的实现以及不断加深对其组织的认同。而要实现这样的一个目标，最重要的一个条件就是组织的包容。具体来说，就是组织要有能力认可组织成员在组织中的期望，承认组织成员在组织中能力上的差异，鼓励与激励不

---

① Guy Standing, "Social Protection", *Development in Practice*, Vol. 17, No. 4 – 5, 2007, pp. 511 – 522.

② 这类制度安排主要包括：（1）旨在保护就业安全性和劳动者权益的就业政策和劳动力市场制度；（2）旨在保护居民免受失业、疾病、伤残和老龄困扰的社会保障体系；（3）对特殊困难和脆弱人群如儿童、"三无"老人、特殊地区居民的社会救助和福利等。参见蔡昉《刘易斯转折点与公共政策方向的转变——关于中国社会保护的若干特征性事实》，《中国社会科学》2010 年第 6 期。

③ United Nations Research Institute for Social Development, *Combating Poverty and Inequality: Structural Change, Social Policy and Politics*, New York, 2010; World Bank, *Social Protection Sector Strategy Paper: From Safety Net to Springboard*, Washington D. C., 2001.

同层次的员工尽自己能力在工作中进行创造，从而使每一个组织成员能够通过组织中的这种包容以及自己的奋斗实现个人价值在组织中的最大化，通过个人的努力能够共享组织发展的成果。正是在这样的过程中，组织能够在良好的工作环境中得到长足的发展。

一个组织要营造一种良好的工作环境，同时也需要加强对组织成员的保护。因为相对于组织而言，其成员始终处于一种弱势地位。在组织中如果失去或者说不重视对组织成员的保护，那么长此以往，组织中就会充满马太效应与丛林法则，组织中的弱者则可能在这个过程中被剥夺一切。在一般的情况下，组织总是需要通过一系列的规范与制度确立组织中的道德、权利与惩罚，从而努力做到奖勤罚懒、鼓励上进，提高组织效益。但是，如果在这个过程中，在组织层面上的这些制度与规范如果不能保障其成员的权益、诉求等方面的期望及其实现，如果组织不能公正地用其合法的道德、权利与惩罚机制来对待其处于弱势地位的组织成员，那么，组织成员的选择很可能是隐忍、消极怠工、反抗或者离职，在某一个时点上，组织成员不满意的感受就会像火山一样爆发出来，一个良好的组织环境也会因此受到极大的破坏。恰恰在这个意义上，组织中的社会保护对于营造良好的工作环境具有了举足轻重的意义。

对组织中的社会保护，起码可以从两个方面来观察。一个方面是对组织成员在工作中的积极性的保护，使他们在组织中有激情工作、有能力创造、有机会参与、有渠道表达、有机制激励，使他们在工作的过程中能够不断体验正面的、积极的工作环境。另一个方面是对组织成员在工作与劳动过程中的身体、健康等方面的保护。不能设想，在这一方面对组织成员保护的疏忽能够长久地激发他们在工作劳动中的积极性，从而使他们能够对组织中的工作环境有一种正面的体验。

需求层次论还有第六层——从一个“90后”的辞职信说起（节选）

如今，新的内外部环境、员工队伍的多元化促使我们的各类组织思考：除了收入，还有什么能刺激工作业绩的提升？

笔者在面向企业管理者的培训课堂里，开展了“影响‘80后’员工对组织满意度的因素有哪些？”的小组讨论，综合归纳后有如下答案：

①自由与制度约束之间的平衡；

②个人职业发展前景；

③单位的文化理念；

④单位对员工个人与生活的尊重；

⑤薪酬福利待遇；

⑥直接领导的个人能力与魅力；

⑦单位的整体工作氛围（办公室生态）；

⑧与同龄人的横向对比。

如今“没有满意的员工就不可能有满意的顾客”的理念已深入人心，在成长于物质相对丰富时代的“80后”、物质有点过剩时代的“90后”和“00后”成为职场主力军的环境下，我们必须思考和研究的是，到底什么是影响他们对组织满意度的因素？

为此，企业管理的理念、管理模式等做出相应的变革是企业创新的第一步。有一点是明确的：员工们对除物质以外的东西越来越关注和在乎。

资料来源：《企业管理》杂志，2017年8月30日。

三　工作环境研究的结构性背景与理论框架

通过上述的分析我们试图说明，中国组织工作环境的研究首先必须要放在两个独特的结构性背景下进行。一是要充分考虑中国各种不同类型组织中的嵌入性的问题，即要顾及各类组织中被嵌入的其他的非专业性的结构性要素，而这样的因素对组织工作环境的形塑发挥着任何其他力量所不可替代的作用。二是要充分顾及“单位”这个中国组织中工作环境的重要的制度载体，因为在坚持公有制为主体的中国社会，“单位”过去是、现在仍然是分析中国组织以及组织工作环境的前提条件。

从治理内容的角度看，组织治理实质上就是组织对其各方面工作环境内容的调整和改善。站在社会学立场，组织治理的效果大致可通过组织中几个方面的状况得到反映，即社会团结状况、社会冲突与整合状况、社会保护与包容状况、组织成员参与状况、功能与结构状况以及组织成员的角色结构与互动状况，最终形成组织整体认同状况。治理下的工作环境研究，离不开对这些概念的深入把握，因为它们能够比较全面地反映组织的治理状况与水平，进而折射出组织的工作环境状况。

而从治理过程的角度看，组织治理实质上就是组织内各类成员及利益各方管理其共同事务，使相互之间的冲突或不同利益得以调和并采取联合行动的持续过程，也是通过利益各方参与管理，使工作环境得到优化、组织认同获得增强的过程。换句话说，只有当组织采用各种正式和非正式的方式，充分调动员工个体对组织的认同，所谓的治理才真正有效，也才能真正达到治理的目的。对于作为一种社会系统的现代组织，治理不可能还是一种单向度的自上而下的统治和管理，因为组织成员不只是统治和管理的被动受体，他们本身也是治理可资动员的积极行动者。不同于传统固化的法定占有关系下的管理，治理是现代组织更为灵活的一种组织方式，强调的主要是各方双向的互动、影响、调适和制约以及经过各方参与、协商、选择和决策的动态过程而建立起的合作关系。一个“善治”的组织，意味着有组织成员的积极参与，有稳定、合理的制度体系和制度创新，有高质量的工作时间和工作场所环境；人们获得了与其付出相平衡的物质和精神报偿，意味着人们产生了较高的满意感、舒适感、安全感，最终意味着组织认同达到了一个更高的水平。

因此，中国组织工作环境研究的结构性背景与理论框架如图2-2所示。

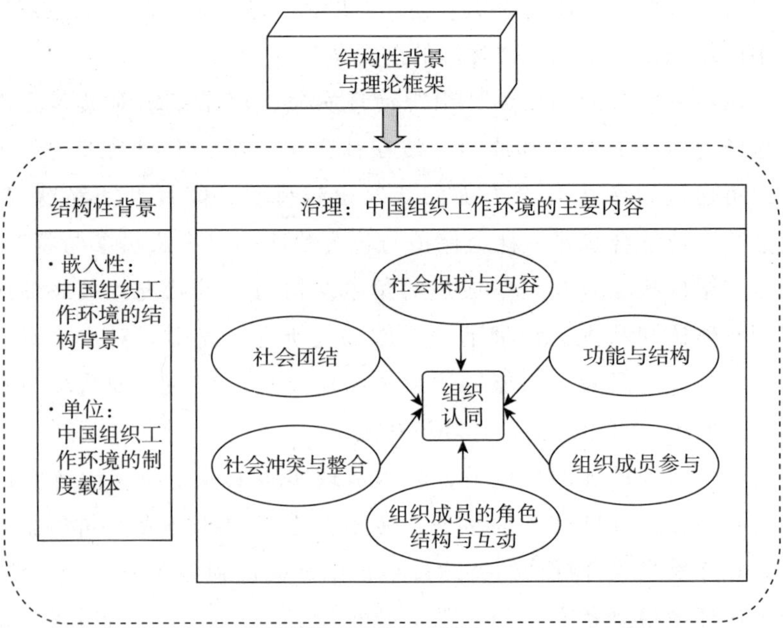

图2-2　中国组织工作环境研究的结构性背景与理论框架

第三章　工作环境研究操作性框架的初步思考

一　组织工作环境研究的考量因素

接下来需要进一步展开说明的是，上述我们对中国组织工作环境研究的结构性背景与理论框架的分析，对我们在具体研究组织中的工作环境的时候有哪些操作性的启发和思考呢？

首先，我们在具体操作去评估和测量组织的工作环境的时候，需要明确地认识到，我们是在两个最本质的结构性背景下来分析中国组织中的工作环境。一个是要考虑，对中国组织结构的任何分析，都要顾及组织中被嵌入的其他非专业性的结构性要素。忽略了这一点，实际上就忽略了中国组织中的一些最本质的且能够起决定性作用的结构和因素。尽管中国共产党基于对处理市场与政府关系这一核心问题的认识而提出了“使政府的归政府，市场的归市场，真正厘清政府与市场的边界，给经济、社会发展提供空间、扩大空间”的改革思路，但各类社会组织中必然存在的党的组织、党和政府政策的宣传、社会主义意识形态的教育等要素现在会将来还继续会影响组织的架构和运行。认真地考虑到这一点，我们就能够在与西方社会制度的比较中了解中国组织工作环境的塑造和特点。另外一个是要考虑，在分析过程中要充分顾及“单位”这个中国组织工作环境中重要的制度载体。尽管今天的中国已经发生了天翻地覆的变化，但是“单位”无论是作为一个

“历史事实”还是作为一个依附于中国共产党以及中国特色社会主义制度的“客观存在”，都会对今天中国组织中成员的行为结构乃至整个组织的行为结构产生潜移默化的、举足轻重的影响。认真地了解这一点，我们就会在更深的层次上了解中国的组织，了解中国组织中的工作环境。

其次，我们在具体操作评估和测量组织的工作环境的时候，同时需要强烈地意识到，我们是在从治理的角度来观察中国组织中的工作环境。当我们从工作时间、工作报偿、工作场所和工作参与四个侧面来分析组织中的工作环境的时候，那么就应该从上述组织治理的六个方面来进行关联，即社会团结状况、社会冲突与整合状况、社会保护与包容状况、组织成员参与状况、功能与结构状况以及组织成员的角色结构与互动状况，并努力从上述的这六个方面的状况联系起来加以分析。只有这样，我们的观察才会深入，我们的分析才会有扎实的理论与实践基础。

最后，我们觉得如果从组织治理的视角下来研究组织中的工作环境，特别需要顾及工作环境中的组织认同。因为工作环境的组织治理与员工的组织认同感具有内在本质上的统一性，从组织的角度看是组织管理或治理，而从员工的立场看就是组织认同，可以说组织工作环境治理所要追求的目标就是要解决个体与组织整体的关系问题，即要促使个体员工与组织各方面保持一致性。其实，任何组织只要存在，就意味着该组织实体内部成员之间具有一定程度的组织认同感，这种认同感既是个体对工作环境的一种理性或感性的反应，同时也构成了组织中的一种特殊心理环境因素，它成于内形于外，“既表现为对组织与自己关系的内在体验和感受，也表现为对这种关系的外显型行为”，[①] 对组织整合和运行效率具有任何其他因素不可替代的作用。从这个意义上说，激发与保证所有成员对组织的认同，是组织治理真正有成效的体现，

① 王彦斌：《中国组织认同》，社会科学文献出版社，2012，第 76 页。

也是组织治理想达到的目的。

所以，在上述我们对工作环境研究的结构性背景与理论框架分析的基础上，我们在具体分析、研究、评估与测量一个组织中的工作环境的时候，就可以从客观工作环境、组织制度环境和主观心理环境三个方面入手。

二　组织工作环境研究的具体内容

我们这里所提出的工作环境研究的三个方面并非彼此分离、相互独立，而是相互联系、相互影响、相互制约，它们共同构成了独具社会学意义的一种社会事实——组织工作环境。一定程度上可以这样说，组织工作环境是“三重”现实的存在，一方面是组织制度环境，体现着工作环境应该是什么样的；另一方面是客观工作环境，体现着客观工作环境实际上是怎样的；再一方面就是主观心理环境，体现着组织内普遍的心理感受和情绪如何。组织制度环境为人们的客观行动结构提供了促动和限制的因素，并与行动结构一起成为主观心理环境的根源。反过来人们的主观心理和情绪也会引起行为关系的变化，进而影响到组织制度环境的改善与再生产。所以，一个组织，既有制约所属成员的制度环境，有与其劳动过程相关联的客观工作环境、互动模式，还有与之相联的主观心理环境，它们相互联系，形成了组织工作环境这一极富内涵的社会事实。

（一）客观工作环境

研究一个具体组织的工作环境，首先要从该工作环境中的客观环境要素着手。对于客观工作环境，我们可以从工作时间、工作报偿、工作场所和工作参与四个角度来进行分析。

第一，工作时间。工作时间是指法律规定的劳动者从事劳动的时间，其长度由法律直接规定，或由集体合同或劳动合同直接规定。从理论上说，每天工作时间不超过八小时，平均每周工作时间不超过四十四小时是我们国家对劳动时间的一般规定。事实上，我们很多的劳动者，为了完成任务、赶工期，往往工作时间远多于法律规定的劳动时间。如果把人们上下班的通勤时间算上去，人们为工作相关的时间付出就会更多。当在一个工作单位里，超时工作成为常态，当一些单位组织以降低底薪、加大提成的形式刺激员工加班，形成表面上的“主动”加班的时候，人们对工作的热爱与兴趣就会受到极大的伤害。

当我们的工作时间大规模地侵蚀了我们的生活时间时，我们工作与生活的平衡就会遭到破坏。当工作中的赶工期逐步成为常态的时候，一种无形的工作压力就会像山一样让人感到沉重。如果人们没有对工作的热爱、兴趣与激情，那么，一些重复的流水线和琐碎的工作就会让劳动者丝毫无法对工作、任务、单位产生任何正面的价值和意义体验。研究工作环境中的工作时间，就是要弄清楚工作与生活平衡形成的机制、工作压力与工作倦怠产生的原因。

事实上，当人们能够形成对工作的热爱与激情、对工作单位不断深化的认同时，人们就会忘我地工作，工作质量在劳动者不断创造的过程中将得到升华与提高。在这里，人性化的时间管理，即一个组织是否在时间的角度上有相应合理的考勤、作息、加班、休假等方面的规章制度，对人们在工作中的激励至关重要。

第二，工作报偿。工作报偿就是人们劳动付出以后所得到的报酬。这既包括工资奖金方面的报酬，也包括表扬、荣誉方面的激励，表现出来的都是一种人们劳动付出之后的回报。一个单位给予劳动者高于付出的回报，往往被称为好单位，人们对这些单位的认同感也会由此提高。相反，高付出、低回报往往是很多人跳槽离开的理由。付出与回报的平衡是单位中每一个劳动者的基本权利，也是构造良好工作环境的基本条件。

从事一个低质量的工作，人们感受到的是一个工资低、工作满意度低、工作稳定性低、工作焦虑程度高、工作压力大的工作。对于一个现实中的劳动者，他的劳动付出总量是客观的，劳动回报程度也是客观实在的，从而付出与回报的平衡状态就成了客观工作环境范畴中的一个核心要素。

当人们在单位中处于一种焦虑紧张的状态时，他们就很难与自信、从容结缘，对从事的工作只可能是应付，从而很难做到对工作进行主动创新和充满激情。而且，这种焦虑紧张的情绪也会像感冒一样，传染给单位中的其他人，破坏单位中的工作环境。

第三，工作场所。营造一个温馨的工作场所，是管理者的责任，也是很多劳动者勤奋工作的前提。枯燥乏味的工作场所，很容易弥漫一种抱怨甚至愤恨的气氛。长期在充满粉尘、污染、噪声的场所中工作，且没有受到良好的保护，很容易让人产生一种烦躁和疲惫，在这种条件下，不可能产生激情、愉悦与创造性的劳动。只有让每一个员工远离没有安全、没有保护的工作，才可能逐渐使他们找到工作的意义与激情。

一个劳动者工作过程中直接接触到的客观物质条件固然是客观工作环境中的重要因素，而牵涉到劳动者权益的工作过程前后环节的维护条件，不管它们是一个组织独立设置和建设的各种福利服务设施，还是中国特色社会主义国家福利保障制度在组织内的贯彻落实，这些福利设施条件无疑构成了人们工作的另一个层面的物质条件，对工作者的人心向背、体面和尊严以及全面发展都有重要影响。

第四，工作参与。这主要是指组织成员通过在组织中一系列的利益表达、综合和实现的过程，参与组织中的事务，保障自身的权益，并在这个过程中不断加强对组织的认同感和满意度；与此同时，通过员工在组织中的积极参与，使员工能够有“主人翁”意识，使雇主与雇员的逻辑能够贴近，通过“参与式管理”使双方共同感受到幸福、获得与安全，组织工作环境的优化与质量也得以提高。20 世纪 50 年代后期国家倡导的“两参一改三结合”讲的就是这个道理。

事实上，只有将组织理解为一个社会共同体，激活其社会属性时，参与才是一个真正有意义的机制，组织工作环境的改善才能从根本上得以实现。因为从根本上说，只有当员工视组织为“家”的时候，他们才会不由自主地逐渐产生抗拒个体化的行为；与此同时，他们更愿意在那些不断产生归属感、产生共识的组织中凝聚到一起，更愿意在那些具有良好工作氛围的环境下工作在一起。单单让劳动者有高工资收入、有优越的办公条件、工作时间较短是不够的，工作参与最大的社会意义就在于一旦它形成了一种稳定而持续的组织文化，组织所有的员工都能对组织产生一种强大的文化认同，正是这样的组织认同让人们产生了“狗不嫌家贫”“位卑未敢忘忧国”的巨大责任感，成为工作环境追求的最高境界。

一个理性缺乏的单位根源于员工在组织中根本没有多少机会作为权利主体参与实际的单位事务，或参与时难以从中找到自己在组织中的尊严。没有参与的机会以及没有尊严的参与不可能塑造良好的工作环境，从而形成一种有质量的工作。实际上，在今天的这个大时代里，雇主与雇员想过的是在单位中的一些小日子。只要领导多一点信任和鼓励，同事间多一点支持和帮助，工作与生活多一点平衡，那么，我们的工作环境就会多一些舒适与温馨，我们就会对单位多一些认同与参与，在工作中多一些激情和创造。一个国家有质量的发展呼唤所有的组织和单位能够保障有质量的工作。有质量的工作才是高质量增长的源泉与保证。

（二）组织制度环境

研究一个具体组织的工作环境，当然离不开研究对工作环境的形成产生着促动和限制作用的制度条件或制度环境。对于组织制度环境，我们同样可以从工作时间、工作报偿、工作场所和工作参与四个角度来观察与分析。

组织作为一个社会中的制度载体，其工作环境自然受到组织制度因素的影响，这在坚持走中国特色社会主义道路的中国社会中尤其值得关注。从制度学派的组织理论来看，任何一个组织都不可能完全是一个韦伯式的理性的技术的组合体，而是一种不断与周围制度环境相互作用、不断与之相适应的产物和结果。于是，任何一种组织都有一个制度化的过程，即宏观的社会制度和政策、国家主导的意识形态和发展理念制度超过了组织的具体任务和技术需要而渗透组织内部的过程。不管技术上是否需要，一个组织为了适应这种外在制度环境的要求，必须制定很多规章制度，从而为自身的存在奠定合法性基础。因此组织外在的政治法律制度、价值观念制度等作为强大的约束力量，规范着组织的制度结构及行为方式，对组织内部具体的工作时间、工作报偿、工作场所和工作参与等方面的安排产生巨大的影响。

组织工作环境中，外在的制度环境固然重要，而真正发挥作用的内部规章制度才更加关键。为了应对外部制度环境和技术环境的要求，组织往往会在内部建构其各种规章制度，以制约组织内各种结构要素的关系和行为模式。但由于存在着合法性压力和效率要求之间的矛盾和不一致性，各类组织内部实际的制度结构并不会与外部制度环境的要求完全保持一致，它们可能的对策就是把内部运行与制度结构加以分离，导致制度化进来的很多规章制度并不实施，只是变成了象征性的事物。所以，任何组织都是通过“变通”、“适应”甚或“创新”之类的机制而嵌入宏观社会制度背景之中，于是造成了各个组织内部实际存在的规章制度同中有异、各具特色，进而塑造的工作环境也各不相同。规章制度是僵硬的，而工作生活则是鲜活的，研究组织工作环境就需要关注其中实际发挥控制作用的制度环境，这仍然可从上述的工作时间、工作报偿、工作场所与工作参与四个角度切入，观察一个组织是否在工作时间的角度上有相应的考勤、作息、加班、休假等方面的规章制度，是否在工资、福利等方面有相应的物质奖励与激励规章制度，是否在安全生产与劳动保护等方面有相应的规章制度，是否在员工参与方面有具体的措施与办法。

（三）主观心理环境

要研究组织的工作环境，鲜活生动、富有活力的主观心理环境是不可或缺的重要内容。这里的主观心理环境，主要是指人们对客观工作环境以及组织制度环境的一种主观感受，通过设计的一系列指标让组织员工来反映他们感受到的工作单位宽松不宽松、满意不满意、认可不认可，就能够使我们“触摸”和把握到这一客观的主观心理事实。

在很多情况下，人们在组织中可能说不清楚一些大道理，但是他们却可以从日常单位的工作生活中确确实实地感受到幸福不幸福、被不被认可、满意不满意。事实上，人们在今天的大时代里更多想追求的是单位里的小生活，希望在单位中能够不跌宕、不颠沛、不惆怅、不惶恐，守护住工作中的那片宁静，安安稳稳，享受一些“微可足道”的幸福。人们常说“知足常乐”，工作生活中的幸福感、满意感好像是我们个人给予自身的东西，不去考虑工作时间的长短和工作场所中危害身体健康和安全的因素，不去思考工作的获得是否与我们的付出成比例，工作生活当中的情绪确实会随着我们对自己行为的主观理解而形成自己想要的状态。

我们承认，组织中人们的获得感、幸福感、安全感可以是一种等价交换，只要个人愿意付出更多，就可能会得到更多的经济收入，也不用担心会丢掉这份能让他安身立命的“活”。好像只要每个成员都“拼命”努力工作，我们所在的单位组织就会成为一个理想的组织、有一个理想的工作环境。转换一个角度看也是同样的，单位组织有一个高质量的工作环境，则个人就会有一个高质量的工作生活，因为一个工作环境质量高的组织，会给予其成员更多的获得感、满意感、体面感，而这些主观心理环境可使他们感受到生活的美好和幸福。如果个人感觉在所处组织中工作得很满意、很有意义，那是因为所在组织给成员提供了一个高质量的工作环境，那是领导层以及组织所嵌入的宏观社会制度和政策发挥了正功能使然。因此，人们对工作单位这种最直接的感受与观察，成为我们观察组织中工作环境质量的最重要的途径与方式。

事实上，当我们用科学抽样的办法把每一个具体员工个人的主观感受“归纳”成为整个员工不同群体的主观感受的时候，那么我们所观察到的主观感受就有了“总和性”社会情绪的特征，或者说变成了一种可以观察到的、能够反映总体的“社会事实”和主观感受。根据这些总体性的主观感受，我们就能够分析、判断和评估组织中的工作环境状况。

这年头，到底什么公司才是好公司？

1. 公司环境背后透露出的秘密

不论是在工作还是生活中，我们经常听到一句话，叫作“细节决定成败”，对于工作选择来说也是这样。

很多公司很乐意为员工提供免费的健身房、餐食、国外团建，间接说明公司财务状况不错，管理层很 nice，愿意花钱提升员工的见识、健康水平和幸福感。

如果一个公司太抠门，夏天高温达 35 摄氏度、室内已经完全没办法忍受的情况下还不允许开空调，那么这个公司一以贯之的“抠”也同样会体现在你的薪水上。

薪酬和付出的汗水不对等的公司显然不值得待下去。

同样，若你的公司在业界数一数二，为了保持这种优势，公司会花大价钱找到最优秀的人才与你为伍，并在研发、用户拓展等方面花大价钱，那么你会发现，上班是一种驱动进步的过程。

而如果一个公司行将就木，你会发现单位里最聪明、能力最好的人都在逃离这个环境。这种公司仿佛一艘在漏水的船，最熟悉水性的水手一定是最先知道不对劲儿的人。

2. 今天的工作，今天永远做不完

还有一种工作环境能影响你的整个职业发展生涯，我们称之为“工作效率环境”。

对于个人来说，某一天的工作效率差可能影响到明天、后天的工作量，导致整个星期都手忙脚乱。每天的工作效率低则会导致你永远完不成应该完成的任务，生活、家庭、工作一团糟，甚至再也无法得到升迁。

对于一个公司来说，整体效率低下则是致命的。市场经济下，没有谁会永远等着你跟上社会的脚步，这种公司只会被更有效率、更能发现市场需求的公司淘汰掉。

但效率低下，有时候真的不是员工的错啊。

在某公司做搜索引擎优化的E说，他所在公司的所有电脑都服役了5年以上，打开一个Word都费劲，更别说有的时候需要做更复杂的运算。有的时候工作做到一半，还没来得及保存，电脑就崩了。频繁的死机、重启导致简单的工作都很难完成。公司的IT维护人员更是仿佛摆设，只会摆摆手说你重启试试吧，电脑太差他们也没辙。

“当下想砸了电脑的心都有。”

C是一位销售，需要经常出差，同时又必须不间断地处理客户与公司之间的沟通问题，开临时会议。但是出差途中资料不全、人员不齐，还不一定随身带着电脑，常常鸡同鸭讲。不能参会的时候看会议记录，又时常觉得不够清晰、明确，经常出现理解偏差，事后补救与沟通花的时间往往是开会时间的几倍。

"这种重复为一件事耗时耗力的工作太琐碎了，就没有效率高一点的办法吗?"

3. 员工都想在这样的公司里工作

无论是什么公司，"人"都是其中最核心的要素。

一个有发展前景的公司，是不会创造一个让"人"不舒服的环境，让公司员工在没有意义的事情上重复做无用功的。

常年登上"最佳雇主"榜单的那些科技公司，一定会被提到的就是"良好的工作环境"。这种环境既包括人际关系，也包括员工福利，同样也包括给所有员工提供一个高效率的工作方式。

同时，优秀的企业也愿意创造环境，让你去学习行业的前沿发展方向，学习提升自己工作效率的信息技术。

资料来源：https://www.sohu.com/a/198377300_177624。

三　组织治理与组织工作环境的关系

前面把工作环境的改善看作组织治理的目标，并从治理的视角对工作环境研究的内容进行了一些框架性的分析与讨论。接下来我们在对前文分析和讨论进行总结、概括的基础上，进一步提出组织工作环境研究的具体内容。

首先，我们前文讨论了组织中工作环境研究的意义。我们认为，工作组织与单位作为社会中重要的制度载体，主要是通过其所形成和营造的独特的社会环境或者说组织文化来影响和规范人们的社会行为的。恰恰在这个意义上，人们在单位中感受到的组织氛围，对人们在组织中的行为会产生举足轻重的影响。事实上，一个社会的景气离不开这个社会中各种不同类型组织的景气。当一些社会成员在自己所属的组织中不愉快、不满意，感受不到组织的激励，体会不到其他组织成员的帮助和支持时，那么，他们这种不满的感受和情绪就会或多或少地以各种不同的方式宣泄到社会中去，在一定程度上会影响一个社会的景气。所以，从某种意义上说，一个好的工作环境能够在一定程度上影响一个社会的稳定与和谐，或者说，研究一个组织的景气能够使我们在更深层次上理解一个社会的景气。这恰恰是我们研究工作环境以及组织景气的意义。

另外，组织是否景气直接会影响组织成员的社会化过程。工作组织与单位是一个社会中极其重要的制度载体。这个制度载体中的环境如何、氛围如何，可以直接影响组织成员的社会化过程，对组织成员行为的形塑起着至关重要的作用。良好的工作环境以及组织景气状况能够帮助人们更好地适应社会，顺利实现从“自然人”到“社会人”的转变。

再次，组织是否景气直接会影响组织成员的成长和组织自身的效率。一个景气状况良好的组织，在微观个体层面，能够帮助个体更好地在组织中实现自我、激发潜能；在中观组织层面，能够促进良好的组织文化构建，提高组织成员对组织的认同感和满意度，提高组织效率，进而快速推动组织的创新与发展；在宏观层面，有助于我国的经济实现“新常态”下的健康、平稳发展，同时也能够为稳定协调的社会发展提供合理的预期。

最后，组织景气研究的深入，能够为组织的评估提供一个良好的学术与方法的基础。从实践意义上说，如何运用科学的方法对一个组织的景气状况进行评估，对于提高组织效率、提高员工的满意度和获得感、加强员工对组织的认同感与归属感都具有很重要的意义。我们现在更多的是从主观上来感受自己单位的工作环境，如果我们能够使人们的这种主观感受客观化、指标化，用一套科学的方法制作科学的量表来评估和测量一个组织的景气状况，那么，至少对于组织以及对于组织成员都是一个激励和鞭策，是一个值得重视和努力的方向。

我们同时认为，分析今天的中国社会，尤其是分析今天中国社会中的工作环境，最需要注意以及最本质的结构性背景主要表现在两个方面。一方面是要在分析的过程中充分考虑在中国各种不同类型组织中的“嵌入性”的问题，换句话说，对中国组织结构的任何分析，都要顾及组织中被嵌入的其他的非专业性的结构性要素。忽略这一点，实际上就忽略了中国组织中的一些最本质的且能够起决定性作用的结构和因素。另一方面就是在分析过程中要充分顾及“单位”这个中国组织中工作环境的重要制度载体。尽管今天的中国已经发生了天翻地覆的变化，但是“单位”无论是作为一个“历史事实”还是作为一个依附于中国共产党以及中国特色社会主义制度的“客观存在”，都会对今天中国组织中成员的行为结构乃至整个组织的行为结构产生潜移默化的、举足轻重的影响。认真地了解了这一点，我们就会在更深的层次上了解中国的组织，了解中国组织中的工作环境。

讨论了中国工作环境研究的结构性背景以后，作为一种框架性的分析，我们同时讨论了工作环境研究的主要内容。我们感到，从治理的角度切入和进行归纳，有利于我们之后的深入研究。因为从根本上说，改善一个组织中的工作环境，实际上就是一种对组织进行治理的社会过程。从治理的角度切入来观察中国组织中的工作环境，我们似乎还需要观察与分析下面六个方面的状况，即社会团结状况、社会冲突与整合状况、组织成员的角色结构与互动状况、组织成员参与状况、功能与结构状况以及社会保护与包容状况。这六个方面的状况能够比较全面地反映一个组织中的治理状况与水平，进而折射出这个组织中的工作环境状况。

关于社会团结状况。从社会团结的理论出发，我们思考的重点是分析组织中的社会团结以及对构建良好的工作环境的意义。从根本上说，组织中成员有很好的社会团结，是组织具有良好工作环境的前提和条件。组织中社会团结的程度，主要指的是一个组织的凝聚力和向心力的水平，它可以反映出组织成员对组织的主观感受和认同状态以及组织成员彼此之间的整合程度。而这样的一种组织成员对组织的主观感受以及彼此之间的整合与认同状态，是构成组织中良好工作环境的重要基础。

关于社会冲突与整合状况。我们认为，组织中良好工作环境的其中一个重要基础，就是组织中成员之间的和谐以及有效率的行为互动。在个人和社会的关系中，组织是一个重要的中介变量，因为社会中的个人总是或多或少地被整合到各种不同的社会组织中。按照一般组织理论，组织具有放大、缓冲和解决社会冲突，维护组织成员之间的和谐，实现整合的潜在的重要功能。在一定意义上，一个组织中的管理就是努力地整合不同组织成员的利益与期望，使之能够最大限度地和组织的利益与期望结合在一起，在组织中形成一种双赢的局面，营造出一个良好的工作环境。反过来，如果组织与个人的期望与预期不能够通过有效的管理整合在一起，个人的期望与预期在组织中通过努力还得不到实现，或者说大大低于了组织的期望与预期，两者之间甚至发生矛盾并得不到解决的时候，那么，组织中的冲突就会发生、激化，甚至会变得不可避免。而且，组织成员之间的局部冲突还可能突破组织边界，在其他组织或社会领域引发共鸣或响应，进而引发更大范围的社会动荡。认真观察与分析组织中冲突与整合状况，有利于我们把握组织中的工作环境状况。

关于组织成员的角色结构与互动状况。我们感到，在一个组织中，组织成员的工作是通过不同的位置，扮演不同的角色，完成不同的工作任务，从而形成一个连贯的行为与生产过程及关系模式，用各种不同的“角色结构”串联起来，努力推动和实现组织的目标。在这里，理解组织中角色与角色结构，对于更好地理解组织成员的行为及过程、提高管理效益、优化组织中的工作环境、实现组织目标具有重要意义。我们认为，分析组织中的角色结构与互动状况，可以从四个方面进行观察。第一个是分析角色的定义，明确自己与组织的角色要求与角色期望。第二个是观察角色的相容性，就是角色的责任、义务与权利是否一致。第三个是分析组织中角色的紧张状况。角色紧张，会使组织成员的行为始终处于一种撕裂的状态，使组织成员在组织中的工作质量下降，使组织中良好的工作环境受到影响。第四个是分析角色的冲突与角色压力。不少研究表明，当压力和怨气得不到合理的宣泄，当高压力和高度紧张的角色结构得不到合理的解构和重构的时候，或者说，当没有一种有效的安全阀机制来释放压力和紧张的时候，那么，随着时间的推移，压力的积累就会变成组织内的角色冲突，从而在很大的程度上破坏组织中良好的工作环境。

关于组织成员参与状况。我们感到，只有当员工视组织为“家”的时候，他们才会不由自主地逐渐产生抗拒个体化的行为；与此同时，他们更愿意在那些不断产生归属感、产生共识的组织中凝聚到一起，更愿意在那些具有良好的组织文化与组织环境的组织中工作在一起。而要达成这样的结果，就需要一个社会动员过程，动员员工参与到共同行动中来，通过参与找到对组织的认同、对工作的热情、对彼此共同利益的确认和保护的渠道。也正是在这样的状况下，才能从根本上构成一个组织的社会基础。另外，组织内部的充分（团结）合作是在不断地调节其内部的社会关系，解决成员之间、成员与管理者之间等的冲突的过程中来实现的。而且，这样的一种机制表现为组织治理，或者说是通过组织治理来实现的。治理的核心要素就是组织成员的积极参与。恰恰在这个层次上，治理才可能在组织成员积极参与的过程中有举足轻重的意义，才可能成为改善一个组织中工作环境的重要前提与条件。

关于功能与结构状况。我们感到，观察组织中的功能与结构状况的根本目的，是通过理解和优化一个组织所应承担的功能，相应地来改善组织结构，以此实现组织创新。与此同时，在组织功能与结构解构与重构的过程中，组织中的工作环境得以根本改善。我们认为，组织中的功能与结构的调整主要也是围绕规范和影响雇主与雇员的行为及其行为结构来展开的。从根本上说，雇员与雇主在组织中的行为目的都是实现其自身利益最大化。雇员与雇主的期望与需求，恰恰需要组织结构有效调整才能够实现。比如，通过改善组织中的物理结构环境，给组织成员创造一个温馨的工作环境，或者说，让他们在组织中“有家的感觉”；通过调整组织中的制度环境，使制度能够更有效地规范组织成员的行为，使员工之间的协作、支持、帮助、鼓励与良性竞争能够制度化，从而使员工在这样的环境中形成一种对组织的认同感，能够有不断被激励的自我实现的冲动和行为；等等。恰恰是在这样的一系列功能与结构的调整过程中，一个良好的工作环境被塑造出来。这样的一种工作环境反过来吸引着更多的成员认同，激励他们上进，提高组织效益，促进组织发展，最终形成一种良性的组织发展循环。

关于社会保护与包容状况。我们感到，组织需要包容，要有能力认可组织成员在组织中的期望，承认组织成员在组织中能力上的差异，鼓励与激励不同层次的员工尽自己能力在工作中进行创造，从而使每一个组织成员能够通过组织中的这种包容以及自己的奋斗实现个人价值在组织中的最大化，通过个人的努力能够共享组织发展成果。正是在这样的一个过程中，组织能够在良好的工作环境中得到长足的发展。组织同时需要保护他们的组织成员。人们起码可以从两个方面来观察组织中的社会保护。一个方面是要保护组织成员在工作中的积极性，使他们在组织中有激情工作、有能力创造、有机会参与、有渠道表达、有机制激励，使他们在工作的过程中能够不断体验正面的、积极的工作环境。另一个方面是对组织成员在工作与劳动过程中的身体、健康等方面的保护。不能设想，在这一方面对组织成员保护的疏忽能够长久地激发他们在工作劳动中的积极性，从而使他们能够对组织中的工作环境有一种正面的体验。

完成上述对中国工作环境研究的结构性背景与理论框架的分析以后，接下来我们对这项研究的操作性框架也进行了初步的讨论。我们认为，根据工作环境研究的结构性背景与理论框架的分析，我们在进行具体分析、研究、评估与测量组织工作环境的时候，就可以从以下三个方面入手。第一个方面是客观工作环境。我们可以从工作时间、工作报偿、工作场所和工作参与四个角度来分析。第二个方面是组织制度环境。我们仍然可以从上述的工作时间、工作报偿、工作场所与工作参与四个角度切入，观察与分析组织是否在工作时间的角度上有相应的考勤、作息、加班、休假等方面的规章制度，是否在工资、福利等方面有相应的物质奖励与激励规章制度，是否在安全生产与劳动保护等方面有相应的规章制度，是否在员工参与方面有具体的措施与办法。第三个方面是主观心理环境。这主要是指人们对客观工作环境以及组织制度环境的一种主观感受，通过设计一系列指标让组织成员来反映他们感受到的工作单位宽松不宽松、满意不满意，自己被不被认可。

我们这里所提出的工作环境研究的三个方面是与前面讨论的组织治理的内容和目标紧密联系在一起的。研究组织工作环境，就必须研究对人及其工作环境的治理，治理的实质在于整合人的行为，目的在于把个人的行为变为组织整体的行为，让组织中的所有成员都朝统一的组织目标努力。社会学意义上的组织治理，就是组织成员共同参与治理组织，最终达成组织整合。它与我国传统单位体制下的统治形式的区别主要在于以下几个方面。一是强调直接构成一个组织的结构－功能单位的“中层”制度，该制度是所有成员的共同行动规则，且制度的受益人与制度的目标对象为同一群人，正是组织在工作时间、工作报偿、工作场所和工作参与方面的制度设置和安排，建立和维持着组织的运行和秩序。二是鼓励和支持所有组织成员围绕工作环境展开互动、参与、协商与沟通，不是把员工看作被动的工作机器，而是将其视为有自我增强和发展需要的、活生生的、有主动参与意识的人。三是强调以人为本的“柔性管理”，努力实现组织与个体之间利益关系的协调或保持平衡，引导和实现员工和组织各方利益的最大化。四是以是否有利于促进组织中的社会团结与整合、是否有利于促进组织中的社会保护与包容、是否有利于组织中功能与结构的优化、是否有利于提高所有成员的组织认同等标准来判断组织治理的实现程度。组织治理与组织工作环境之间的关系具体体现为以下几个方面。

（1）分析组织治理中的社会团结，我们就可以从组织的规章制度环境入手，分析其在工作时间、工作场所、工作报偿和工作参与四个角度上所造成的客观工作环境特征，以及人们在这样的制度环境和客观工作环境影响下所形成的主观心理环境，进而把握这样的主客观工作环境所进一步嵌入个人行为中的社会团结状态，如人们把自己视为所在组织的成员的认同感、归属感，人们对所属组织的支持、保护和忠诚等，人们所感受或体验到的对组织的依恋感以及自愿留在组织中并更加努力投入工作的状态。

（2）分析组织治理中的社会冲突与整合状况，我们就可以根据组织的制度安排，从其在工作付出、工作报偿以及付出－报偿失衡上所造成的客观工作环境入手，研究这样的客观制度环境、工作环境进一步在人们心理上所造成的冲突和张力，如相对剥夺感、地位不一致性和不满意度等。这些现象都牵连人们最关心、最直接、最现实的利益问题，牵涉工作、生活中公平与正义等深层次的价值基础。从治理角度看组织中的工作环境的改善，本质上也是要从制度层面切实改变或消除影响人们心理健康的分配差距、利益冲突、权力妄为等各种社会不公正现象，逐步提高他们的获得感、公平感和幸福感，满足他们日益增长的美好生活需要，以形成治理有效、秩序良好、和谐稳定的工作环境。

（3）组织成员的角色结构与互动状况，比如组织中所发生的角色紧张、角色冲突与角色倦怠等，当然也包括积极性的角色投入等，主要是与组织中工作时间的制度安排以及由此而形成的工作时间质量紧密相关并受其巨大影响。严重的角色冲突和紧张既是对低劣工作时间质量的反应，也体现出一个组织的治理能力与高质量发展要求之间存在着“堕距”，当然也同时预示着要把提高员工的工作时间质量作为组织治理中的一个重要的努力方向。

（4）无论是作为考察组织工作环境的一个角度，还是作为现代组织治理的一种重要方式，考察来自雇主和员工双方的工作参与状况都是必不可少的。这首先要观测组织是否有相关制度安排以及在多大程度上给人们提供了工作参与的机会，是否建立起了各种制度化的沟通渠道以满足人们思想表达和信息交流的需要，是否有制度措施以及多大程度上保障了职工的决策参与权等。在此基础上我们就要把握人们对这样的客观制度环境和工作参与状况所形成的主观心理环境，如工作社会价值感、工作整体满意度以及非制度维权态度等，并进一步把握嵌入个人行为中的社会团结和整合状况，如组织认同感、工作投入等。

（5）加强对劳动者的社会保护作为组织治理的一项重要内容，必然与工作环境及其改善联系在一起。比如，组织成员在工作与劳动过程中存在着疾病等方面的危害因素，这种客观有害的物理环境正是源于组织中健康和安全保护制度的缺失或无效。员工严重的工作疲倦或工作倦怠感，也是由于组织在他们的工作时间方面丧失了安全、合理的制度安排。工作场所的不满意感、工作倦怠感或工作－家庭冲突、相对剥夺感及收入不满意感等负面情绪都是个人对缺少保护的相关制度规定和客观工作环境的主观心理反应，因其会削弱组织的团结和降低组织运行效率而必然成为治理要关注的问题。

可见，组织治理的五方面内容与工作环境研究的三方面内容本质上具有内在统一性，通过工作时间、工作场所、工作报偿和工作参与四个角度，一个组织在组织制度环境、客观工作环境和主观心理环境三个方面的状况既是其成员工作生活质量的反映，是激励其成员认同组织、积极工作的有力措施，更是组织实现治理或善治的重要途径或手段。从这四个角度对组织工作环境进行分析，可以使我们从结构与行动、客观与主观两个方面来把握组织的制度安排在哪些方面做出了成绩，在哪些方面还存在着问题，并在把握这些社会事实的基础上提出有针对性的治理和调整的对策，促使国家以及组织决策者或管理者能够对组织的功能与结构做出一系列相应的调整，从而推动组织治理体系和治理能力现代化。

四 工作环境操作性研究框架与调查数据

（一）工作环境的操作性研究框架

鉴于所要研究的组织工作环境内容“多维一体性”特征，我们这里将组织工作环境区分为组织制度环境、客观工作环境和主观心理环境等多重维度来加以理解和分析。针对目前治理意义上的组织中的工作环境的客观状况，我们认为改善一个组织中的工作环境实质上就是一种对组织进行治理的社会过程，能使各类组织在宏观社会治理的新格局下明确改善工作环境的意义并实施相应的改革措施，从而有利于在组织内部形成一种以工作环境为中心的治理理念和模式。而这种以工作环境为中心的治理理念将有利于组织的功能与结构的调整，提高成员对组织的认同感和工作积极性，最终形成一个高质量的工作环境。

针对客观工作环境与组织制度环境两种工作环境内容之间的关系问题，我们认为它们存在着结构与行动的相互依赖的二重性关系。这种关系具体表现为组织制度环境形成在先，与国家宏观制度的制度化过程紧密相连。通常情况下不仅组织中的制度发生了变化和变迁，而且这个社会中的整个制度同时发生了变迁。工作（角色表现）环境塑形在后，是组织中制度环境的“实现”或

"完成"；组织的制度制约和促成人们的工作状况，而人们的工作行为通过模式化再生产形成组织的制度环境。换句话说，我们可以把组织中的制度环境看作一个组织的社会结构，把客观工作环境视作组织的社会过程，二者统一于组织中的工作环境实践。

关于工作环境改善过程中的正面或负面心理情感状态，我们认为其既是客观工作环境、组织制度环境作用于劳动者而形成的主观反应，同时也是工作环境改善的内在动力学因素。计划经济时代的单位制时期，全能型国家在单位的工作环境构造中起着完全的、决定性的作用，身处国家统治单位中的绝大多数职工既不可能、也不要求影响所在单位的工作环境状况。处于"依附"地位，"不讲条件，无私奉献""愿做永不生锈的螺丝钉"等高尚的人格特征使他们不会试图影响工作环境。而组织治理中，所有组织成员既是参与工作环境治理的主体，同时也是治理的对象，全体组织成员基于个体反思而成的工作环境心理认知对于组织治理实践具有导向作用。因此，组织工作环境治理又须以全体成员的主观心理环境为基础。

基于以上分析，中国组织工作环境研究的操作性框架如图 3 - 1 所示。通过这一操作性框架而对组织工作环境进一步研究，我们拟应试图搞清楚的主要问题是：一个组织中良好工作环境形成的过程、条件以及背后的机制是什么；这种工作环境对组织成员之间以及组织成员与组织管理层之间的互动会在什么样的情况下产生多大的影响；工作环境如何以及在什么样的条件下对组织成员行为的激励以及对组织整体的效率产生影响；如何评估一个组织的工作环境状况，通过什么样的指标与量表我们能够科学地"把握"一个组织的工作环境状况；如何实现人们对工作环境状况的主观感受客观化、指标化，如何用一套科学的方法制作科学的量表来评估和测量一个组织中的工作环境状况，最终为组织工作环境的构建和治理提供实事求是的智力支持。

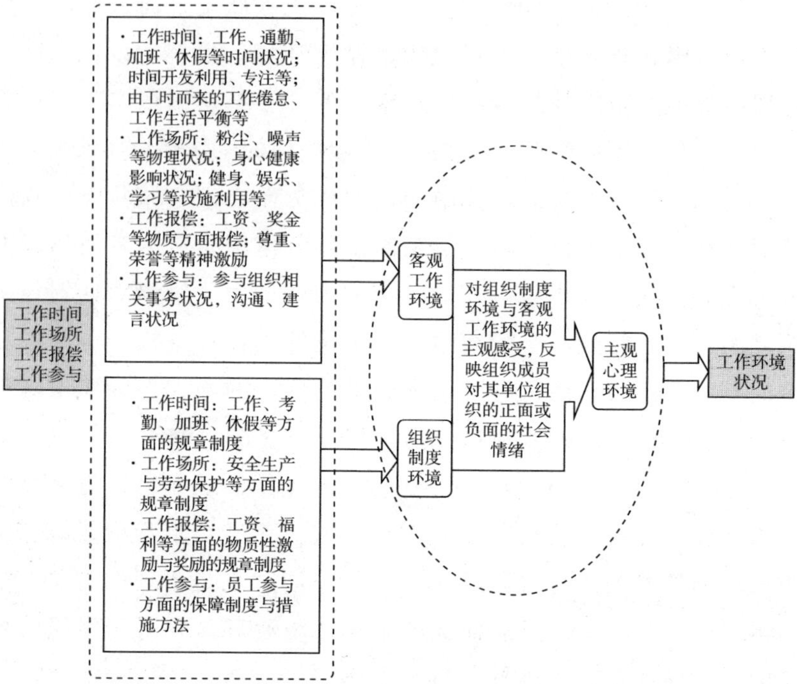

图 3－1　中国组织工作环境研究的操作性框架

（二）抽样与数据

1. 初始样本量的确定

要实现本研究的上述研究目的，我们就需要从中国劳动力总体中抽取一个规模有限而又尽可能代表总体特征的样本。在简单随机抽样（无放回）的情形下，我们可以得到样本量的估计公式为：

$$n_{srswor}=\frac{u_{\alpha}^{2}p(1-p)}{d^{2}}$$

其中，p 为样本中某一个类别在总体中出现的概率；u_{α} 为置信水平为 α 时所对应的分布临界值；d 为样本估值和总体参数之间的差值。根据上述公式，如果我们设定估计区间置信水平 α 为 0.05，

绝对误差 d 为 3%，那么对于绝大多数分布的估计而言，我们仅须调查 1000 个左右的样本即可。

但本调查并非简单随机抽样，而是多阶段复杂抽样，所以我们还必须考虑设计效应（*deff*）问题。设计效应是指在同等样本规模下，采取复杂抽样所形成的样本方差和简单随机抽样所形成的样本方差之间的比值。设计效应的估计公式为：

$$deff = 1 + (b - 1) \times roh$$

其中，b 为从单个抽样单元中抽取的样本数量；*roh* 为抽样单元内的同质性。该公式表明，从单个抽样单元中抽取的样本数量越大，设计效应越大；抽样单元内的同质性越大，设计效应越大。本调查抽样方案已经尽可能增大抽样单元的数量，降低单个抽样单元内的样本数量。因此，根据本调查设计方案和以前的抽样经验，我们把本调查的设计效应设定为 6[①]。因此，考虑设计效应的样本量就是 1000 × 6 = 6000。

为了获得无偏的参数估值，社会调查必须保证一定水平的应答率 r：

$$r = 参与调查者人数/接触被访者人数$$

从方法论上讲，是否应答就把目标总体划分为两个潜在总体：调查可及和调查不可及。前者的规模是应答率 × 目标总体规模，后者的规模是（1 − 应答率） × 目标总体规模。应答率越低，样本估值可推论的总体规模越小。只有在假定可及总体和不可及总体所推论的参数不存在统计上的显著差异时，我们才有可能在出现非应答的情形下，把调查结论推论到总体的全部成员之上。一个经验规则是，在抽样调查中，我们至少应保证 50% 以

① 在最终发布的数据中，性别的设计效应是 17.5；年龄、家庭就业人数和月收入的设计效应分别是 46.7、29.4 和 14.1，均高于抽样设计时所设定的值。本文就此得出的经验是，在工作环境领域，异质性远比目前文献所报告的高。

上的应答率（可及和不可及总体各占目标总体的一半）。考虑到调查中的无应答现象，我们需要适当放大抽取样本的规模。我们预设本调查的应答率为75%，这样，考虑到无应答现象，本调查的样本量应为 $6000 \div 0.75 = 8000$。再考虑到样本分配中的具体情况，最终确定的样本量为 8100（$= 60 \times 9 \times 15$），分别是 60 个 PSU，每一个 PSU 下 9 个 SSU，每一个 SSU 下 15 个 TSU，每一个 TSU 下 1 个 USU。

2. 抽样框与抽样流程

第一阶抽样：PSU（市、区）的抽取。本调查的 PSU 抽样框来自 2010 年由国家统计局实施并发布的《第六次全国普查（分县）数据》。为了校正人口变动的效应，我们根据第六次全国人口普查数据中的分性别、分年龄的粗死亡率对 2010 年人口普查数据中的 8 岁及以上城镇人口进行死亡率校正，以校正后的数据作为 PSU 的抽样框（包括 1226 个 PSU），8 岁及以上城镇人口作为加权权重。根据抽样设计方案，我们从 1226 个 PSU 中，按照 PPS 的原则，抽取 60 个 PSU（除新疆和西藏之外的城市中抽取）。60 个 PSU 分布在 24 个省、自治区、直辖市，样本数量最多的是湖北省（包含 5 个 PSU），样本数量最少的是云南省（包含 1 个 PSU）。

第二阶抽样：SSU（社区居委会）的抽取。本调查的 SSU 抽样框来自 2010 年国家统计局第六次全国普查数据的原始数据，国家统计局相关部门提供了 2010 年 SSU 的户数和 8 岁及以上城镇人口数。我们根据抽样方案，在 SSU 抽样框中，按照 PPS 原则，在每个 PSU 中抽取 9 个社区居委会作为 SSU，原则上共抽取 540 个社区居委会。在实际抽样过程中，由于有的社区居委会人口规模较大，我们进行了分割处理，因此，同一个社区居委会可能被重复抽中。最终的 SSU 抽样框中共包含 529 个社区居委会。

第三阶抽样：TSU（家庭户）的抽取。在本调查中，家庭户包括户籍登记的家庭、集体户以及各类集体居住点。TSU 样本框来自调查实施单位所绘制的地块示意图和地址表，依据地块现场制作“户样本框”。建立“户样本框”后，由课题组统一用计算机程序随机抽取出所需要调查的入户地址表。在接触调查地址的过程中，访问员不能在入户地址表之外进行调查。如果存在经三次接触仍然无法进行访问的样本户，访问员须在入户情况登记表中的相应栏目中注明原因，然后接触下一户。

为了能够把流动人口纳入本调查的范围之内，本调查 TSU 的抽样采取“以户定人”的原则，即以居住地址为三级抽样单元，无论住户内的成员是户籍人口、常住人口还是流动人口，只要本户有就业人口，本户就是本调查的潜在访问对象。

第四阶抽样：USU（被访者）的抽取。抽中的家庭户中，所有 16 岁及以上的家庭就业成员构成第四级样本框。在成功入户后，访问员需要借助问卷首页上的 Kish 表从户内成员中抽选出被访者。需要注意的是，对于集中居住点，若总人数小于等于 10 人，则采用 Kish 表进行户内抽样；如果人数大于 10 人，按照取中原则，则在所有合适的被访者当中，抽取年龄位于中间的个体作为被访者。

3. 数据质量的总体评估

（1）内在信度。一个数据的内在信度是指其每个测量的稳定性。在人口学和社会学中，我们常用迈尔斯混合指数来测量连续变量在个位上的测量信度。[①] 这里，我们考察本次调查数据中的被访者的年龄和被访者所提供的电话号码，前者是非敏感信息，后者是较敏感信息，以它们作为本调查数据的内在信度指标变量。

在本调查中，我们要求被访者留下电话号码或手机号码，结

---

① Henry S. Shryock, Jacob S. Siegel and Edward G. Stockwell, *The methods and materials of demography*, New York: London: Academic Press, 1976.

果显示，有78.9%的被访者留下了合乎格式的手机号码或电话号码（极少数），它们的末位号分布见表3-1。

表3-1　被访者手机号码的末位号分布（N=5421）

单位：%

末位号	个案数	占比
0	539	9.9
1	606	11.2
2	563	10.4
3	552	10.2
4	408	7.5
5	583	10.8
6	569	10.5
7	552	10.2
8	528	9.7
9	521	9.6

由表3-1可见，被访者只对一个末位号码有明显的规避，即4，它的比例为7.5%，明显低于其他末位号。电话号码的迈尔斯混合指数为3.0，这说明，只要3.0%的电话号码发生移位，就可以让末位号服从统计学上的均匀分布。这不仅符合统计学原理，也符合我们的生活常识，从这个指标上看，调查数据基本可靠。

在年龄的末位数上，由表3-2可见，0、5、8上存在一定程度的堆积。迈尔斯混合指数去估值是15.5，这说明，至少有15.5%的被访者的年龄末位数需要调整，才能让它们服从统计学上的均匀分布。在课题组以往进行的调查中，年龄的迈尔斯混合指数大多在5%左右。从历史经验来看，本次调查数据的记录精度相对较低，但以迈尔斯指数低于20为基准，本次调查的数据质量仍然在可以接纳的范围内。

表 3-2 被访者年龄的末位号分布（N=6869）

单位：%

末位号	个案数	占比
0	1201	17.5
1	330	4.8
2	672	9.8
3	485	7.1
4	474	6.9
5	1065	15.5
6	635	9.2
7	627	9.1
8	833	12.1
9	547	8.0

概括来说，在内部信度上，本次调查数据质量中等偏上，基本上可以反映调查领域的基本概貌，但测量精度上还需要进一步加强。

（2）外部效度。一个调查数据的外部效度是指它的各种估值和其他权威统计数据的吻合程度。在这里，我们选取的外部参照指标是中共党员人数。作为一个全世界最大的政党和中国的执政党，它的组织部门所公布的党员人数及其构成是信度较高的外在指标，基本不会受到经济利益、政绩等行政因素的影响。[①] 更重要的是，入党的年龄标准基本上和就业的年龄相重合。除去离退休人员和从未参加工作的老年人，它基本涵盖成年就业人口。

据本次调查数据分析，经校准加权后城镇就业人口中的党员比例是 11.0%。[②] 2016 年，全国党员人数 8944.7 万人；而根据本次调查数据的估计，在城镇就业人口中党员人数的 95% 置信区间

① 本次外部校验的数据全部来自新华网的官方发布，参见 http://www.xinhuanet.com/politics/2017-06/30/c_1121242478.htm。

② 它的设计效应是 15.6，说明党员在全国仍存在较大的分布异质性。

是［3.07，6.30］千万人，点估计是4.69千万人，在合理的估值区间。如前所述，在校准调查数据时，我们没有使用党员这个变量，因此，它可以作为我们的外在效度指标。

在年龄上，全国30岁及以下的党员人数是1369.0万人。在城镇30岁及以下的就业人口中，我们估计的党员人数的95%置信区间是［0.95，2.41］千万人，点估计是1.68千万人，高于总体参数。考虑到农村的空心化和农村青年劳动力向城市的迁移，此估值区间涵盖目标总体的取值，也从一个侧面说明本调查数据基本可靠。

在性别上，全国女性党员人数是2298.2万人。在城镇女性就业人口中，我们估计的党员人数的95%置信区间是［1.10，2.53］千万人，点估计是1.81千万人，接近总体参数。此估值区间也涵盖目标总体的取值，但上限低于总体参数，从另一个侧面说明本调查数据基本可靠。

在受教育程度上，全国大专以上学历的党员人数是4103.1万人。在城镇大专以上学历的就业人口中，我们估计的党员人数的95%置信区间是［1.88，3.65］千万人，点估计是2.77千万人，接近总体参数。此估值区间没有涵盖目标总体的取值，但上限接近总体参数。

除党员人数外，我们还利用人力资源和社会保障部发布的统计数据①，估计了相关的指标。例如，截至2017年11月，全国参加"城镇职工基本养老保险"的人数是398474544人。本调查估计，在城镇就业人口中，有2.02亿人参加了养老保险，95%置信区间是［1.53，2.51］，因此，本调查的估值基本上是可靠的。相似的情形也发生在医疗保险、失业保险、工伤保险、生育保险等指标上，恕不赘述。

① 参见人社部官方网站，http://www.mohrss.gov.cn/SYrlzyhshbzb/zwgk/szrs/dtyjsu/201712/t20171229_285750.html。

从上述指标来看，本调查数据具有较高的外部效度。作为社会学领域、全国城镇就业环境的第一份专项调查数据，数量质量虽不完美，但还是可以作为理论研究、假设检验和政策分析的坚实基础。

第四章　工作时间

一　工作时间、体面工作时间以及工作时间质量

工作时间主要是指工作单位依据相关法律所规定的员工在单位中从事劳动的时间。人们在单位组织中的工作行为，都是在一定的空间和时间的条件下完成的，并同时用时间来计量。在很多情况下，工作时间成了单位组织管理人员规范约束员工在工作中行为的一个依据，成了度量他们完成的工作质量与数量的一个尺度，同时也是给予员工报偿与激励的一个基础。工作时间作为组织中的一种重要的制度安排和结构性要素，是一个组织存在的基本规定，是一个组织得以行为的基本条件，也是一个组织得以生存与发展的基本前提。

目前，在世界范围内正在经历第四次工业革命。这场革命把人工智能、生命科学、物联网、机器人、新能源、智能制造等一系列创新所带来的物理空间、网络空间和生物空间三者紧紧融合在了一起，迅速地催生了大量的新产业、新业态和新模式，给国家发展、社会结构以及人们的生产与生活带来了或正在带来巨大的变化。在这个发展过程中，传统的行业界限将消失，并会产生各种新的活动领域和合作形式。创造新价值的过程正在发生改变，产业链分工将被重组。新技术发展改变了不同生产要素的相对重要性，进而改变了不同国家的资源禀赋优势，数字化、网络化、智能化技术发展应用将成为全球产业分工格局的“博弈改变者”，

并最终影响产业分工新格局的形成。[①] 在这场革命中，技术发展和扩散的速度，以及对我们人类社会影响的深度和广度，都是前三次工业革命远远不能比拟的，其对那些发展中国家及相关组织所提出的挑战也是巨大的。这些影响与挑战不可避免地反映到各种不同的劳动组织与工作方式上。

我们知道，全球化加剧了国家以及企业间竞争的强度，与此相联系，由于信息技术以及通信技术的迅速发展与应用，极大地影响了人们的行为方式、交往方式以及消费方式，在不少国家与地区，出现了“24 小时经济”与“24 小时社会”，反映在工作时间上，则表现为工作时间呈现的多样化、去中心化和个性化趋势。这些都对工作组织以及企业生产方式已经产生或者正在产生不可估量的巨大影响。尽可能适应正在急剧变迁中的经济与社会，尽可能满足不同社会群体及消费群体的个性需求，是很多组织与企业面临的巨大挑战，他们必须改变他们传统的经济生产与社会生活的组织方式，在这种情况下，灵活的生产、灵活的工作时间以及工作组织方式就成了许多组织与企业迎接挑战，从而实现发展与生存的必然选择。

如何高质量与高效率地管理社会与经济、组织高质量与高效率的生产与生活，已经成了我们这个时代管理者和劳动者都亟待考虑和解决的问题。在这里，工作时间就成了绕不过去的一个核心问题。100 多年前，争取八小时工作时间，是全世界劳动者在以往历次革命中为之奋斗的目标，今天，如何提供一个体面的工作时间（decent working time），既是劳动者的期望，也是管理者有效地迎接第四次工业革命与挑战的重要内容。

按照国际劳工组织的定义，一个体面的工作时间应该包括以下五个方面的内容。

---

① 宋紫峰：《全球产业分工格局：未来走势及中国位势》，《国家治理》2018 年第 23 期。

第一，一个体面的工作时间应该有利于员工的健康与安全。

第二，一个体面的工作时间应该有利于员工的家庭生活。

第三，一个体面的工作时间应该有利于促进组织中的男女平等。

第四，一个体面的工作时间应该有利于促进组织中生产效率的提高。

第五，一个体面的工作时间应该有利于员工自己对工作时间的选择。①

关于第一个方面。

在这里，一个体面的工作时间应该有利于员工的健康与安全，主要是指在工作时间的制度安排上，要首先把员工在工作中的健康与安全放到很重要的位置上。员工是企业与组织中的第一生产力，把员工的健康与安全放到第一位，不仅是企业和组织可持续发展的基本前提条件，也是员工的基本人权。一个体面的工作时间要做到有利于员工的健康与安全，起码在组织中要避免三个方面的问题。

一个是要高度重视在工作场所对员工的劳动保护，不要让员工长时间地裸露在无安全保护的环境中工作。事实上，枯燥乏味的工作场所很容易弥漫一种抱怨甚至愤恨的气氛。长期在充满粉尘、污染、噪声的场所中工作，且没有受到良好的保护，很容易让人产生一种烦躁和疲惫的情绪，在这种条件下，不可能产生激情、愉悦与创造性的劳动。只有让每一个员工远离没有安全、没有保护的工作，才可能逐渐使他们找到工作的意义与激情。

二是加班问题。按照劳动法，每天工作时间不超过八小时、平均每周工作时间不超过四十四小时是我们国家对劳动时间的一般规定。事实上，我们很多的劳动者，为了完成任务、赶工期，

---

① Jean-Yves Boulin, et al., *Decent Working Time: New Trends, New Issues*, International Labour Organization, Geneva, 2006.

往往工作时间远多于法律规定的劳动时间。如果把人们上下班的通勤时间算上去，人们为工作相关的时间付出就会更多。当在一个工作单位里，超时工作成为常态，当一些单位组织以降低底薪、加大提成的形式刺激员工加班，形成表面上的“主动”加班的时候，人们对工作的热爱与兴趣就会受到极大伤害。

劳动者的工作日是一个可变量，但它不能延长到超出某个一定的界限，这个最高界限取决于两点，一是必须有一部分时间满足身体体力恢复和其他需要，二是必须有时间满足精神需要和社会需要，即道德界限。[①] 当我们的工作时间大规模地侵蚀了我们的生活时间时，我们工作与生活的平衡就会遭到破坏。当工作中的赶工期逐步成为常态的时候，一种无形的工作压力就会像山一样让人感到沉重。如果人们没有对工作的热爱、兴趣与激情，那么，一些重复的流水线和琐碎的工作就会让劳动者丝毫无法对工作、任务、单位产生任何正面的价值和意义体验。

三是通勤问题。当人们大量的时间耗费在通勤上，那么实际上形成的是一种隐性的加班，或者说事实上的加班。很难想象，一个每天都身心疲惫地赶到单位上班的员工，能够有激情马上投入工作，能够有很高的单位认同和对工作的满意度。这种状况造成的一个直接后果，就是使员工从事的工作以及相应的工作质量不可持续。大量的研究都表明，经常加班以及每天过长的通勤时间，不仅会严重损害员工的健康与安全，而且会从根本上影响企业与组织的工作效益和劳动生产率。[②]

关于第二个方面。

一个体面的工作时间应该有利于员工的家庭生活。这主要是指组织在工作时间的安排上，应该努力兼顾员工的家庭生活，努

---

① 马克思：《资本论》（第一卷），人民出版社，2004，第268~269页。

② International Labour Office, *Decent Working Time: Balancing Workers' Needs with Business Requirements*, International Labour Organization, Geneva, 2007.

力把工作与生活的平衡放到工作时间安排的一个重要的位置上。从根本上说，努力在工作和生活中获得平衡，是我们每一位组织成员都试图追求和达到的一种理想状态。我们努力工作是为了更好地生活，好的生活也给了我们更多能量来专心地投入工作，工作与生活两者之间的相互补充和激励，能够达到相互促进的目的。当然，这里面最关键的变量是正确妥当地安排好工作与生活的时间。因为理性的工作时间有利于可持续的工作，好的身体、对工作环境的满意度以及工作与生活的平衡是从事长时间的体面工作的重要基础。

但是，如果不是这种状况，当人们在日常的工作与生活中，不断地感觉忙碌，感觉没有时间留给自己、家人和朋友的时候，那么他们在事实上就已处于一种工作和生活的不平衡状态。如果人们长期处于这样的一种不平衡状态，他们就会在工作中产生不同程度的焦虑与压力；为了减轻这种焦虑与压力，为了赶时间、赶工期，人们又情不自禁地加班、加点、熬夜，用“白加黑”“5 + 2”的方式拼命工作，以牺牲自己的家庭生活和业余时间为代价，在工作中投入更多的时间，使家庭生活与工作处于一种紧张拉扯状态。网络上的一句“放下工作养不起孩子，拿起工作陪不了孩子”，说出了很多中青年员工的两难。工作与生活中责任与重担的长期撕扯，不仅会毁掉员工的工作进步，同时也会进一步加剧工作与生活的不平衡。这种长时间的恶性循环，一方面会在很大的程度上损害人们的身体健康，失眠、烦躁、抑郁、心血管疾病的出现会变得频繁；另一方面，由于人们不可能在紧张不安的状态下激发工作的活力和创造力，所以，这种不平衡就会使人们在工作中的满意度和创造力都受到严重的影响，对工作的倦怠感就会变得不可避免，长此以往，良好的工作状态就会变得不可持续，如图 4 - 1 所示。

在经济学中，人们对市场主体行为的分析引入了效用理论，如果我们将个人在工作和生活上的时间消耗看作一种对时间的消

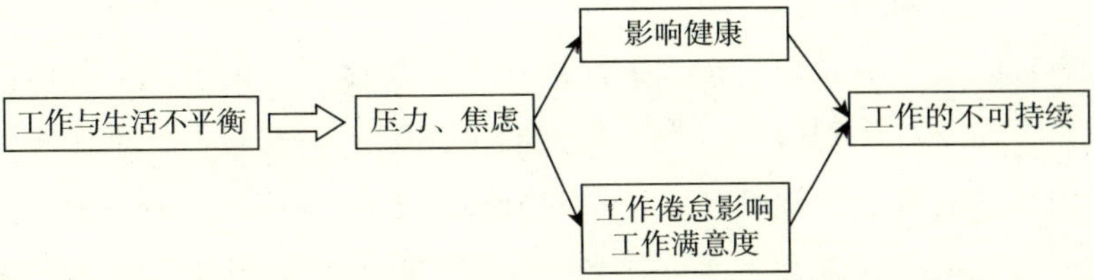

图 4-1　工作与生活不平衡的后果

费，那么效用就是人们从个人可支配时间的消费中所获得的满足感，并且这种效用是主观和客观的结合体。[①] 这就告诉我们，对组织成员来说，除了理性行为以外，要做到工作与生活平衡的一个重要条件就是时间，或者说一个可以自由支配的体面工作时间。如果员工工作十分努力，工作中的成绩也很突出，那么，一方面，这些员工会赢得同事和领导的认可和承认，另一方面，他们就可以在工作时间的自由支配上处于一个有利的地位，以此为最大限度实现工作和生活的平衡打下一个良好的时间基础。

事实上，当人们能够形成对工作的热爱与激情，对工作单位不断深化的认同时，人们就会忘我地工作，工作时间的质量在劳动者不断创造的过程中得到升华与提高。在这里，人性化的时间管理对人们在工作中的激励至关重要。一方面，一个组织要在时间的角度上有相应合理的考勤、作息、加班、休假等规章制度；另一方面，管理者还要努力为员工创造有利的条件，帮助他们做好自身的时间管理，保证他们“不被干扰”的时间，从而使其提高时间使用效率，减少浪费，达到提高工作效率的目标。所以，研究工作环境中的工作时间，就是要弄清楚，工作与生活平衡形成的机制、工作压力与工作倦怠产生的原因。

关于第三个方面。

---

① Sonja Drobnič and Ana M. Guillén, *Work-life Balancein Europe*: *The Role of Job Quality*, Palgrave Macmillan Press, 2011, pp. 5 - 7；高鸿业：《西方经济学》，中国人民大学出版社，2011。

一个体面的工作时间应该有利于促进组织中的男女平等。在这里，首先主要是强调，在尊重性别差异的前提下，在观念上和实际工作中要反对性别歧视，倡导男女同工同酬、一视同仁，享受在工作中平等的机会与福利。在这个基础上，把工作时间作为一种工具来促进工作中的男女平等。比如，在工作时间的安排上，要充分考虑女性员工在工作中因生理特点造成的特殊困难，同时，在评估女性员工的工作业绩的时候，也要考虑她们在分担家庭生活的责任与压力，换句话说，就是一方面要充分顾及根据两性不同的生理特征给予差异性待遇的平等权利，另一方面要考虑男女员工共同面对工作生活平衡所带来的压力。在这样的一种工作环境与工作氛围中，女性才会感到工作得到了认同，她们的意愿真正得到了尊重，感到工作有了奔头，从而她们才会在体面的工作时间里努力工作。

关于第四个方面。

一个体面的工作时间应该有利于促进组织中生产效率的提高。我们知道，在今天这个快速发展的时代，时间就是金钱，时间就是效益。每一个组织都希望自己的员工在工作中能够高效率地工作，在尽可能短的时间内高质量地、创造性地完成自己的工作任务和工作量，没有一个组织的管理者喜欢效率低下的员工，工作效率是一个组织的生存之本，也是员工在组织中的发展之本。工作时间与工作效率在这个问题上紧紧地联系在了一起。

在这里，首先需要解释和说明两个方面的问题。一个方面是，延长工作时间是否会影响员工在组织中工作效率的提高；另一个方面是，灵活的工作时间安排是否会影响员工在组织中的工作效率。

关于第一点，很多的研究发现，延长工作时间并不能提高员工在组织中的工作效率，恰恰相反，较短的工作时间在很多的情况下能够促进员工在组织中工作效率的提高。[1] 一个组织的管理者

---

① Lonnie Golden, *The Effects of Working Time on Productivity and Firm Performance: A Research Synthesis Paper*, International Labour Organization, Geneva, 2012.

应该把更多的精力放在思考如何激发员工的工作热情、提高单位时间的工作效率上。单纯地延长工作时间，可能能够管住员工的人，但是却不能激发员工努力工作的热情。经济学家一直以来都怀疑更长的工作时间会消磨工作效率。他们认为，更长的工作时间会导致每小时的产出下降。一旦劳动者开始更辛苦地埋头苦干，他们会失去能量，也使他们更缺乏工作效率。他们同时认为，工作时间与产出有“非线性”的关系。当每周工作时间在50小时及以下的时候，工作产出跟工作时间成正比。但是当人们每周工作时间超过50小时的时候，工作产出开始下降。换句话说，每小时产出开始下降。[①]

关于第二点，很多的研究发现，灵活的工作时间安排能够正面影响员工在组织中的工作效率。换句话说，灵活工作时间的安排会在很大程度上降低劳动力成本和生产成本，从而促进员工在组织中劳动工作效率的提高，良好的工作时间与高生产率有很明显的正相关。[②] 事实上，灵活的工作时间的安排提高了员工在工作中的满意度，提高了员工对单位的认同和对工作的认同，使员工愿意认真做好工作。这样一来，员工提高了对工作时间的利用效率，而且愿意多快好省地完成工作任务，反映在整体上，则是一个组织中单位生产率及生产效益的提高。另外，工作时间的灵活性使员工能够比较好地安排自己的工作与生活，员工的工作积极性就会变得越来越高，这也为一个组织提高单位生产率打下了一个很好的基础。

关于第五个方面。

一个体面的工作时间应该有利于员工自己对工作时间的选择。

① Sangheon Lee, Deirdre McCann and Jon C. Messenger, *Working Time around the World: Trends in Working Hours, Laws and Policies in a Global Comparative Perspective*, International Labour Office, Geneva, 2007, pp. 7 – 20.

② Lonnie Golden, *The Effects of Working Time on Productivity and Firm Performance: A Research Synthesis Paper*, International Labour Organization, Geneva, 2012.

在这里，对于体面工作时间的选择，首要应该是对灵活工作时间的选择。根据2006年欧盟对21个成员国关于工作环境的调查的数据表明，在组织中引入灵活工作时间与对工作的满意度有很强的正相关。61%的管理者和73%的员工都把引入灵活工作时间作为对工作满意度第一位的也是最重要的影响因素。①

从根本上说，在今天这个快节奏的社会，人们对工作时间从各个方面提出了要求和挑战。最重要的是，工作时间应该尽可能地满足每一个劳动者的个性需求，以保证提高他们工作的积极性，激发他们工作的创造性。恰恰在这个意义上，灵活的工作时间对于员工、对于管理者，也对于工作组织就有了非同寻常的意义。

事实上，灵活的工作时间对员工和管理者都有利。对员工来说，灵活的工作时间使他们有能力或者说有可能安排好自己的工作与生活，从而在很大程度上改善他们在工作与生活上的平衡状况，最大限度地调动他们工作的积极性，提高他们的工作效率。对管理者来说，首先，通过灵活的工作时间的制度安排，他们能够尽可能地优化给予员工的稳定工作量，从而使员工对工作量有一个稳定的预期；其次，通过灵活的工作时间的安排，能够有力地减少旷工、缺勤以及跳槽，这对于稳定员工队伍、从根本上提高工作效率有积极的意义。另外，从组织的角度，也减少了一笔加班费的开支。当然，灵活工作时间制度安排的效率取决于这种安排的人性化以及按照组织以及员工的不同情况，实事求是地做出灵活的工作时间安排。

在更深层次上来理解，强调和尊重员工在工作时间上的自主选择，不仅是给予员工在工作组织中应有的民主权利，而且也是在行动上鼓励员工参与工作组织的管理。首先，在制度安排上，给予员工选择不同工作时间的权利，使他们能够更好地按照自己

① Agnès Parent-Thirion, et al., *Fourth European Working Conditions Survey*, Dublin: Eurofound Press, 2007.

的需要安排好工作与生活的平衡，这是对他们的尊重，也是承认他们的民主权利；其次，也是更重要的，就是员工有了一个直接参与工作组织管理的机会和渠道，这不仅使他们能够获得一个“体面的工作时间”，同时也通过这样的一个选择过程，使他们有了一个在组织中平等、民主的权利，有了一个参与管理的机会，而所有这一切，对员工对组织的认同、激发他们的工作热情和积极性有着非常深远的意义。

我们通过了解体面工作时间五个方面的主要内容可以比较清楚地看到，组织中员工的权益以及激发员工在工作中的积极性和效益放在了非常重要的位置。在这里人们着重强调了：体面工作时间要充分顾及员工工作中的健康与安全，慎用加班，提高工作时间利用效率；要努力兼顾员工在工作与生活中的平衡，努力在工作中给员工减压，减轻人们在工作中由于时间安排带来的工作压力和工作倦怠，提高人们在工作中的积极性与创造性；与此同时，要强调男女平等、同工同酬，强调提高单位工作时间效率；最后，一个体面的工作时间要求组织中的管理者努力用灵活工作时间的制度安排，创造一个和谐、安宁、积极向上的工作环境。

在一定的意义上，体面的劳动与工作取决于体面工作时间的安排，而体面工作时间的一个核心问题，就是要从根本上提高工作时间质量。没有高质量的工作时间的安排，就不可能有高效率的工作。只有从提高工作时间质量入手，才能够从根本上逐步做到享有体面的工作时间，最终使员工在组织中能够体面地工作。

那么，究竟什么是工作时间质量呢？工作时间质量（working time quality）源于欧盟科研人员组织的欧洲工作环境研究及研究报告。按照欧盟的第六次欧洲工作环境报告的说法，工作时间质量主要是指在工作期间，尽可能地提高员工的工作效率，提高单位时间的利用率，使工作时间的效率最大化，能动性更强，使员工在工作期间能够最大限度地开发与利用时间。[①] 为了更好地测量与把握工作时间的质量，欧盟在报告中设计了工作时间质量指数（working time quality index），这个指数包括了四个方面的内容：工作时长、不规则工作时间、工作时间安排以及工作时间灵活性。[②] 欧盟报告中隐含的一个基本假定是，工作时间质量愈高，一个组织的工作质量就会愈高，其组织中的工作环境也会愈好，工作时间质量与一个组织的工作质量以及工作环境呈正相关的关系。[③]

由此可见，欧盟研究者的工作时间质量概念的外延包括了工作时间花费的数量、工时长短、工时安排或弹性工作时间等几个方面。研究发现，美国现在执行的是 5 天、40 小时周工作制，我国则实行周 44 小时工作制，这些都是名义工时，具体到实际工时怎样则要具体情况具体分析，不可能是整齐划一的。研究已经发现，尽管工作时间多的人比工作时间少的人有更多的经济报酬，但由于工作时间长意味着个人被剥夺了其他方面发展的可能，所以最终还是不受劳动者欢迎的。还有就是加班。长时间工作或者加班会导致人们睡眠不足和产生较多的疲劳感，所以是低质量工作环境的表现。与工作紧密相关的休假时间也很重要，假期显然对人们有很多好处，比如可以恢复体力、精力，放松一下心情，缓解一下工作压力，尤其是带薪式的各种节假日，减少了人们总的工作时间，给个人带来了体面和尊严，可以大大减少人们对身心付出的抱怨和不满，提高人们的组织认同感或心理承诺。此外，灵活、弹性工作时间制度使员工在工作日中可以自己决定什么时候开始工作、什么时候结束工作，也可使员工花在上下班路上的

① Agnès Parent-Thirion, et al., 6*th European Working Conditions Survey*, Dublin: Eurofound Press, 2016.

② Agnès Parent-Thirion, et al., 6*th European Working Conditions Survey*, Dublin: Eurofound Press, 2016, p. 52.

③ Agnès Parent-Thirion, et al., 6*th European Working Conditions Survey*, Dublin: Eurofound Press, 2016, p. 52.

时间和精力更少，从而会让其在工作中更加放松，并能迅速投入工作状态，提高工作满意度。还有就是，被监视、控制的工作时间（如上下班签到打卡或工作时有监工）体现出工作环境较差，因为这意味着员工的不被信任、未被尊重；相反，上班不打卡反而使工作环境显得非常开放和自由，不打卡、不签到，相信员工的善意，发挥员工自我管理的能力，员工工作时间反而会更加热情和积极，工作效率更高。随着网络技术的发展，越来越多的组织开始使用电子监控设备监视员工工作过程，而研究显示，与没有被雇主监控的员工相比，被网络监控的员工同时被报告了更高水平的抑郁、紧张和焦虑，以及更低的生产力。[①]

其实，反映工作时间质量的另外一个方面就是工作时间实质上被有效度过和利用的状况。按照制度或理论上的规定，人们履行职业角色义务时需要把全部精力投入工作内容上，这就是最有效的工作时间，当然也是高质量工作时间的表现。但由于种种因素的影响，人们用于工作任务上的时间与其真实度过的时间很难达到一致，他们花在实际工作上的时间往往要比名义工时少。在正常的工作时间内，因组织难以控制而会使员工浪费掉一些时间，比如员工进入工作场所要花点时间调整注意力，然后才开始工作；无论是否工作需要，他们可能会浏览网页、收发邮件，或者给无关工作人员发信息；上班时间用手机观看与工作无关的视频或打游戏；找同事扎堆聊天或与朋友闲聊等。这些都是因不忠诚于工作、缺乏职业道德操守而浪费掉的时间。

体现工时被无效使用的另一个方面就是怠工。理想情况下，人们在正常工作时间里应当专注任务、全心投入、积极主动、充满热情、重视时间效益。但是，或是因为组织管理者缺少人性化、高效率的领导力，或者是由于负担了不切实际的工作量使人不堪

① 杜安·P. 舒尔茨、悉尼·埃伦·舒尔茨：《工业与组织心理学：心理学与现代社会的工作》（第10版），孟慧等译，上海人民出版社，2014。

重负、焦虑不安、倍感不公，或者是因为职业缺乏发展愿景，员工看不到工作目标，感受不到工作的价值和意义，也或者是由于员工的努力和付出得不到认可，员工不被重视、未被欣赏，等等，这些都可能会造成人们工作时缺乏激励、士气低落、动力丧失、没有工作积极性，甚至消极怠工。员工可能有能力去做，却不认真去做或者干脆得过且过，故意放慢工作节奏，消极应付，浪费时间。

2018 职场新趋势：你愿意在家工作吗？

斯坦福商学院教授 Nicholas Bloom 表示，要求员工在办公室内工作，其实是工业革命期间建立的一种已经过时的工作传统。随着沟通方式的日新月异和通勤时间的不断延长，这种不灵活性实际上损害了公司和员工的利益。

为了证实这个说法，Bloom 教授与携程旅行网合作进行了一项研究。这家公司是中国最大的旅游中介公司，总部设在上海，拥有两万多名员工。因为上海昂贵的房租，公司领导层对在家工作的方式很感兴趣。他们希望能够利用这种方法，在持续扩张的同时，避免高昂的办公空间费用。研究项目征集的员工志愿者被分为两组，其中一组会在家工作九个月，每周只去办公室一次，另一组则每天都需要在办公室工作。

Bloom 教授花费了大概两年时间来追踪这两组员工。结果发现，在家工作的员工业绩大幅提升，比另一组员工提高了 13%。

Bloom 教授认为，业绩提升主要有两个原因。首先，在家工作的人实际上才是全时工作，而到办公室工作的员工常常会因为各种原因导致无法全时工作，比如因为交通事故而晚到，花费时间和同事一起吃午饭，或是因为家庭琐事而提早下班等。

第二，Bloom 教授说，在家工作的人反而能够更好地集中精神。“办公室其实是一个非常嘈杂的环境。比如说，休息室里有人放了个蛋糕；有旧同事离开或是新同事加入；世界杯抽奖活动正在进行中等。无论是什么原因，办公室都很容易让人分心。”

此外，研究发现，当员工被允许在家工作时，辞职的员工数也下降了 50%。“在家工作不仅使员工受益，而且公司管理层也能受益，因为他们可以减少花在广告、招聘、培训和推广上面的时间。”

Bloom 教授说，这项研究成果促使携程公司向所有员工提供了在家工作的选择。公司报表的数据显示，员工在家工作使公司人均增加了大约 2000 美元的利润。

Bloom 教授希望，这个例子有助于大家消除对在家工作的消极刻板印象。“对于员工来说，他们的情绪更好，工作效率也更高。对于管理人员来说，可以减少招聘和培训员工所需的时间。对于企业来说，可以赚取更多的利润。而对于全社会来说，减少了道路拥堵以及因此所导致的空气污染。”

资料来源：www. gsb. stanford. edu/insights。

可见，工作时间质量可以从两个方面来考察，第一个方面是组织制度规定及形成的数量上的、形式上的工作时间状况，第二个方面是正常工作时间被员工充分利用、开发的实质性、有效性状况。欧盟的工作时间质量概括的显然主要是第一个方面的状况，且想当然地把第二个方面的状况包含其中。而理论分析说明，反映工作时间质量的以上两个方面在内容上并非彼此重叠或者前者包含后者，将它们视为相对独立的两个方面更为妥当。一般来说，工作时间在数量上较少，制度休假时间较多，工作时间根据制度可以被员工灵活掌握、自主管理，就意味着形式工作时间状况较好；同时，深入工作时间以内，如果工作时间被员工利用到最大限度，被浪费掉的时间很少或没有，工作时间的单位利用效率高，这说明实质工作时间的状况也是好的。所以，工作时间质量应当是对形式工作时间状况与实质工作时间状况两个方面的更高层次的概括，只是实质工作时间状况主要靠劳动者个人的自我报告来观测，且这种自我报告具有较强的主观性特征。

通过以上分析我们还可以进一步得出推论，工作时间质量的优劣会造成几个独特的社会心理学后果，第一个就是工作倦怠感。工作倦怠是一个心理状态，是一种人们的身心能量被工作耗尽、一种身心疲惫的感觉。倦怠的根源在于伴随工作时间而来的工作压力。由于工作超负荷，完成指定工作任务所需时间超出常规，甚至经常不得不牺牲休假时间，且管理制度死板僵化，再加上工作过程中经常受到来自家庭的、无端事由的干扰、打断，或对工作疲于应付，长时间暴露于这种压力情境下，必然会使人产生身体疲劳、情绪低落、创造力衰竭的感觉，即当工作时间质量不良的时候，工作倦怠就会发生，工作时间质量越差，工作倦怠感就会越强，反之较好的工作时间质量可以减少人们的工作倦怠感。[①]

第二个后果就是工作－家庭冲突。良好的工作时间质量是有利于劳动者实现工作家庭平衡的，而较低的工作时间质量则会使个人在应对工作和家庭两方面的要求和压力时产生或轻或重的角色交互冲突，这就是所谓的工作－家庭冲突（work-family conflict，WFC）。比如，工作时间过长，经常性加班，或不能得到法定的节假日休息，劳动者就会因工作时间投入太多而影响到其对家庭事务、家庭生活负责的时间，所以，工作时间越长，劳动者的工作－家庭

① Elizabeth Silva，"Routine Matters：Narratives of Everyday Life in Families"，in Graham Crow and Sue Heath（eds.），*Social Conceptions of Time*：*Structure and Process in Work and Everyday Life*，New York：Palgrave Publishers，2002，pp. 179－194.

冲突可能就越多，感受到工作－家庭冲突的不良情绪就越强烈。同时，工作压力过大、工作超负荷也会导致更多的工作－家庭冲突，工作数量太多，或者工作难度高，个人没有足够的能力在有限的工作时间内完成，员工就不得不为了完成工作任务、克服工作困难而牺牲陪伴家人的时间。

工作时间质量会直接影响到劳动者的工作投入和组织认同感。个人在进入任何组织工作环境之前，都会对自己的工作时间和工作状态有一个事先的期待，如果现实工作时间的使用符合这一期望，满足了工作者身体健康的需要和社会交往的需要，他就会产生较高的工作满足感，就会主动控制自我以使自我与工作角色相结合。反之，假如工作时间长，工作难度又大，个体不能有效地利用工作时间践行自己的职业角色，工作绩效很低，那么他就难以对自己的工作产生心理上的认同，工作投入程度自然就低。同样的，工作时间质量也会与组织认同具有正向的相关关系，高质量的工作时间容易使工作者对所在的组织产生较强的心理认同，使其能够与组织保持一致并愿意持续在组织中工作下去。

二　工作时间质量量表及调查结果

（一）形式工作时间量表及其测量结果

形式工作时间就是源于单位组织的制度安排而形成的工作持续的时间及其相关安排的状况，包括一个组织制度所安排的工作时长，在考勤、作息、加班、休假等涉及工作时间方面具有的相应的规章制度，也包括与工作时间相关的通勤时间状况等。根据第六次欧洲工作环境报告，工作时间质量（working time quality）包含工作时长、不规则工作时间、工作时间安排以及工作时间灵活性四个维度。从中国员工工作生活的实际出发，我们在问卷中设计了一个问题，直接询问被访者上个月平均每天工作多少个小时，这样我们就可以直接测量人们每天工作时间持续的长短。然后，再加上所有其他可以构成形式工作时间状况的指标变量11个，这里共使用12个指标构成形式工作时间状况量表。用探索性因素分析的主成分分析来寻找这些指标背后可能的因子结构，遵循特征值大于1的标准，按照因子负荷0.4/0.5原则（在主要依附因子上的负荷系数大于0.5，而在其他因子上的负荷系数小于0.4），主成分分析一共产生了4个公因子，它们的累积贡献率达到了58%，旋转后各个因子在相应指标项上的负荷如表4－1所示。同时，总量表的信度检验α系数为0.692，表明其内部一致性状况勉强可以接受。根据各公因子所支配指标反映的内容，它们可分别称为恢复性（recovery period）时间因子、自主性（discretion）时间因子、持续性（duration）时间因子和灵活性（flexibility）时间因子，它们相互之间没有交叉支配，即每个指标只依附于1个因子，且没有单指标潜在因子出现，一个综合因子至少支配2个指标项。鉴于该量表的所有指标测量的都是有关工作时间的结构和组织方式的内容，且以有利于劳动者身心健康、工作时间与非工作时间良好匹配为表征，所以这里将其称为形式工作时间量表。

表4－1　形式工作时间量表的探索性因子分析结果

量表	题项	成分			
		1	2	3	4
恢复性时间	d26i1 带薪年假（有=1）	0.738			
	d26l1 度假疗养（有=1）	0.487			
	d26o1 法定节假日休假（有=1）	0.765			
	d26p1 探亲假/婚假（有=1）	0.804			
	d26r1 病假（有=1）	0.736			
自主性时间	d8r 工作时有无人监督（无=1）		0.752		
	d9r 上班时签到或打卡（不需要=1）		0.639		
	c26b 工作时间长短的自主性（有=1）		0.737		

续表

量表	题项	成分			
		1	2	3	4
持续性时间	c24 平均每天工作多少小时（≤8 小时 =1）			0.733	
	c25r 是否加班（否 =1）			0.826	
灵活性时间	d12 单位实行“弹性工作制”（是 =1）				0.570
	c13 上下班路途花费时间（≤中位值 =1）				0.765

在确定了形式工作时间量表的因子结构之后，我们计算并保留各时间因子分值，从而得到 4 个反映形式工作时间公因子的标准分数，它们均表现为均值为 0、标准差为 1 的分布，其中恢复性时间因子的分值区间为［-1.691，2.282］，自主性时间因子的分值区间为［-1.582，2.644］，持续性时间因子的分值区间为［-2.423，1.354］，灵活性时间因子的分值区间为［-2.378，2.365］，分值越高表示人们的形式工作时间越好。

形式工作时间量表的综合分值由上述 4 个子量表的因子分加总而成，计算形式工作时间的综合得分时，我们首先根据各个公因子方差贡献率的大小，分别赋予各个公因子相应的权重，以上 4 个公因子的权重系数依次为 0.427、0.231、0.194 和 0.147。从而形式工作时间变量的计算公式如下：

形式工作时间 = 恢复性时间因子 ×0.427 + 自主性时间因子 ×0.231 +
持续性时间因子 ×0.194 + 灵活性时间因子 ×0.147

通过加权计算，我们得到了当前城镇职工形式工作时间综合得分的结果，出于易读性考虑，再对这一变量进行百分制的正常化转换，保证其变量分值为 0～100 分，分值越高表示人们的形式工作时间越佳，变量分布情况如图 4-2 所示，形式工作时间的均值为 45.04 分，标准差为 16.86 分，分布的偏度系数为 0.181，峰度系数为 2.809，表明形式工作时间分值近似正态分布。

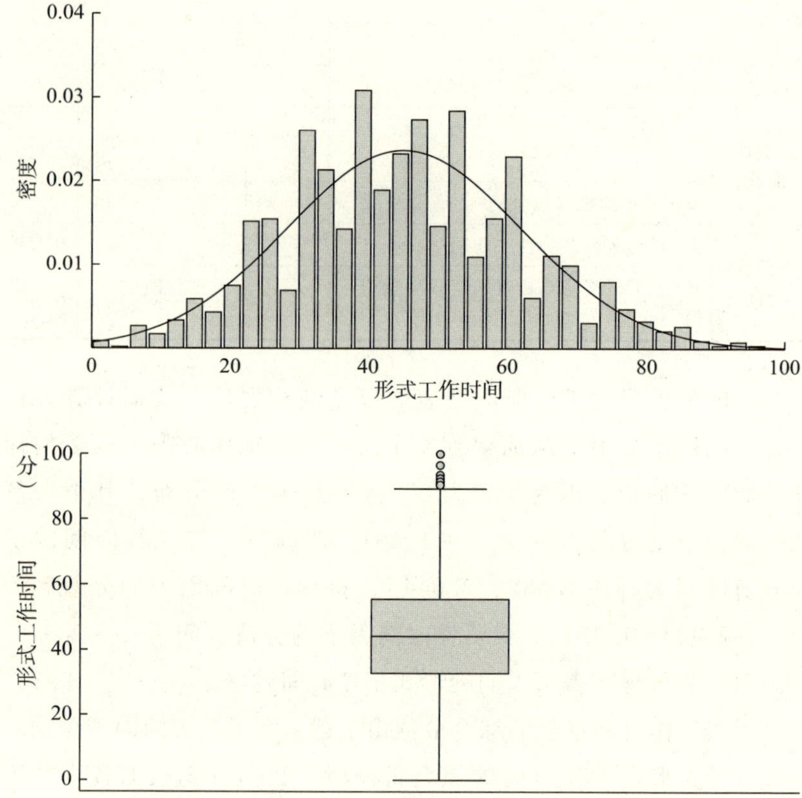

图 4－2　形式工作时间量表的正态分布和箱线图

（三）实质工作时间量表及其测量结果

与形式工作时间相对应，实质工作时间则体现为工作时间被劳动者开发和利用的有效程度，它以工作效率最大化为表征，构成了工作时间质量的另一个方面。这里需要加以说明的是，工作时间质量不应简单停留于形式工作时间这个方面，还应该关注到形式工作时间最大限度地得到开发和利用的状况，只有将工作时间的这二重维度内在地统一起来，才能真正全面而系统地把握工作时间质量这一独特的社会事实。所以，在欧盟科研人员的相关研究基础上，我们同时使用形式工作时间和实质工作时间这两个建构来全面观察与分析中国劳动者的工作时间质量。在这里，我们更多地把实质工作时间定义为人们对正常工作时间开发和利用效率的状况，工作时间被开发得越充分，单位时间工作效率越高，就意味着实质工作时间越好。

我们希望通过了解受访者对工作时间的利用状况及其主观感受，来观察受访者实质工作时间的状况。在问卷中，我们设计了以下 9 个方面的情况，让受访者根据自己的主观感受来回答其实际情况如何。我们的判断是，人们越认同以下 9 个方面的情况，那么他们对工作时间利用状况的实际感受就越消极，他们正常工作时间的实际利用效率就越低，自然地，他们工作时间的实质状况也就越差；反过来，受访者越不认同以下 9 个方面的行为取向，或者说，他们在以下 9 个方面做得越少，那么他们工作时间的利用效率就会越高，自然地，他们工作时间的实质状况就会越好。在这里，人们工作时间的利用效率与工作时间的实质状况紧密地联系在了一起，二者呈正相关的关系。

需要说明的是，我们在设计问卷的时候，一开始并没有完全做到理论联系实际来分析员工工作时间利用和开发问题，现在回过头来，我们认为可以从这些方面来对其进行考察。作为一种试错的过程，这种探索性研究对我们将来设计出更好的实质工作时间状况量表应该是很有帮助的。因此，我们的预期是，上述这 9 个指标变量能够从不同角度来反映和测量人们的实质工作时间状况。为了解释上的方便，统计分析前我们首先对部分指标的赋值做了逆向处理，以保证分值越大，工作时间实质状况越好。在用主成分分析法探索这 9 个反映性指标背后可能的因子结构的过程中，我们发现 d38dr 不具有区分效度，删除这个指标后继续进行探索性因子分析，遵循特征值大于 1 的标准，按照因子负荷 0.4/0.5 原则，最后主成分分析一共产生了 3 个公因子，它们的累积贡献率达 60.34%，旋转后各个因子在相应指标项上的负荷如表 4－2 所示。根据聚集在各个公因子上的指标的内容，它们可分别称为工作勤奋因子、工作专注因子和工作满意因子，各公因子之间不再交叉重叠且没有单指标因子出现。

表 4-2　实质工作时间量表的探索性因子分析结果

量表	题项	成分		
		1	2	3
工作勤奋	d38ar 拒不接受上级分配的工作	0.650		
	d38er 借故不上班	0.726		
	d38fr 应付上级分配的任务	0.752		
	d38gr 有意放慢工作节奏	0.697		
工作专注	d38br 上班时间打私人电话		0.898	
	d38cr 上班时间聊天		0.895	
工作满意	c22j 工作需要长时间集中注意力			0.729
	e10a 工作时间满意度低			0.678

确定了实质工作时间量表的因子结构后，通过计算并保留各公因子分值，我们得到 3 个公因子的标准分数，它们都是均值为 0、标准差为 1 的分布，其中工作勤奋因子的分值区间为［-6.304，1.326］，工作专注因子的分值区间为［-3.026，2.159］，工作满意因子的分值区间是［-2.805，3.300］，分值越高表示人们工作时间的实质状况越佳。实质工作时间由上述 3 个子量表的因子得分综合而成，计算综合得分时，我们首先要根据各个公因子方差贡献率的大小，分别赋予其相应的权重，以上 3 个公因子的权重系数依次为 0.424、0.364 和 0.212。从而实质工作时间变量的计算公式如下：

$$实质工作时间 = 工作勤奋因子 \times 0.424 + 工作专注因子 \times 0.364 + 工作满意因子 \times 0.212$$

通过加权计算，我们得到了当前城镇职工实质工作时间变量的综合分值，出于易读性考虑，再对这一变量进行百分制的正常化转换，保证其数值分布区间为 0～100 分，分值越高表示人们的实质工作时间越佳。研究显示，实质工作时间量表的分布形态如图 4 - 3 所示，其均值为 76.54 分，标准差为 13.43 分，分布的偏度系数为 - 1.119，峰度系数为 4.964，可见实质工作时间变量分布有一个较长的左尾，呈负偏态分布。

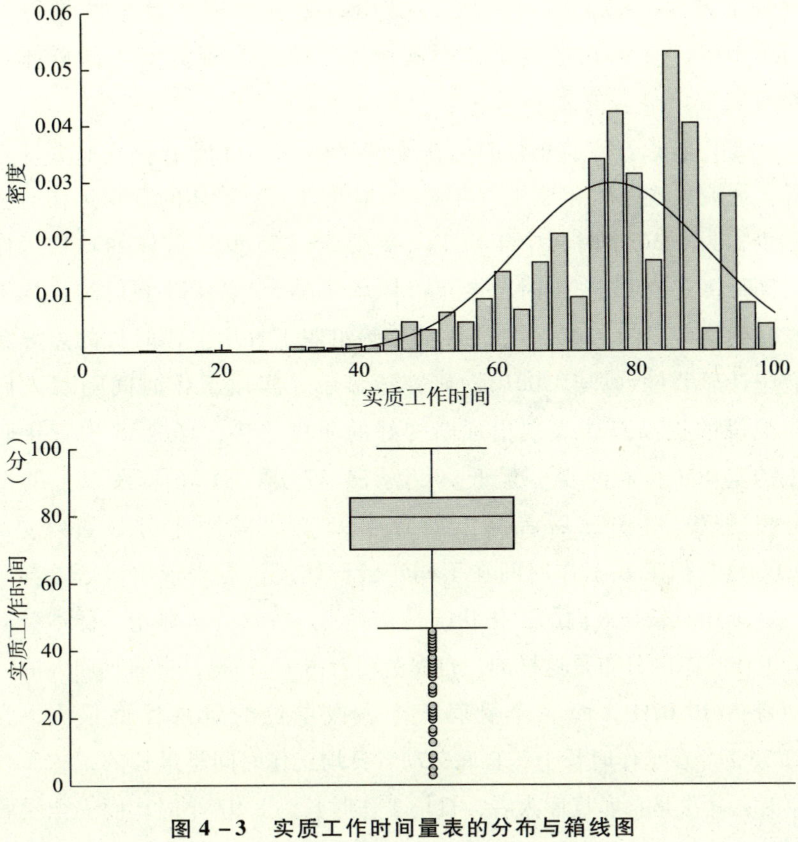

图 4 - 3　实质工作时间量表的分布与箱线图

三　工作时间质量的组织与群体性差异

（一）工作时间、工作时间质量与个体特征

研究显示，工作时长、实质工作时间在性别上存在显著差异。男性工作时间多于女性工作时间，男性受访者平均每天工作 8.65 小

时，女性则为 8.35 小时，工作时长在性别上存在显著差异（p = 0.000）。国家统计局发布的《2018 年全国时间利用调查公报》透露了一个让人惊愕的数据——比起十年前，中国男性和女性就业者的工作时长都增加了 22% 之多。此外，女性员工的实质工作时间状况好于男性，前者高出后者 3.43 分，差异具有统计上的显著性（p = 0.000）。而在形式工作时间方面，研究发现男女不同群体上没有表现出显著的差异。

工作时长、实质工作时间在不同年龄职工群体上具有显著性差异。研究发现，青年职工（年龄 35 岁及以下）群体的日均工作时间最少，为 8.36 小时，中年职工（年龄 36 ~ 55 岁）群体的日均工作时间最多，为 8.53 小时，老年群体（年龄 56 岁及以上）的日均工作时间居中，为 8.43 小时，不同年龄组职工日均工作时长的差异具有统计显著性（p = 0.001）。研究还显示，实质工作时间随着人们年龄段的提高总体表现出逐渐变好的明显趋势，16 ~ 25 岁青年职工的实质工作时间得分最低，仅为 74.37 分，而 56 岁及以上的得分高达 79.32 分，后者高出前者 4.95 分，差距十分显著（p = 0.000）。但形式工作时间在不同年龄群体上没有表现出显著差异。

工作时长与人们的工作状况是相关的。统计分析显示，样本劳动者工作状态的分布是这样的：自雇劳动者占 17.15%，自雇且雇人的劳动者占 10.07%，而完全受雇于个人或单位的所占比例最大，为 72.78%。在工作时长上，自雇劳动者日均工作时间是最长的，达 9.11 小时；其次是自雇且雇人者，日均工作时长为 8.97 小时；而完全受雇于他人的日均工作时间最短，为 8.23 小时。方差分析表明日均工作时间在不同工作状态劳动者上的分布差异是非常显著的。劳动者的工作状态不同，形式工作时间状况也不一样，自雇且雇人者的形式工作时间最佳（46.00 分），而完全自雇者的最差（42.55 分），这种差距具有统计显著性。而在实质工作时间方面，虽然完全受雇者的实质工作时间得分最高（76.70 分），但与其他劳动者的差别是不显著的。

工作时长、形式工作时间和实质工作时间在不同受教育水平群体上存在显著差异。人们的受教育水平不同，工作时长也不一样，工作时长总体上呈现随着文化水平的提高而下降的趋势，初中文化的受访者日均工作时间最长（8.84 小时），研究生学历的受访者日均工作时间最短（7.99 小时）。同时，形式工作时间随着人们受教育水平的提高而表现出逐级变好的明显趋势，小学及以下文化水平员工的形式工作时间状况最差，仅为 34.97 分，研究生文化水平员工的则近 55 分，后者高出前者约 20 分，差距十分显著（$p=0.000$）。而在实质工作时间上，高中或中专学历的最差，研究生、小学及以下以及初中学历的较好，差异显著，这是一个有意思的发现。

工作时长、形式工作时间在不同专业技术职称群体上存在显著差异。研究表明，是否拥有专业技术职称与日均工作时长是显著相关的，总的情况是，非专业技术人员的工作时间最长，达 8.65 小时，而有专业技术职称的则相对较短。而在有专业技术职称的职工中，具有中级职称的工作时长较短（8.18 小时），未定级的相对较长（8.44 小时）。在形式工作时间方面，统计显示从非专业技术人员到高级职称人员，平均得分呈现逐级递升的趋势，即非专业技术人员的形式工作时间是最差的（39.78 分），高级专业技术人员是最佳的（54.76 分）。实质工作时间基本呈现随着专业技术地位的提高而提高的趋势，非专业技术人员与中高级技术人员的差异具有统计显著性。

形式工作时间在不同权力地位群体上的差异具有统计显著性。可以看到，形式工作时间随着员工所处权力等级的提高而表现出明显变好的趋势，一线员工的形式工作时间是最差的（42.45 分），现实中他们的工作行为严格受到管理制度的限定，往往工作时间较长，不可以自主、灵活地掌握自己的工作时间。五层及以上管理者的形式工作时间表现则是最佳的（57.76 分），该群体拥有决策管理权，一般可以自主而灵活地安排工作时间，且他们能够享受到各种休假待遇。而从实质工作时间量表的分布上看，结果耐人寻味：一线员工的实质工作时间表现是最好的（76.71 分），而三层、四层管理者的表现相对较差（低于 76 分）。见表 4－3。

表 4-3　工作时间、工作时间质量与个体特征

个体特征	类别	工作时长			形式工作时间			实质工作时间		
		N	均值	标准差	N	均值	标准差	N	均值	标准差
性别	1. 男性	2399	8.65	1.74	1827	45.46	17.54	1782	74.25	14.49
	2. 女性	4487	8.35	1.54	3588	44.82	16.50	3562	77.68	12.72
	显著性	$F=53.71$，$p=0.000$			$F=1.75$，$p=0.185$			$F=78.09$，$p=0.000$		
年龄	1. 16~25 岁	941	8.28	1.50	727	45.33	17.25	807	74.37	14.18
	2. 26~35 岁	3105	8.44	1.56	2480	44.69	16.55	2442	75.68	13.85
	3. 36~45 岁	1773	8.55	1.64	1398	45.05	16.83	1326	77.70	12.65
	4. 46~55 岁	910	8.50	1.78	705	45.87	17.38	660	79.52	11.15
	5. 56 岁及以上	155	8.43	2.11	102	45.34	17.98	106	79.32	15.46
	显著性	$F=4.45$，$p=0.001$			$F=0.76$，$p=0.552$			$F=19.75$，$p=0.000$		
工作状况	1. 自雇	1180	9.11	2.26	503	42.55	13.01	354	75.72	17.78
	2. 自雇且雇人	693	8.97	1.88	461	46.00	15.39	305	75.19	16.16
	3. 完全受雇于个人或单位	5007	8.23	1.31	4446	45.22	17.37	4680	76.70	12.82
	显著性	$F=186.75$，$p=0.000$			$F=6.47$，$p=0.002$			$F=2.52$，$p=0.08$		
受教育程度	1. 小学及以下	226	8.74	2.30	149	34.97	13.07	143	77.47	15.79
	2. 初中	1023	8.84	1.89	717	37.73	14.93	696	77.45	12.76
	3. 高中/中专	2054	8.54	1.64	1587	41.84	16.33	1532	76.14	13.65

续表

个体特征	类别	工作时长			形式工作时间			实质工作时间		
		N	均值	标准差	N	均值	标准差	N	均值	标准差
受教育程度	4. 大专	1862	8.38	1.41	1524	46.82	16.36	1533	76.15	13.13
	5. 大学（本科）	1532	8.20	1.44	1280	50.92	16.49	1279	76.43	13.55
	6. 研究生	184	7.99	1.58	158	54.99	16.36	159	79.90	13.35
	显著性	$F=26.41$，$p=0.000$			$F=103.39$，$p=0.000$			$F=3.31$，$p=0.005$		
技术职称	1. 非专业技术人员	1116	8.65	1.67	890	39.78	15.76	873	75.58	13.12
	2. 未定级	2496	8.44	1.52	2026	44.10	16.32	1997	76.45	12.99
	3. 初级	889	8.22	1.32	767	47.54	16.49	796	77.33	13.36
	4. 中级	917	8.18	1.53	772	52.04	16.95	781	78.64	13.50
	5. 高级	189	8.33	1.68	157	54.76	17.90	154	78.40	16.81
	显著性	$F=15.94$，$p=0.000$			$F=76.82$，$p=0.000$			$F=6.74$，$p=0.000$		
权力地位	1. 一线人员	4244	8.45	1.66	3235	42.45	16.38	3269	76.74	13.21
	2. 二层	1758	8.51	1.55	1440	47.70	16.67	1335	76.75	13.28
	3. 三层	581	8.34	1.48	488	50.16	16.72	491	75.19	13.87
	4. 四层	185	8.56	1.65	157	50.65	16.02	162	75.17	14.80
	5. 五层及以上	97	8.47	1.79	84	57.76	17.70	75	76.08	16.47
	显著性	$F=1.41$，$p=0.229$			$F=58.11$，$p=0.000$			$F=1.92$，$p=0.104$		

（二）工作时间、工作时间质量与经济区域

首先我们分析了工作时间在各省或直辖市上是否存在显著差异，统计结果表明（见图4－4），福建省和上海市的日均工作时间最少，不到标准工时制的8小时，而工作时间平均最长的是东北三省，平均超过了9小时，尤其是吉林省，其日均工作时间达到了9.46小时。与工作时间密切相关的是人们花在上下班路上的通勤时间，什么地方的人们消耗的通勤时间最长呢？人们说，在北上深上班，不是在上班，就是在去上班的路上。统计结果证实了这一点。北京、上海和重庆三个直辖市的日均通勤时间较长，北京最长，平均0.82小时，约合50分钟，上海位居第二位，人们的通勤时间为0.73小时，约合44分钟，重庆市则位居第三，约合43分钟。通勤时间花费最少的省份为山东省、江西省和海南省，人们的通勤时间平均略多于20分钟。

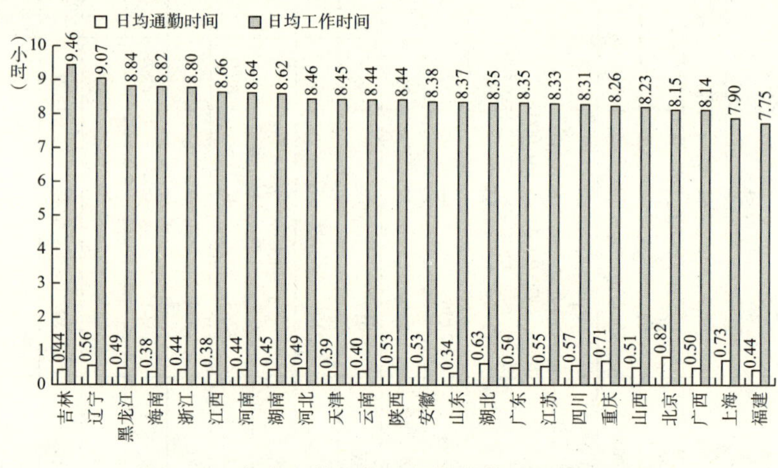

图4－4　部分省份工作时间和通勤时间统计结果

感觉身体被掏空！每天通勤约2小时 杭州年轻人太难

远距离通勤，是大城市的通病。

在英格兰，38%的上班族通勤时间长达120分钟；在莫斯科，40%的上班族通勤时间达180分钟；在东京，上班族的平均通勤时间为58分钟。

在国内，据极光大发布的《2018年中国城市通勤研究报告》显示，全国10大城市平均通勤路程都在8km以上，时间在40分钟以上。

北京、上海、重庆三市居于前列，平均通勤路程在10km以上，平均通勤时间在50分钟以上。

杭州的辛苦程度排在全国第八，平均通勤路程8.4km，平均用时达44分钟。

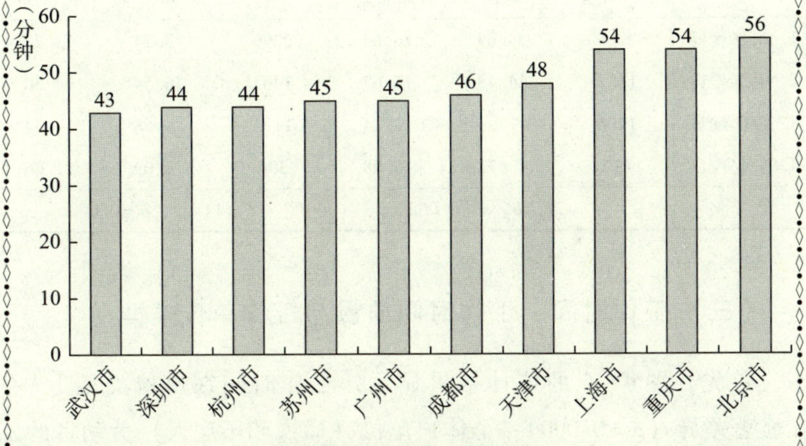

各城市平均通勤时间比较

数据来源：极光大数据；通勤时间仅包含同城通勤数据。

资料来源：https://baijiahao.baidu.com/s?id=1653047369400971899。

中国区域经济四大板块之间的发展存在很大差异，人口密度、自然资源和地理环境、产业结构、劳动方式等不同，可能导致人们的工作时间质量也不一样。统计分析显示（见表4-4），人们所处的经济区域不同，其形式工作时间的差异显著（$p=$

0.000)，东北地区人们的工作时间最长，表现出来的形式工作时间也最差（40.72 分），西部地区虽然经济发展较为落后，但其形式工作时间却是最好的（47.95 分），中、东部地区则居于二者之间。统计还发现，实质工作时间的区域差距也是显著的，形式工作时间最好的西部地区，人们的实质工作时间却表现最差（74.68 分），与实质工作时间较好的东部地区（77.24 分）相差 2.56 分。东部地区经济社会的快速发展或许与人们高效利用工作时间、忠于职守、勤奋敬业的工作行为有关。

表 4-4　经济区域与工作时间质量的方差分析结果

经济区域	形式工作时间			实质工作时间		
	N	均值	标准差	N	均值	标准差
1. 东部地区	2266	44.64	16.64	2299	77.24	13.21
2. 中部地区	1532	44.48	16.67	1461	76.54	13.30
3. 西部地区	1206	47.95	17.14	1195	74.68	14.34
4. 东北地区	412	40.72	16.68	390	78.09	11.66
显著性	$F=22.16$，$p=0.000$			$F=11.52$，$p=0.000$		

（三）工作时间、工作时间质量与工作单位类型

首先，图 4-5 的统计结果显示，工作时间在单位类型上①存在显著差异（$p=0.000$）：个体户单位（雇人和不雇人）劳动者的工作时间最长，达 8.83 小时/天；其次是私营企业员工的工作时间，为 8.32 小时/天；国有企业员工的工作时间最短，为 7.98 小时/天；行政事业单位职工的工作时间是 8.04 小时/天。可见，我国单位制

① 根据问卷中单位类型的分类，这里把“没有雇人的个体户”和“雇人的个体户”归为个体户单位，把“大集体企业”、“小集体企业”和“农村集体（乡镇）企业”归为集体企业，现代企业包括问卷中的“股份制或股份合作制企业”、“合资企业”、“外资、侨商、台商独资企业”和“上市公司”，而行政事业单位则包括“党政群团机构”和“国有事业单位”，把私营企业单独作为一类、国有企业单独作为一类，然后在它们之间进行统计比较。下同。

组织在执行劳动法规定的标准工时制方面要好于其他类型的组织。

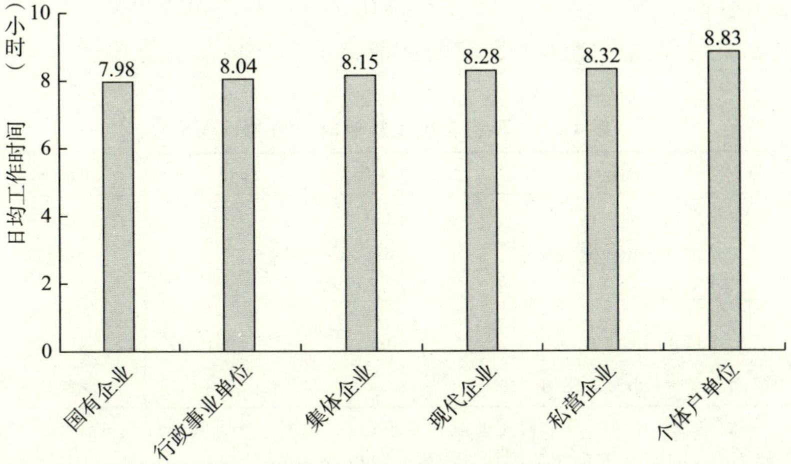

图 4－5　工作时间在单位类型上的差异

在这里，值得注意的是在企业中的农民工群体，他们分布在不同所有制企业中，干着很艰苦的工作，却很难享受到制度红利。在工作时间上，他们普遍都在超时加班工作。在调查中，许多企业管理者都信誓旦旦地说，他们那里每个工人的加班都是自愿的，但是经过仔细了解，我们不难发现，许多工人的基本工资都比较低，在很多情况下，都是通过加班来挣钱的。通常的情况是，加班费往往都是基本工资的二分之一或者一倍甚至更多。所谓"制造同意"，或者说"被强迫的同意"（enforced agreement）在这里有了一个具有实感的理解和说明。

表 4－5 显示的是国家统计局发布的 2014～2016 年外出农民工的从业时间与工作强度状况。数据显示，2016 年，全年外出从业时间平均为 10.0 个月，月工作时间平均为 25.2 天，日工作时间平均为 8.7 个小时，总体较 2014 年略有下降。2016 年，日工作时间超过 8 小时的农民工占 37.3%，周工作时间超过 44 小时的农民工占 84.4%，分别比上年下降 1.8 和 0.6 个百分点。2017 年城镇职工调查则发现，进城农民工群体的日均工作时间为

8.55 小时，高于城镇户口职工的 8.42 小时。可以看到，2017 年城镇农民工群体的日工作时间相比 2015 年、2016 年又减少了，这可能与我国劳动用工制度的逐渐完善和严格落实有关。

表 4-5　外出农民工从业时间与工作强度

类别	2014 年	2015 年	2016 年
全年外出从业时间（月）	10.0	10.1	10.0
平均每月工作时间（天）	25.3	25.2	25.2
平均每天工作时间（小时）	8.8	8.7	8.7
日工作超 8 小时的比例（%）	40.8	39.1	37.3
周工作超过 44 小时的比例（%）	85.4	85.0	84.4

资料来源：《2015 年农民工监测调查报告》，载国家统计局统计微讯，2016 年 4 月 18 日；《2016 年农民工监测调查报告》，http://www.360doc.com/content/18/0328/17/31409309_741033608.shtml。

不难想象，不同类型单位组织所创造出的工作时间质量肯定是会有差别的，数据的统计分析结果见表 4-6。形式工作时间在单位类型上存在显著差异：行政事业单位的形式工作时间表现最佳（54.95 分），其次就是国有企业（54.04 分），而表现最差的是个体户单位（包括雇人和不雇人的），得分仅为 40.10 分，私营企业也较差，得分为 43.61 分，集体企业（包括小集体企业、大集体企业和农村集体企业）的形式工作时间也不好，得分仅为 44.22 分。实质工作时间在不同类型单位组织上也表现出类似的显著差别：实质工作时间最佳的依然是行政事业单位，得分高达 80.42 分，国有企业则以 78.29 分位居第二。除去个体户单位不论，私营企业的实质工作时间状况同样是最低的，得分为 75.61 分。

表 4-6　单位类型与工作时间质量的方差分析结果

单位组织类型	形式工作时间			实质工作时间		
	N	均值	标准差	N	均值	标准差
1. 个体户单位	1661	40.10	14.36	1425	76.37	14.53

续表

单位组织类型	形式工作时间			实质工作时间		
	N	均值	标准差	N	均值	标准差
2. 集体企业	167	44.22	16.73	179	75.69	13.17
3. 私营企业	2016	43.61	16.78	2072	75.61	12.93
4. 现代企业	629	49.64	17.39	663	76.02	13.05
5. 国有企业	485	54.04	16.54	511	78.29	13.08
6. 行政事业单位	391	54.95	15.93	415	80.42	12.24
显著性	$F=105.23$，$p=0.000$			$F=11.15$，$p=0.000$		

（四）工作时间、工作时间质量与行业类型

研究发现，日均工作时间在行业类型上确实存在显著差异（$p=0.000$）。统计结果显示（见图4-6），日均工作时间最长的行业是交通运输业和旅游娱乐业，从业人员日均工作时间都超过了9小时。而日均工作时间低于8小时的行业有四个，它们分别是文化艺术和体育、教育、公用事业和金融保险业。根据《中国劳动统计年鉴2017》提供的数据，2016年中国城镇就业人员周平均工作时间为46.1小时，且近五年来无明显变化，加班在中国十分普遍。除了农、林、牧、渔业外，各行业的周平均工作时长都超过了40小时，其中住宿和餐饮业、批发和零售业、建筑业加班情况最为严重。

网络栏目《今日话题》做的调查显示，90%以上的读者都认同“加班现象是越来越多了”。有人说，“不想加班，但是没有办法”，“光是活下去已经用尽所有力气了”。[①] 根据《中国劳动统计年鉴2017》的数据，我国单位负责人每周工作超过40小时的比例为49.9%，专业技术人员的加班比例为50.2%，而办事人员的加班比例则为33.2%。本次调查我们也问了一个问题：“上个月您是否加班

① 丁阳：《新西兰将制定的“幸福预算”，值得中国借鉴》，https://new.qq.com/omn/20190128/20190128A1BDC4.html，最后访问日期：2019年1月28日。

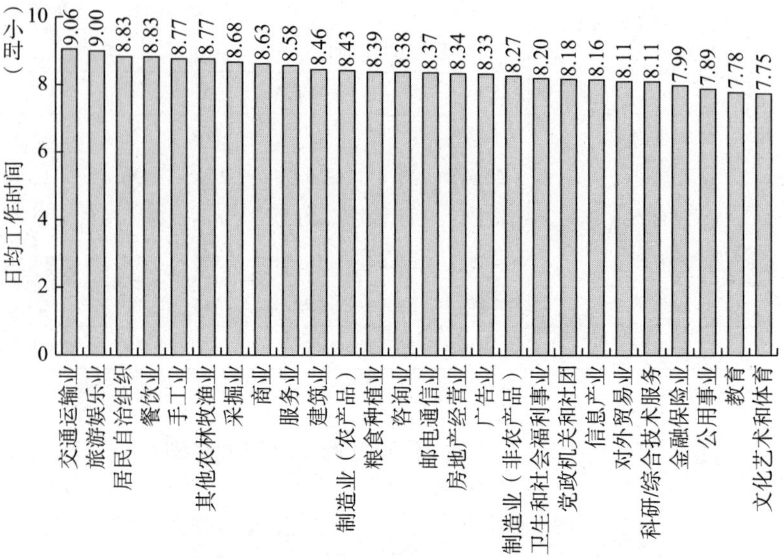

图 4－6　工作时间在行业领域上的差异

了?”统计结果显示，回答“是”的比例占 35.86%，总体上与上述结果差距不大。中国各行各业都在加班似乎已成为一种社会常态，尤其在互联网行业，加班现象比一般工厂似乎还要更加严重。

为了完成任务需要加班，从而使工作超过法定时间，而人们每个工作日用于必要的体力和精力恢复的时间是一定的，除了必要劳动时间——工作时间以外，他们还必须要有时间去满足自己的精神需要和社会需要，去按照自己的爱好、兴趣和特长自由展开相应的活动，去接受教育培训、完善心智品质、进行社交活动和履行社会职能等。因此，工作时间常态化地突破规定的法定时间，必然会侵占人们用来维持身心健康、参与其他社会生活活动和促进个人全面自由发展的时间。“美好生活”不能只用金钱等物质条件衡量，还应包括人的精神生活层面和社会生活层面。基于对美好生活的需要，人们不仅对物质文化生活提出了更高要求，而且在民主、法治、公平、正义、安全、环境等方面的要求也日益增长。因此，尽管通过工作时间延长或加班得到了一定的工作效益、换来了微薄的加班费，但它们却是以牺牲最能体现“美好生活”的实践参与为代价的，故而是与马克思的人的全面发展理念、与新时代美好生活的追求背道而驰的。

工作时间到底该延长还是该缩短？这其实是一个非常复杂的、牵涉一个国家的经济状况、政治制度、社会发展、文化传统及科技进步等多方面因素的问题。1935 年国际劳工组织规定每天工作时间不能超过 8 小时、每周工作时间不能超过 40 小时，这一 47 号公约得到了世界各国的认同。1994 年中国开始实行五天八小时工作制，截至目前，世界上所有发达国家和大多数发展中国家已经实行每周五天、四十小时工作制。问题是，随着世界经济竞争的加剧，各工业化国家的经济和社会条件都在发生变化，工作时间也变得越来越难以预测，一些国家劳动者的工作时间在缩短，另一些国家劳动者的工作时间则在延长，晚上加班和周末加班的情况越来越常见。根据国际劳工统计学家会议（ICLS）的统计，2016 年全球平均每周工作时间约为 43 小时，北欧、南欧和西欧国家最低，平均每周 36. 4 小时，接着是北美和东欧，平均每周 38. 7 小时，非洲大陆平均每周 43. 3 小时。相较之下，南亚和东亚地区周工作时间最长，平均分别为 46. 6 小时和 46. 3 小时。[①]

有研究表明，那些投入工作时间较多的人相比那些较少的人往往可以获得更好的报酬，而且那些工作时间更长的人同时也表现出更高的工作满意度和投入度。改革开放 40 多年来，中国创造出的“经济奇迹”恐怕是与全体劳动者的长时间工作（long hours of work）分不开的。高水平劳动参与率，最大的劳动（工作时间）总量，令世界惊叹的勤奋，使中国人均财富的增速高居世界第一，造就了上亿规模的中产阶层，这些都能够对中国经济至今仍能保持中高速增长做出有效解释。但是，“体面工作时间”的研究告诉

① International Labour Office, *Ensuring Decent Working Time for the Future*, International Labour Conference 107th Session, Geneva, 2018, p. 10.

我们，每周超过48小时的长时间工作会导致一系列的安全和健康风险，加班文化会导致员工睡眠不足和产生更多的疲劳感。[①] 事实已经证明，工作日或工作周越长，人们的工作效率越低，即使额外的加班时间被付以高额报酬，人们也会为适应更长的工作时间而放慢工作节奏，实际效益令人质疑。同时，较长的工作时间还会导致人们与家人的关系疏远，造成工作与家庭之间的严重冲突。

《环球时报》："996"不能成为职场普遍号召

《环球时报》总编辑胡锡进说，"996"不能成为职场的普遍号召，甚至在公司内部，尤其是成熟的大公司内部也不应成为管理层大力推动的价值取向。公司负责人、高管怎么高强度工作都可以，因为他们有真实的选择权，他们可以出于兴趣和强烈的事业感超时工作。但是员工处在不同位置，公司不应要求他们献给公司与负责人同等的忠诚和付出，因为他们同公司利益联结的紧密程度和得到的报酬，与负责人及高管都不同。

胡锡进认为，这一轮对"996"的批评有其积极意义，这也是中国人均GDP达到1万美元左右人们对美好生活的新理解和追求。中国的高质量发展其实包括工作效率的提升，以及更加文明、人性的劳动时间安排。

观察者网一篇署名评论文章则称，一味强调"努力就会成功"，只会把生活简单化，"没有任何人，有权力定义他人的成功和幸福"。

"996"议题爆发的背后是中国互联网企业的裁员潮。据

① Jean-Yves Boulin, Michel Lallement, Jon C. Messenger and François Michon (eds.), *Decent Working Time: New Trends, New Issues*, Geneva, International Labour Office, 2006.

人民网报道，今年2月以来，陆续有滴滴出行、京东、知乎、58到家等互联网巨头接连被曝出裁员、减薪，一些企业据说公然推行“996工作制”。

资料来源：http://www.zaobao.com/news/china/story20190414-948446。

统计分析还发现，无论是工作时间的形式状况还是实质状况，它们在不同行业领域上的差异均具有统计学意义上的显著性，说明行业不同，其所创造或形成的工作时间质量也确实是不一样的。从表4-7可见，形式工作时间较好的前八大行业依次为：第一位，科研/综合技术服务；第二位，政党机关和社团；第三位，咨询业；第四位，教育；第五位，居民自治组织；第六位，文化艺术和体育事业；第七位，金融保险业；第八位，公用事业。而形式工作时间较差的五大行业分别为餐饮业、手工业、服务业、采掘业和商业。形式工作时间量表的行业差异整体分布从最低的38.77到最高的56.91，极差是18.14。而根据第六次欧洲工作环境调查（EWCS）的研究报告，欧盟国家工作时间质量综合指数最高的是金融服务业（financial services）和公共管理事业（public administration），指数最低的则是交通运输业（transport）和农业（agriculture），行业（部门）指数分布从最低的66到最高的74，极差为8。这与我们的调查结果具有一定程度的相似性。在我国，国家政党机关和社会团体的形式工作时间也是最好的，交通运输业的形式工作时间得分也在总体均值以下，但行业差异程度大大高于欧盟国家。

从实质工作时间上看，教育行业高居第一位（81.88），接着依次为居民自治组织（79.78）、公用事业（79.73）、手工业（79.49）、党政机关和社团（79.10）。在我国，“教师是人类灵魂的工程师，是人类文明的传承者，承载着传播知识、传播思想、传播真理，塑造灵魂、塑造生命、塑造新人的时代重任”，特殊的职业角色使教师等教育工作者热爱并享受本职工作，工作过程中很好地呈现专注融入、积极探索和乐于奉献的精神状态，实质工作时间也是最佳的。相对地，房地产经营业（72.24）和建筑业（73.85）的实质工作时间状况最差，说明该领域从业人员在工作时间的利用效率方面还存在着不少问题。实质工作时间均值的分布从最低的72.24到最高的81.88，极差约为10，整体行业领域差异程度要小于形式工作时间状况。

表4-7　不同行业领域与工作时间质量的方差分析结果

行业领域	形式工作时间			实质工作时间		
	N	均值	标准差	N	均值	标准差
1. 粮食种植业	24	47.42	10.96	22	77.91	15.33
2. 其他农林牧渔业	33	43.06	15.72	29	76.38	11.94
3. 手工业	149	40.06	15.85	145	79.49	13.48
4. 采掘业	28	41.50	13.34	30	77.90	13.42
5. 制造业（非农产品）	372	49.73	16.75	376	76.16	12.88
6. 制造业（农产品）	96	44.52	16.96	97	76.84	12.49
7. 建筑业	279	44.98	18.29	281	73.85	14.43
8. 文化艺术和体育事业	78	53.33	17.38	82	73.97	16.63
9. 邮电通信业	75	45.65	17.47	78	75.31	13.19
10. 信息产业	245	49.28	16.28	245	75.42	12.88
11. 商业	589	42.27	15.70	558	75.81	13.62
12. 对外贸易业	74	48.88	15.32	75	77.85	15.45
13. 餐饮业	556	38.77	15.50	537	74.67	13.67
14. 党政机关和社团	80	56.34	13.79	77	79.10	14.65
15. 公用事业	96	52.34	18.12	94	79.73	12.21
16. 旅游娱乐业	59	43.74	14.55	59	75.91	12.60
17. 服务业	1333	40.96	15.33	1257	75.89	13.38
18. 房地产经营业	88	42.81	17.38	88	72.24	14.02
19. 咨询业	42	55.62	18.67	45	75.56	14.98

续表

行业领域	形式工作时间			实质工作时间		
	N	均值	标准差	N	均值	标准差
20. 卫生和社会福利业	224	45.95	16.34	223	77.91	11.54
21. 交通运输业	154	44.34	18.00	153	77.67	13.68
22. 广告业	49	48.06	15.58	54	79.04	12.01
23. 科研/综合技术服务	43	56.91	16.32	43	78.56	11.76
24. 金融保险业	211	52.88	15.87	218	77.14	13.68
25. 教育行业	368	53.65	16.32	401	81.88	11.19
26. 居民自治组织	9	53.33	9.51	9	79.78	13.11
显著性	$F=21.67$，$p=0.000$			$F=5.24$，$p=0.000$		

四　工作时间质量量表的效度分析

在这一节里，我们试图从工作时间质量对劳动者的身心状况、工作-家庭关系以及组织认同感等来做一些具体的分析，从而对工作时间质量量表的效度做出初步评估。我们通过对调查数据的分析试图说明，工作时间质量与人们身心能量被工作耗尽而产生的工作倦怠感息息相关，与人们因工作时间和精力的投入而产生的工作-家庭冲突有关，也与人们对其所处单位组织的认同感息息相关。

（一）效标变量的测量结果

1. 工作倦怠感

工作倦怠感是个人因工作任务重，不能或难以在规定时间内完成而造成的一种身心能量被工作耗尽的感觉和体验。为把握人们的工作倦怠感这一心理事实，我们编制了相应的量表，该量表共有六个指标："f10a. 工作十分劳累，打不起精神""f10b. 工作压力大，总有做不完的事""f10c. 对工作越来越提不起兴趣""f10d. 对自己失去信心，越来越没有自信”“f10e. 感到困难太大，再怎么努力也不行”“f10f. 在单位不开心，看什么都不顺眼”。答案选项采用李克特 3 点尺度计分，按照“从不”、“偶尔”和“经常”依次计 1～3 分，分值越高表示人们在工作过程中感受到的倦怠感越强。信度分析表明，该量表的 Cronbach α 系数为 0.84，说明量表的内部一致性较好。

我们假定工作倦怠感是一种无法直接观察的连续潜变量，鉴于量表为定序测量层次，我们使用广义结构方程模型（GSEM）进行分析，结果表明（见图 4－7）量表各题项的因子负荷均具有统计显著性，说明题项具有聚合效度，量表可以被接受。采用次序变量的 logit 测量模型抽取因子得分，这样得到的分值较之一般线性测量模型更为精确，且为便于阅读对该分值做百分制转换，从而得到最终的工作倦怠感测量结果（见图 4－8）。在我们的样本中，工作倦怠感量表的分值在 0～100 分，均值为 30.66，标准差为 20.19，分值越高表示职工的工作倦怠感越强。

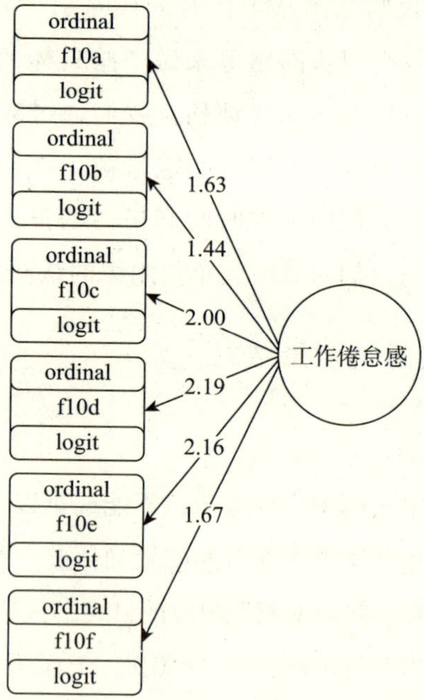

图 4－7　工作倦怠感的 Logit 测量模型分析

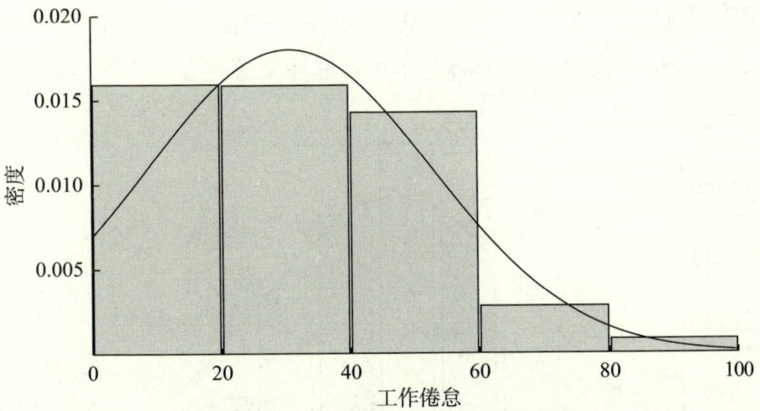

图 4-8 工作倦怠感量表的分布形态

2. 工作-家庭冲突

工作-家庭冲突（Work-Family Conflict，WFC）是指由于工作和家庭两方面的应对压力在某些时候不可调和而产生的一种角色交互冲突，它是个体因工作时间及精力投入导致工作角色责任无法或不能够完成，从而导致工作角色和家庭角色在扮演时间上的一种冲突。对于工作-家庭冲突，这里编制了相应的测量量表，量表由三个指标组成，它们分别是："c42a. 工作时常和家人通电话、发短信、用微信或 QQ 聊天""c42c. 工作时还惦记着家里的事情""c42d. 因为家里的事情工作时常早退、迟到、开溜或请假"。采用李克特 5 点测量尺度，答案从"很不符合"到"完全符合"分别计 1~5 分。信度分析表明，该量表的 Cronbach α 系数为 0.69，说明量表的内部一致性一般。

我们假定工作-家庭冲突是一种无法直接观察的连续潜变量，鉴于量表为定序测量层次，我们使用广义结构方程模型（GSEM）进行分析，结果表明各题项上的因子负荷均具有统计显著性，说明题项具有聚合效度，量表可以被接受。采用次序变量的 Logit 测量模型抽取因子得分，且为便于阅读对该分值做百分制转换，从而得到最终的工作-家庭冲突量表测量结果（见图 4-9）。在我们的样本中，

工作 - 家庭冲突量表的分值在 0 ~ 100 分，均值为 42.72，标准差为 20.30，分值越高表示职工的工作 - 家庭冲突感越强。

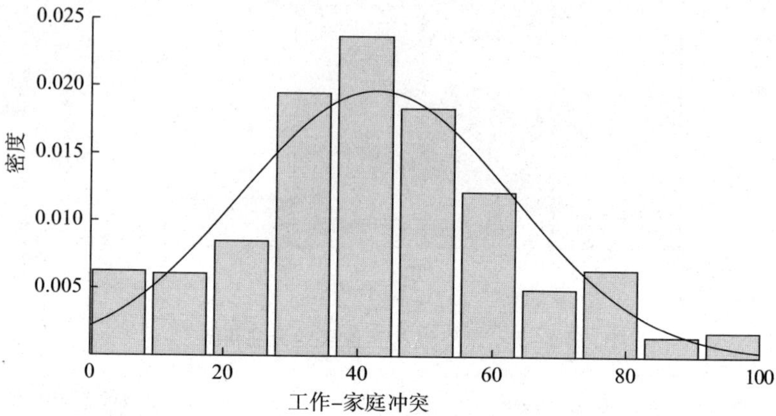

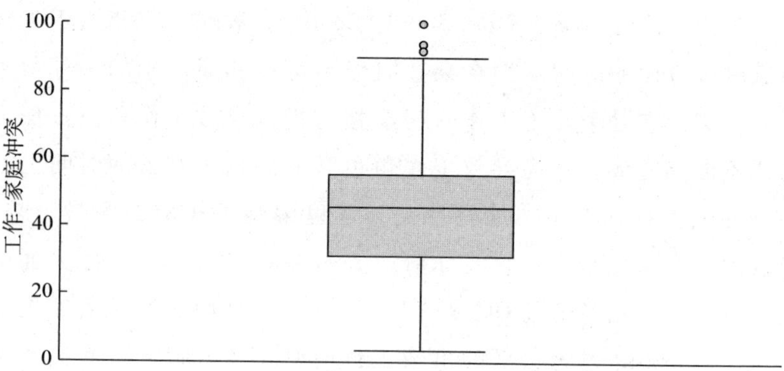

图 4 - 9　工作 - 家庭冲突感的直方图和箱线图

3. 组织认同感

组织认同感（organizational identification），这一概念最早由阿尔伯特（S. Albert）和怀特（D. A. Whetten）提出，[①] 现在主要指的是个体自身与组织保持一致性的认知感受，反映了组织成员的

① S. Albert and D. A. Whetten, "Organizational Identity", in L. L. Cummings and B. M. Staw (eds.), *Research in Organizational Behavior Vol.* 7, Greenwich: JAI Press, 1985.

自我概念与组织之间的一致关系，主要源于员工与组织及组织内成员间的一致性。组织认同感是一个综合性概念，是组织成员在行为与观念诸方面与其所加入的企业组织具有一致性，并且成员觉得自己在其中对组织既有理性的契约感和责任感，也有非理性的归属感和依赖感。[①]作为成员对组织的心理认同或依赖状态的一种概念，组织认同一般包括相似性、成员身份和忠诚三个维度。具有较高组织认同的人，往往会出现以下三个方面的行为结果：一是对他们工作的群体和组织成员资格给予较高的评估，更不愿意离开其所工作的群体和组织；二是较高的认同感会使个体秉持国家和所属组织管理的理念，从而在工作中形成更加努力的意愿，工作的积极性、主动性和投入性更强；三是组织认同不仅影响组织角色行为，深度上也会形成个体的一种组织公民行为，认同感越强，个体越会产生与所在组织有关的自愿合作行为，且这种自愿合作行为往往还是在组织正式规范（如报酬）调节的范围之外，也可称之为组织责任感、奉献精神。

考虑到组织认同感是一种综合性的组织心理和行为表现，这里采用效果指标（effect indicators）来测量组织认同感。因为如果组织成员与组织之间具有高度的一致性，个体心理上存在着组织认同，那么他就会期望维持自己作为组织成员的资格和身份，会有尽心尽力为组织工作的态度，会产生参与有利于组织发展的自愿合作行为倾向。组织认同感量表包含以下三个子量表。第一个子量表测度个体对所属组织的依赖和保持身份的心理和行为，即组织承诺。组织承诺子量表的四个题项及其答案、编码如下："c37. 您有没有换一个工作的想法？"的答案及编码从"经常有"、"偶尔有"到"从没有"依次为3、2、1，计算时反向计分；"c38. 如果能够从头再来一次，您还会不会选择现在这份工作？"的答案分别是"一定会"、"大概会"、"不确定"、"大概不会"和

① 王彦斌：《中国组织认同》，社会科学文献出版社，2012，第56~57页。

"肯定不会"，依次编码为5、4、3、2、1；"c39. 在将来的12个月内，您会不会失去现在这份工作？"的答案是"一定会"、"大概会"、"不确定"、"大概不会"和"肯定不会"，依次编码为5、4、3、2、1，计算时反向计分；"c41. 如果您钱多得这辈子都花不完，您是否会从事现在这份工作？"的答案及编码从"会"、"不确定"到"不会"依次是3、2、1。第二个子量表测度个体在组织角色行为上的努力状况，即工作投入。工作投入量表共由五个题项构成："c42m. 我总把工作放在第一位"、"c42n. 工作中，领导怎么说，我就怎么做"、"c42o. 我尽可能把工作做得又快又好"、"c42p. 如果我不能解决好工作上的问题，我会感到很难受"和"c42q. 下班之后，我仍然惦记着工作中的事情"。选项分别是"完全符合"、"比较符合"、"一般"、"较不符合"和"很不符合"，依次编码为5、4、3、2、1。第三个子量表测度个体的组织公民行为，该量表由三个题项构成，它们是"d23. 一般来说，您是否关心单位中发生的事情"、"d24. 一般来说，您是否愿意对单位中发生的事情发表自己的看法"和"d25. 一般来说，您是否愿意参加单位组织的一些公益活动（如植树绿化）"，答案选项分别为"很关心"或"很愿意"、"较关心"或"较愿意"和"不关心"或"不愿意"，依次编码为3、2、1。

定距指标变量的验证性因子分析表明，三个子量表都具有很好的测量效果，各个因子在相应指标变量上的负荷系数均在0.5以上（c39指标除外），三因子测量模型的拟合优度系数显示，RMSEA是0.07，表明理论模型与数据的适配度较好；CFI为0.91，超过了0.90，表示拟合良好；SMRM为0.05，小于Hu和Bentler推荐的0.08的界值。这些拟合指数告诉我们，三因子测量模型是可以接受的。鉴于组织认同感包含三个子维度，计算α信度系数并不合适，所以采用更合适的组合信度来考察各个分量表的内部一致性。结果表明，组织承诺子量表的信度系数ρ等于0.84，工作投入子量表的信度系数ρ等于0.83，组织公民行为子量表的信

度系数 ρ 等于0.75，说明各个子量表测量的可靠性是可以接受的。

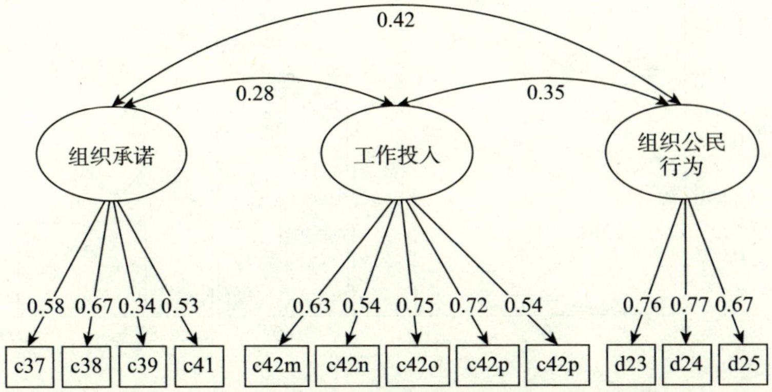

图 4－10 组织认同感的三因子测量模型验证性因子分析

我们假定组织承诺、工作投入和组织公民行为均为无法直接观察的连续潜变量，鉴于三个量表为定序测量层次，我们采用次序变量的 Logit 测量模型抽取因子得分，且为便于阅读对该标准分值做百分制转换，从而得到三个量表的最终测量结果（见图4－11）。在我们的样本中，三个量表的分值均在0～100分，组织承诺量表的均值为57.61，标准差为20.10，工作投入量表的均值为62.59，标准差为17.97，而组织公民行为量表的均值为54.36，标准差较大，为28.24。个体在三个量表上的得分越高，表明其组织认同感越强。

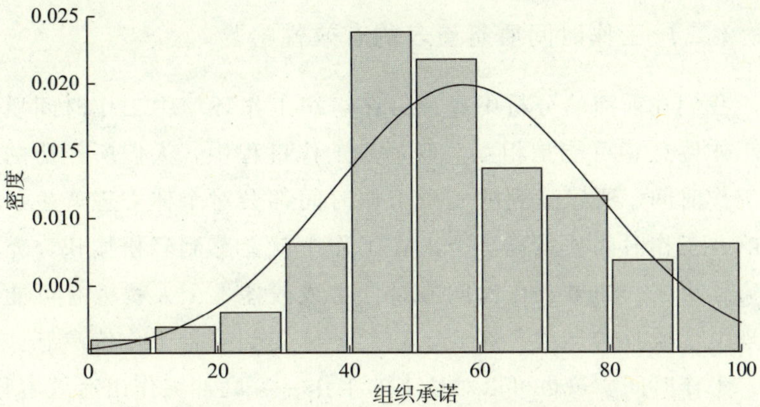

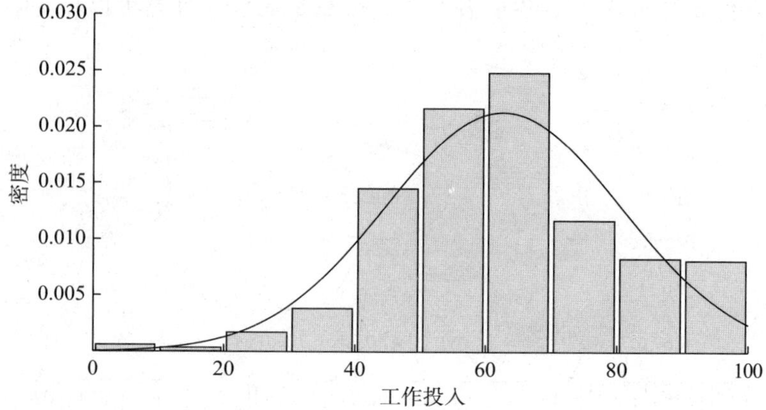

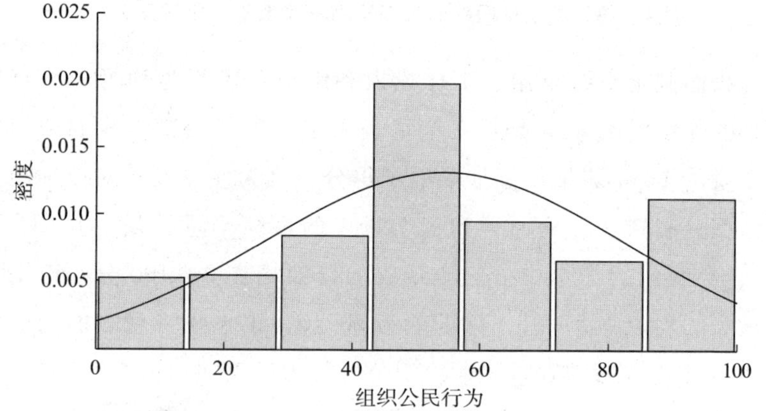

图 4－11　组织认同感三因子量表的正态分布

(二) 工作时间质量量表的有效性检验

我们在前面的分析中提出，在组织工作环境中工作时间质量与工作倦怠感可能是相互关联的，工作过程中，人们所经历的形式工作时间、所感受到的实质工作时间都会对个体心理产生巨大影响，工作时间质量高，个人在工作中就会感到轻松愉快、充满活力；反之，如果工作时间质量低劣或较差，个人就极有可能在心理上形成一种压力，客观上强烈地感受到一种工作倦怠感。同时，工作时间质量也可以对员工的工作－家庭冲突作出有效解释，良好的工作时间质量应该可以减轻人们工作－家庭冲突的感受。当然，我们有理由假定工作时间质量与个人对组织的认同感呈现同向变化的趋势。

我们认为，作为效标变量（criterion variable）的这多个结果变量，如果使用单个回归模型分别进行分析，那么预想这些方程的误差项彼此独立是不会切合实际的，假定同时性截面方程误差相关，我们采用似不相关回归（SUR）的多变量回归（multivariate regression）分析方法则是适当的，因为看上去无关的回归方程通过误差项之间的关联实际上是相关的。于是，我们使用这次的调查数据，建立起了相应的回归模型，对基本假设进行检验。图4－12显示了两个工作时间质量变量与五个相关结果变量之间的关系模型拟合结果。

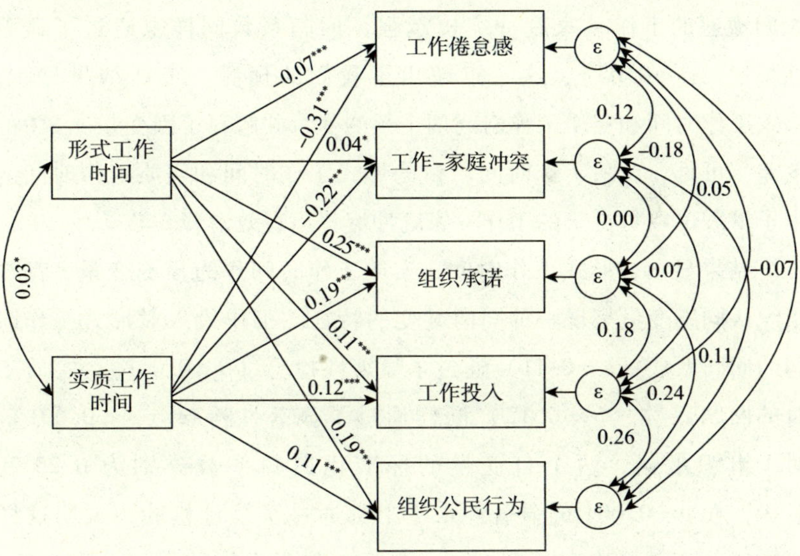

图4－12　基于工作时间质量的SUR分析结果

统计结果证实了我们的假设，图4－12显示，受形式工作时间和实质工作时间影响的五个结果变量的残差项彼此之间确实存在着一定的相关关系，证明这里使用多变量回归分析的做法是正确的。首先，无论是形式工作时间状况还是实质工作时间状况，它们都对工作倦怠感具有显著的消减作用，回归方差分析的 F 统计值为 541.45，两个自变量可以解释因变量变差的 10.33%；两个自变量的标准化回归系数分别为 -0.07 和 -0.31，在 $p = 0.001$ 的显著性水平下都通过了检验。可见，形式工作时间、实质工作时间作为体现工作时间质量的两个重要方面，确实与人们的工作倦怠感显著相关，工作时间质量两个子量表的效度得到了经验数据的支持。

意料之中的是，实质工作时间负向影响工作 - 家庭冲突这一主观心理后果，实质工作时间越好，个人的工作 - 家庭冲突就越小，回归系数极具统计学意义上的显著性（$p < 0.001$）。而形式工作时间则正向影响人们的工作 - 家庭冲突，即形式工作时间越好，人们遭遇的工作 - 家庭冲突也越强，回归系数同样也通过了显著性检验（$p < 0.05$），这一点超出了我们的预测。统计结果显示，形式工作时间和实质工作时间两个预测变量共解释了因变量 4.8% 的变差。可见，反映工作时间质量的形式工作时间和实质工作时间两个子量表可以对员工的工作 - 家庭冲突作出有效解释。

结果显示，形式工作时间、实质工作时间作为预测变量，都与组织认同感变量呈现一种同向共变的特征。工作投入对形式工作时间的回归系数（$b = 0.11$）通过了显著性检验（$p < 0.001$）；实质工时的回归系数（$b = 0.12$）同样通过了显著性检验（$p < 0.001$）。对于组织承诺，两个自变量的标准化回归系数分别为 0.25 和 0.19，在 $p = 0.001$ 的显著性水平上都通过了统计检验，说明这样的同向共变关系确实是存在的。最后，对于个体的组织公民行为，两个自变量的标准化回归系数分别为 0.19 和 0.11，在 $p = 0.001$ 的显著性水平上也都通过了统计检验。这些统计结果说明，形式工作时间与实质工作时间确实是工作时间质量的两个不同维度，这里设计的两个测量量表都是有效的。

五 本章小结

本章主要从工作时间的角度来考察组织中的工作环境。工作时间主要是指工作单位依据国家法规而安排和要求员工从事劳动的持续时间。工作时间是度量人们完成工作质量与数量的一个尺度，一定量的凝固的工作时间就是价值，故而它也成为给予员工报偿与激励的一个基础。工作时间是正式角色结构的一个构成要素，工作时间质量不仅体现于劳动耗费的时间数量，也会在工作时间被利用和开发的实质程度上得以反映，于是工作时间质量就是对形式工作时间和实质工作时间两个维度的更高层次的综合概括。体面的、高质量的工作时间不只意味着工时持续短、工时安排合理、工时灵活，同时也意味着工作时间实质上被度过、被利用的良好状况。由于工作时间会与工作者的人格系统发生特定的联系，能够唤起人们心理情绪上的反应，所以从这个角度切入去洞察组织中的工作环境就显得特别有意义。

利用调查数据分析工作时间质量的这两个不同的维度得到如下结论：一是通过探索性因子分析，从 12 个形式工作时间指标中找到了 4 个主要成分，它们是恢复性（recovery period）时间因子、自主性（discretion）时间因子、持续性（duration）时间因子和灵活性（flexibility）时间因子，累积方差贡献率约 60%，且该量表的测量信度基本可以被接受。经过加权计算，形式工作时间子量表的均值为 45.04 分。二是从 8 个实质工作时间指标中共产生 3 个主要因子，它们可分别称为工作勤奋因子、工作专注因子和工作满意因子，累积方差贡献率超过 60%，且该量表也具有较高的测量信度。经过加权计算，实质工作时间子量表的均值为 76.54 分。

形式工作时间和实质工作时间两个子量表在不同群体上的分布均表现出了一定的差异，概括来说主要有以下几点。①女性的工作时长少于男性，实质工作时间状况优于男性。②相比其他年龄段，日均工作时间最多的是中年职工；实质工作时间状况随着年龄段的提高会变得更好。③工作时长随着文化程度的提高呈显著减少的趋势，受教育程度越高，形式工作时间越佳；实质工作时间在教育地位上的分布呈 V 型，高中或中专学历的最差，研究生学历及小学及以下学历的最好。④完全受雇者（8.23 小时）工作时长显著地比完全自雇者（9.11 小时）短，自雇且雇人者的形式工作时间最佳，而完全自雇者最差。⑤在日均工作时长上非专业技术人员显著地多于专业技术人员，形式工作时间从非专业技术人员到高级专业技术人员逐级变得更好，实质工作时间随着专业技术地位的提高而逐级变得更好。⑥一线员工的形式工作时间最差，高层管理者的最佳，形式工作时间随着权力地位的提高而逐级变得更好；在实质工作时间方面，一线员工表现最佳，而中层管理者表现较差。⑦东北地区的形式工作时间表现最差，西部地区则表现最佳；但在实质工作时间状况上，西部地区表现是最差的，东北地区表现最好。⑧行政事业单位、国有企业的形式工作时间表现最佳，而个体户单位、私营企业及集体企业表现较差；在实质工作时间上，行政事业单位和国有企业同样表现最佳，而集体企业、私营企业则表现较差。⑨形式工作时间最好的前八大行业依次为科研/综合技术服务、政党机关和社团、咨询业、教育、居民自治组织、文化艺术和体育事业、金融保险业和公用事业，而相对较差的五大行业分别为餐饮业、手工业、服务业、采掘业和商业；实质工作时间较好的是教育、居民自治组织、公用事业、手工业、党政机关和社团，房地产经营业和建筑业则相对较差。

低质量的工作时间往往会给劳动者造成工作倦怠感和工作 - 家庭冲突，而高质量的工作时间则必然会增强人们的工作投入、组织承诺及组织公民行为，所以把这五个结果变量作为效标变量，把工作时间质量的两个子量表作为自变量，通过分析自变量与结果变量之间的关系，从而对两个子量表的测量效度做出了评估。似不相关回归（SUR）分析结果告诉我们，这里编制的形式工作时间状况和实质工作时间状况两个子量表确实是与我们意料中的心理情感反应显著相关的，可以对人们源于工作时间状况而形成的相关心理效应给出有效的解释，从而证明我们编制的反映工作时间质量的两个子量表具备一定的测量效度，可以为我们在更高层次上把握工作时间质量做出积极贡献。

第五章　工作场所

一　工作场所的相关概念

经过了40多年的改革开放和经济的快速增长，中国城镇职工工作过程中一些传统的不利于劳动者身心健康和安全的因素消失了，工作场所中的物理环境和物质条件发生了巨大的变化。而随着中国工业化的进程的加快以及现代科技的发展，影响劳动者身心状态的一些新的消极因素正在甚至已经出现，科学技术要素已然成为社会组织及工作角色不可或缺的构成内容，劳动者处于一种前所未有的工作环境中。企业等各类组织的工作场所的科技运用会对员工的角色行为产生特定性质的影响，从而构成了整体工作环境状况的另一个重要方面。物理环境在决定劳动者角色的内部结构和紧张上有着极为重要的意义，在传统的相对较为落后的生产力条件下，民众的工作角色由当时的劳动过程的方式所塑造，提供的产品类型、使用的原材料、特定形式的劳动分工和使用的劳动工具等构成了那时人们工作角色的特有环境内容；再加上当时人们加快建设共产主义的心理情绪，使得工作环境呈现一片景气的状况。

推动中国工业化进程的首先是一系列支配性科技日益进入劳动者的工作场所中，其标志就是企业或工厂中高水平的机械化、标准化、专门化和劳动分工的广泛实行，发展的重点就是装配线，就像长城汽车装配车间里的生产流水线。在工业化条件下，劳动者职业角色的最重要的物理环境要素之一就是机器，有大有小、有静有动、有简有繁、有这种动力或那种动力的机器在中国企业里随处可见，它们已经成为中国工业化生产的基础，也是造就“生产大国”的支撑要素。更重要的是，由它们生产的各种产品也几乎同时进入了各类社会组织的工作环境中，已成为非生产性员工职业角色的部分内容，包括白领或金领阶层。机械化确实减少了职业角色中繁重劳动的内容，但同时也给其带来了各种不利的后果，比如，使角色行为变得“例行化”，造成了特定的工作物理条件，如伴随机器生产几乎必然而来的噪声，让工人之间的沟通交流变得不再可能；移动式机器导致的劳动角色的超量的身体移动，或不动式机器导致的身体长时间的静止或简单重复，都容易给劳动者带来劳动伤害和职业病；机器冲击、高频率震动、身体某部位暴露等会威胁到劳动的舒适和安全；高温、难闻的气体、危险的喷射、活性化学物品、过度潮湿等也可能成为劳动过程的一部分，尽管有安全面具、污染净化等安全措施，但人们的工作角色还是受到很大的限定和影响。

工业化技术造成的以上工作场所环境往往直接与从业者的情绪状态相关，它们会给职业角色造成与生产效率和工作积极性直接相关的各种身心上的张力，比如疲劳、厌烦、不安全感以及技艺丧失感等。不良的心理情绪意味着工作者的人格系统与其所扮演的职业角色之间的分裂，意味着个体人格和工作物理环境之间令人满意的关系的“缺失”。工作越是单调重复、令人厌倦不安，人们对工作的疏离感、对组织的不满意感就越强，严重一点就有可能产生对该劳动角色的绝望、怨恨。正是因为在劳动过程中，人们往往会面对或遭遇到许多不卫生、不安全、不舒适的环境条件，且这样的工作场所环境极有可能使劳动者产生职业病、工伤事故及心理压力等，所以任何社会都会非常关注工作场所环境问题，国家和各类组织都会努力给劳动者提供和创造更令人满意的日常工作的各种场地、设施及环境，制定并采取了保护劳动者身体健康、工作支持和心理安全各方面权益的各项保障措施。

我国通过立法和强制的方式，要求各类单位组织健全和改善工作条件，保护人们在工作过程中的安全、健康与尊严，以预防工伤事故和职业病的发生。根据我国《职业病防治法》，所谓职业病，是指企业、事业单位和个体经济组织（以下统称用人单位）的劳动者在职业活动中，因接触粉尘、放射性物质和其他有毒、有害物质等因素而引起的疾病。职业病的危害因素就是职业活动中存在的各种有害的化学、物理、生物因素以及在作业过程中产生的其他职业有害因素。我国《劳动法》第五十二条规定，用人单位必须建立、健全劳动卫生制度，严格执行国家劳动安全卫生规程和标准，对劳动者进行劳动安全卫生教育，防止劳动过程中的事故，减少职业危害；第五十三条规定，用人单位的劳动安全设施必须符合国家规定的标准，如果用人单位的劳动安全设施和劳动卫生条件不符合国家规定或者未向劳动者提供必要的劳动防护用品和劳动保护设施，依照该法用人单位应承担相应的法律责任。所以，工作场所环境首先表现为劳动者在工作过程中所直接接触和面临的物理因素状况。高质量的工作场所环境意味着工作场所内几乎不存在任何有毒、有害物质因素危害人身体的健康和安全，劳动者的身体健康与安全得到了切实的保护；反之，如果在工作场所中劳动者会直接接触有毒、有害的粉尘、废气、噪声，或者直接操作危害健康的劳动工具、劳动资料等，这样的工作场所环境质量自然就是低劣的。

工作场所环境除了包括工作过程中的客观物理环境之外，也应包括涉及劳动者权益的工作过程前后环节的维护条件——福利性设施，它们构成了保护员工工作角色的另一个方面的物质条件，对工作者的素质技能、职业生涯稳定、良好的组织忠诚等具有重要影响。工业化技术的采用容易降低劳动者的工作自豪感，抑制他们进行创新的冲动，很多过分例行性的、专门化的、非技能的、似乎无意义的工作本身不再能给员工提供展示“技艺本能”的机会，所以社会也做了很多努力去寻找“替代技艺”的东西，如休闲培训、职业教育、健身服务、知识学习等，从而在员工身上再造工作自豪感，再造与工作的有机团结感。“一些公司甚至将自身建设为度假胜地，设有现场SPA、健身房、托儿所、商店、银行、诊所以及高档餐馆。例如谷歌就免费为他们的员工提供顶级美食。位于佛罗里达州的尼尔森公司（Nielsen Company）有着著名的五星级自助餐厅，透过餐厅宏大的透明玻璃幕墙可以看到外面的野生自然保护区，在那里生活的野生鳄鱼往往能使来自北方的访客惊喜不已。”[①] 这样的配套服务设施势必会大大增强员工的组织认同度和忠诚度。

我国《劳动法》第七十六条规定，国家发展社会福利事业，兴建公共福利设施，为劳动者休息、休养和疗养提供条件。用人单位应当创造条件，改善集体福利状况，提高劳动者的福利待遇。根据我国相关的法规政策，尚未实行分离办社会职能的企业，其内设福利部门所产生的设备、设施和人员费用，包括职工食堂、职工浴室、理发室、医务所、托儿所、疗养院等集体福利部门的设备、设施及维修保养费用和福利部门工作人员的工资薪金、社会保险费、住房公积金、劳务费等，也都属于企业职工福利费的核算范围。所以，如果一个单位内建设有促进职工素质提升的学习设施，促进职工身心健康、心情愉悦的服务设施，保证职工休养生息、工作稳定的保障设施，那么，这一层次的组织设施能够实现帕森斯的系统“模式维持”功能，尽管其不归属于人们直接的工作过程，却与劳动过程中的物理环境一起对劳动者的社会化、全面发展极具意义。

工作物理环境和福利设施构成了组织中的客观工作场所状况，而与此息息相关又相对独立的另外一个方面则是人们的心理状态、心理体验，即与客观工作场所因素相关并受其影响的工作场所主观心理状态。环境心理学研究已经证明，工作场所的物理特性必须结

---

① 杜安·P. 舒尔茨、悉尼·埃伦·舒尔茨：《工业与组织心理学——心理学与现代社会的工作》（第10版），孟慧、林晓鹏等译，上海人民出版社，2014，第257页。

合人们复杂的心理状态加以考虑，无论我们做什么工作，我们所处的工作场所物质条件往往会影响我们对它们的评价。如果员工工作过程中的物理环境不卫生、不安全，充满危险因素，组织中的各种福利设施严重缺乏或不完备，那么这样低劣的工作场所物质条件会导致员工产生消极的心理情绪，削弱其对工作环境的满意度。换句话说，员工对工作场所环境的欣赏、称赞，或抱怨、不满，都是其因所处工作物理环境、福利设施状况等客观特征而产生的更重要的工作场所心理状态。更重要的是，工作场所心理状态作为一种特定的群体心理认知、感受或评价，对人们的组织认同感或承诺会进一步产生影响。

通过以上分析可知，工作场所作为我们认识组织工作环境的一个角度，其概念的外延是指与工作角色紧密相关的一切客观物质条件和主观心理条件的总和，其中客观物质条件又可划分为工作物理环境和福利设施两方面。于是，工作场所状况就包括这两大维度共三个方面的内容。这样一来，工作场所状况可以分为客观物质状况子量表和主观心理状况子量表，而客观物质状况子量表又由工作物理环境和福利设施两个方面构成。在本章中，我们首先试图用调查数据描述和分析工作物理环境、工作服务设施和工作场所心理评价三个量表的测量效度和调查结果，然后进一步分析它们之间以及与它们组织认同、工作投入之间的关系状况，以彰显工作场所状况在组织工作环境中的重要社会意义。

二　工作场所状况量表及调查结果

（一）工作物理环境量表及调查结果

工作物理环境是指员工工作过程中直接接触到的客观空间物质条件。在工作过程中劳动者可能接触到的职业病危害因素种类繁多，它们大致可分为三类。一是生产工艺过程产生的有害物质，包括粉尘、放射性物质、电磁辐射如 x 射线、γ 射线、紫外线、红外线、激光、射频和微波辐射等物理、化学和生物类因素。二是劳动过程中的有害因素，如噪声、振动等伤害身体健康的工作条件。三是劳动环境中的有害因素（ambient risks），如露天、气温、气湿、气压等。本次调查通过员工自我报告的方式测量了其工作物理环境的状况，共包括 10 个指标：c10 户内还是户外工作，“户外”或“户外为主”编码为 1，“户内”或“户内为主”编码为 0；c11 工作地点，“露天环境或野外”编码为 1，其他所有地方编码为 0；c12 工作地点是固定的还是流动的，“流动的”编码为 1，否则编码为 0；c14a 粉尘、c14b 放射性物质类、c14c 有毒化学品、c14d 物理类危害和 c14e 有害生物，各个变量答案“有”编码为 1，表示有有害的物理要素，“否”为 0，表示工作过程安全无害。另外两个指标是：d6 是否发生过工伤事故，“是”为 1，“否”为 0；d7 所在单位有没有安全教育或安全警示，“有”编码为 1，“没有”编码为 0，统计时逆向赋值。它们共同构成了工作物理环境量表，量表的初步统计结果见表 5－1。

表 5－1　工作物理环境量表情况统计（N＝6576）

项目	c10	c11	c12	c14a	c14b	c14c	c14d	c14e	d6	d7
均值	0.14	0.11	0.16	0.15	0.03	0.02	0.08	0.02	0.07	0.30
标准差	0.35	0.32	0.36	0.36	0.16	0.14	0.27	0.13	0.26	0.46

以上 10 个项目构成了工作物理环境的构成性指标（formative indicators），我们首先通过检验指标的多重共线性来评估指标的效度。因为如果这些指标之间有多重共线性问题，那就意味着有些指标是不必要的。任选其中的一个指标（如 c10）作为因变量，对另外 9 个指标进行回归分析，结果显示它们中最大的方差膨胀因子（VIF）是 1.58，远低于临界值标准 3.3，因此它们都初步保留在工作物理环境量表之中。

我们使用一个能够反映整体物理环境状况的指标作为外在标

准，来评价各个构成性指标的效度。选用的效标变量为 c17l 您的这份工作是否环境好，“是”编码为 1，“否”编码为 0，为与构成性指标的方向保持一致，统计时做反向赋值处理。我们认为该变量最能概括形成性变量试图观测的工作物理环境的实质，所以只有那些与效标变量具有显著性关系的指标才能得以保留。统计结果显示，除了指标 c14b 以外，其他的 9 个指标都与效标变量显著相关（$p<0.01$），所以我们把 c14b 指标从量表里剔除，用保留下来的 9 个指标继续进行量表的效度检验。

评价这 9 个指标的测量效度，一种更好的方式就是引入一些反映性指标，采用多指标多因素模型（MIMIC）进行估计。这里可把每个指标视为一个单指标的因子，如果模型拟合度可以接受，我们就进一步查看每个构成性指标，看它对反映性因子的回归系数是否显著，从而决定其测量效度。MIMIC 的路径设置如图 5-1 所示，在该模型中，9 个构成性指标是工作物理环境建构的直接原因，而引入另外 4 个工作物理环境的评价性题项作为反映性指标，它们分别是：e10b 对自己工作设施的满意度，e10e 对自己工作安全的满意度，c16 工作环境对自己健康影响的评价，c17l 工作环境好。

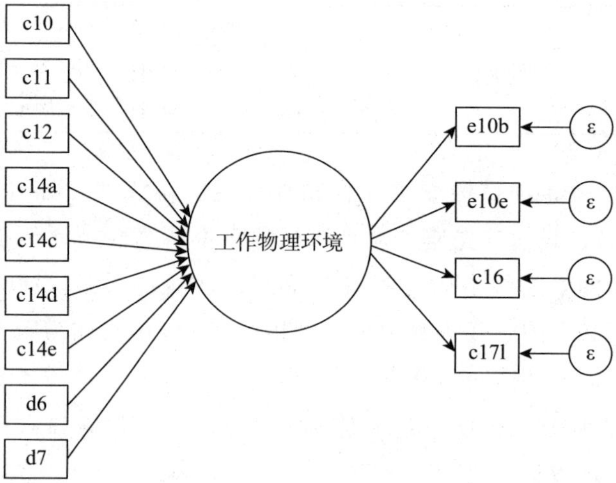

图 5-1　工作物理环境的多指标多因素模型（MIMIC）

结构方程模型的估计结果表明，多指标多因素模型基本上不可以被接受：卡方值（$df=29$）$=936.83$，$p=0.000$，$RMSEA=0.073$，$SRMR=0.051$，$CFI=0.78$。我们发现构成性指标 $c11$、$c14c$ 和 $c14e$ 的回归系数不具有统计显著性，表明总体上这三个指标对工作物理环境这一潜变量没有影响，而回归系数可以被视为一种效度系数，如果它们在总体中并不存在，那么这三个指标就不能被视为对工作物理环境状况的一种有效测量，故而应从量表中删除。删除后重新用 MIMIC 模型对数据进行拟合，拟合优度指标如下：卡方值（$df=20$）$=853.99$，$p=0.000$，$RMSEA=0.083$，$SRMR=0.058$，$CFI=0.80$。6 个指标模型与 9 个指标模型相比，拟合结果发生了显著变化（$\Delta X^2=82.84$，$df=9$，$p=0.000$），模型基本上可以被接受。此时所有 6 个指标的回归系数都是显著的，在这 6 个指标指称的内容上，依然可以涵盖工作物理环境的范围或方面。

计算工作物理环境量表的分值，我们使用 6 个指标的标准化回归系数作为权重，以彰显各个指标在综合性因子中的分量的不同。分析结果显示，c10、c12、c14a、c14d、d6 和 d7r 这 6 个构成性指标的权重系数分别为 -0.099、-0.041、-0.108、-0.061、-0.053 和 -0.064，根据表 5-1 中 6 个指标的取值刻度，用各构成性指标对公因子影响力的权重进行加总，由此我们得到了构成性因子——工作物理环境的指数。通过百分制的正常化转换，工作物理环境量表的分布形态如图 5-2 所示，该公因子的均值为 84.71，标准差 18.41，分布呈明显的负偏态，分值越高表示客观的工作物理环境越好。由此可见，调查数据多集中在偏高一端，但在低分端则有少数极端值，分布存在明显的“天花板效应”。

（二）工作服务设施量表及调查结果

工作服务设施是指涉及员工工作过程前后的、保障职工劳动力再生产的各种物质条件，当然也有很多组织提供各种生活福利

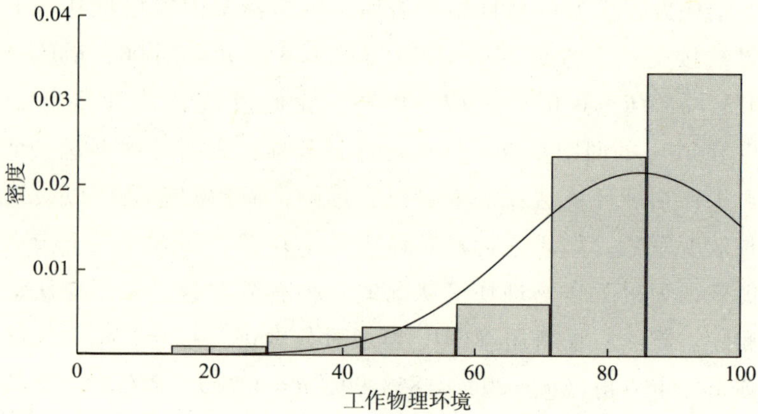

图 5－2　工作物理环境量表的分布

设施以吸引和留住各种人才。在现实中，不同的组织提供的工作服务设施状况也是不一样的，这里设计的工作服务设施量表共由9个项目组成，包括d29a1幼儿园、d29b1医务室、d29c1集体宿舍、d29d1公共浴室、d29e1食堂、d29f1活动中心、d29g1哺乳室、d29h1图书或资料室和d29i1体育健身设施。该工作服务设施“有”编码为1，“无”编码为0，从而形成9个0～1的二分变量，它们共同构成了工作服务设施量表，量表的初步统计结果见表5－2。

表 5－2　工作服务设施量表统计结果

单位：%，人

项目	d29a1 幼儿园	d29b1 医务室	d29c1 集体宿舍	d29d1 公共浴室	d29e1 食堂	d29f1 活动中心	d29g1 哺乳室	d29h1 图书或资料室	d29i1 体育健身设施
比例	5.98	21.13	27.51	18.90	40.23	27.75	5.11	24.35	18.95
人数	378	1344	1757	1205	2578	1770	322	1550	1205

鉴于以上9个项目都是工作服务设施的构成性指标，我们采用同样的方法对量表的测量效度进行检验。任选其中的一个指标（如d29e1）作为因变量，对另外8个指标进行回归分析，以检测

指标之间的多重共线性问题，结果显示它们中最大的方差膨胀因子是2.08，低于临界值标准3.3。接着我们依然使用一个能够反映工作服务设施状况的整体性变量（e1b单位福利待遇满意度）来检验各个指标的外在效度。我们认为只有那些与效标变量具有显著性关系的指标才能得以保留。统计结果显示，所有的9个指标都与这里的效标变量显著相关（$p<0.01$），于是它们都初步保留在工作服务设施量表之中。

我们同样采用既有反映性指标又有构成性指标的多指标多因素模型（MIMIC）进行估计，把构成性指标看作工作服务设施建构的直接原因，而引入的另外4个评价性题项则作为该建构的反映性指标，它们是e1b单位福利待遇满意度、c16r工作环境对健康的影响、c17l工作环境好以及c27工作满意度。在模型拟合度可以被接受的情况下，我们进一步查看每个构成性指标，看它对这个建构的回归系数的显著性如何，从而决定其测量效度。多指标多因素模型的拟合优度显示，此模型基本可以被接受：卡方值（$df=29$）$=216.75$，$p=0.000$，$RMSEA=0.033$，$SRMR=0.026$，$CFI=0.91$。从构成性指标的回归系数来看，d29a1、d29d1、d29g1、d29c1和d29i1这5个指标对工作服务设施的影响不具有统计显著性，考虑到所有变量取值的局限，这里只把最不具有显著性的指标d29d1（$p=0.94$）和d29a1（$p=0.63$）从量表中剔除，以尽力保证构成性指标的完整性而避免遗漏了工作服务设施的某些侧面。然后再次对数据进行拟合，结果显示，模型拟合优度总体上没有发生显著变化，最终量表勉强可以被接受，期望在以后的研究中我们能够对其进一步完善。还要说明一点，构成性指标d29e1和d29c1的路径系数为负，表明食堂和集体宿舍的设置对工作服务设施的整体状况产生了负面影响。

最后，我们使用7个构成性指标的标准化回归系数作为权重，来计算工作服务设施量表的分值。分析结果显示，d29b1、d29c1、d29e1、d29f1、d29g1、d29h1和d29i1这7个构成性指标的相对权重分别为 0.034、-0.034、-0.042、0.112、0.015、0.103 和 0.031。根据表 5-2 中 8 个指标的取值刻度，我们用各构成性指标对公因子影响力的权重进行加总，由此我们得到了构成性因子——工作服务设施的分数，通过百分制转换，该因子的均值为 31.97，标准差 24.01，分布形态如图 5-3 所示，分值越高表示工作服务设施越好。

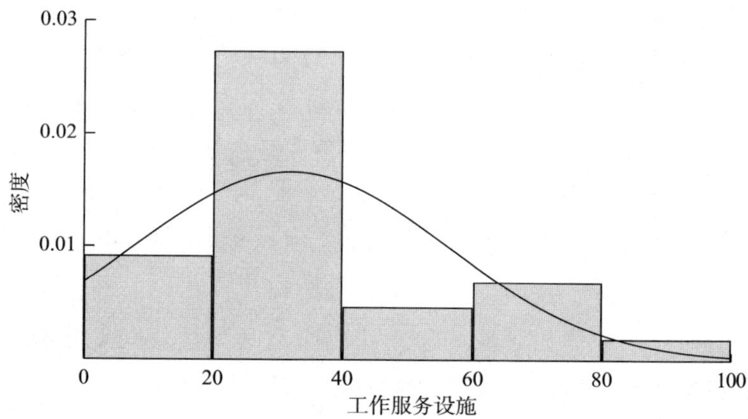

图 5-3 工作服务设施量表的分布

（三）工作场所心理评价量表

工作物理环境和工作服务设施是工作场所中的客观环境，而工作场所心理评价则是人们对其所处的客观物质环境产生的一种特定心理感受、体验或态度，工作场所中的客观环境的优劣、好坏，都会给单位组织中的员工造成一种正面或负面、满意或不满意的社会情绪，从而这些主观心理评价就构成了工作场所状况的另一个重要维度。为了把握当前城市职工对工作场所的主观评价和态度，我们使用由 6 个反映性指标构成的量表对工作场所心理评价加以测量，具体测量指标与样本测量结果见表 5-3。

表 5-3 工作场所心理评价量表及样本测量结果

变量	编码	均值	标准差
e10b 工作设施满意度	李克特 5 点尺度赋分，从“很不满意”到“很满意”依次计 1~5 分	3.740	0.815
e10e 工作安全满意度	李克特 5 点尺度赋分，从“很不满意”到“很满意”依次计 1~5 分	3.846	0.831
c16r 工作环境对健康影响评价	有利于身心健康 =1，没有影响 =2，不利于身心健康 =3。逆向重新赋值	1.959	0.374
e1b 单位福利待遇满意度	李克特 5 点尺度赋分，从“很不满意”到“很满意”依次计 1~5 分	3.359	0.832
c171 工作特征评价	“环境好” =1，否 =0	0.273	0.445
c27 对这份工作的满意度	李克特 5 点尺度赋分，从“很不满意”到“很满意”依次计 1~5 分	3.731	0.787

先用探索性因子分析方法对该量表进行分析，KMO 检验和 Bartlett 球形检验结果表明，KMO 值为 0.75，说明样本的适切性一般；Bartlett 球形检验的显著性为 0.000，小于 0.001，拒绝了相关矩阵是单位阵的假设。量表的信度检验结果显示（见表 5-4），工作场所心理评价量表总的克伦巴赫（Cronbach）α 信度系数为 0.71，我们认为这 6 个题项的内部一致性是可以被接受的。组内相关系数的统计表明，在 95% 置信度下总体中量表的实际信度系数在 0.696~0.718 这一区间，其 F 统计值极具统计显著性。

表 5-4 工作场所心理评价量表的信度检验

量表项目	均值	方差	相关系数	Alpha 值
e10b	13.17	4.507	0.617	0.603
e10e	13.07	4.529	0.584	0.615
c16r	14.94	6.773	0.196	0.723
e1b	13.55	4.727	0.517	0.641
c171	16.63	6.692	0.169	0.729
c27	13.19	4.917	0.507	0.645

续表

量表项目	均值	方差	相关系数	Alpha 值
组内相关系数（ICC）				
	组内相关		95% 置信区间	
单一度量	0.287***		[0.276, 0.298]	
平均度量	0.707***		[0.696, 0.718]	

证实性因子分析结果表明（见图5-4），工作场所心理评价量表中的6个反映性指标的因子负荷都具有统计显著性，除了c16r和c17l的因子负荷较低外（还是保留在模型中），另外4个指标的因子负荷都在0.5以上。我们采用一般测量模型的估计方法来获得工作场所心理评价的标准化分值，为便于阅读，对此分值进行百分制转换，结果显示，工作场所心理评价的均值为66.33，标准差是15.66，分布略呈负偏态（见图5-5），分值越高，表明人们对工作场所的心理评价越好。

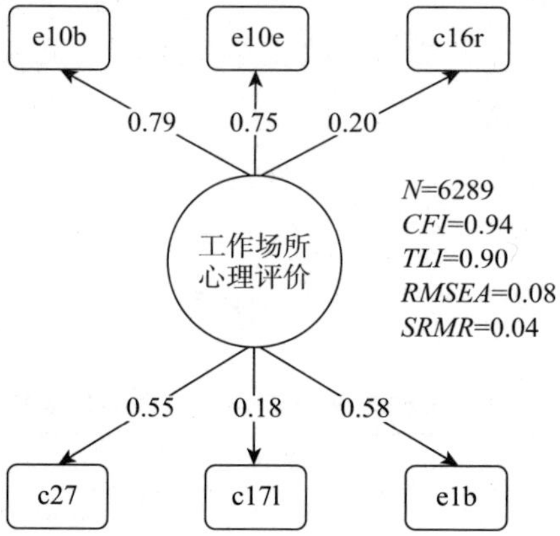

图5-4 工作场所心理评价量表测量模型

三 工作场所状况的组织与群体性差异

（一）工作场所状况与个体特征

统计分析发现，工作物理环境在性别上存在着显著差异：男

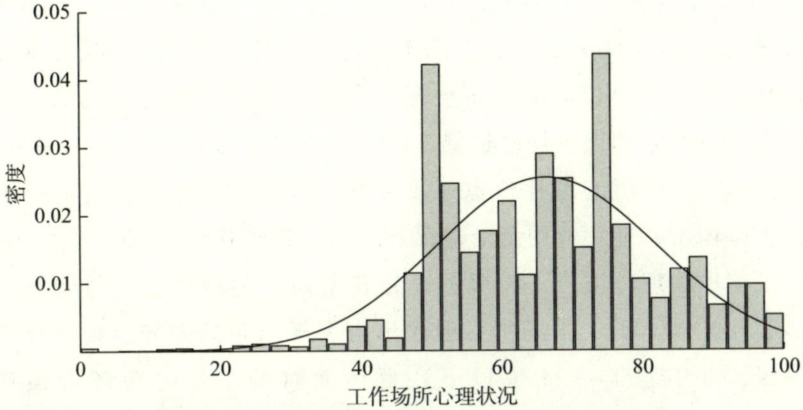

图 5－5　工作场所心理评价因子值的分布

性的平均工作物理环境均值（78.87）大大低于女性（87.82），相差近 9，这说明男性的工作物理环境确实不如女性。2015 年欧盟的调查结果显示，与女性（86）相比，男性报告的平均工作物理环境均值（81）更低，这就说明欧盟国家与中国的情况没有差别，都面对着相同的工作物理环境下的所谓性别差距（gender gap）。与此相一致，劳动者性别不同，其工作场所心理评价也不同，男性工作场所心理评价均值（65.13）也显著低于女性（66.95），只是差距没有工作物理环境得分那么大。仔细想来，主观评价差距的缩小可能与男女面对相同的工作服务设施有关，因为统计分析表明，在工作服务设施方面，男性和女性的得分差异不具有统计学意义上的显著性。

工作物理环境、工作服务设施和工作场所心理评价在不同受教育程度劳动者中的分布都存在显著差异。劳动者的受教育程度不同，其工作物理环境也不一样，工作物理环境的分布基本呈现随着受教育程度的提高而上升的变化趋势，小学及以下受教育程度的员工的工作物理环境最差（69.49），大学本科的最好（88.26）。同时，工作服务设施随着人们受教育程度的提高而表现出逐渐变好的明显趋势，小学及以下受教育程度的员工的工作服务设施最差，仅为21.36，而研究生的均值则高达58.14，高出前者约37，差距十分显著（$p=0.000$）。于是，因工作场所状况而形成的主观心理评价自然会表现出相同的分布特征，小学及以下受教育程度的员工的工作场所心理评价均值最低（60.26），随着受教育程度的提高，员工的工作场所心理评价也逐步变好，研究生受教育程度的员工的工作场所心理评价均值最高（75.07），极差达到约15。

工作物理环境、工作服务设施在不同年龄段职工群体中具有显著性差异，而工作场所心理评价未表现出年龄差异。统计分析发现，青年职工（25岁以下）群体面对的工作物理环境最佳（87.94）。随着年龄的提高，劳动者的工作物理环境逐渐变差，到了56岁及以上，工作物理环境最差（69.78），二者相差18.16。劳动者的年龄与工作物理环境呈现明显的反向共变趋势。同时，工作服务设施的差距主要是在25岁以下青年人（33.23）与中年人（36～45岁）（30.45）之间，前者高出后者约3，F统计值在0.05的水平下通过了显著性检验。研究结果还显示，工作场所心理评价在不同年龄群体中的分布没有表现出显著的差异。

工作场所状况与人们自身的工作状况是有关系的。统计分析显示，在工作物理环境上，自雇劳动者面对或接触各种危害健康和安全的因素的总体情况最严重，均值为80.81；而自雇且雇人者（86.17）与完全受雇者（85.28）的情况相对更好。在工作服务设施方面，自雇劳动者（23.17）和自雇且雇人者（23.66）两个群体的情况都比较差，而完全受雇者（34.54）的情况则是最好的。在工作场所心理评价上，情况发生了有意思的变化：自雇且雇人者对工作场所的心理评价最高，最满意（74.57），而完全受雇者的工作场所心理评价却是最差的（64.6），这意味着工作角色状况不同，人们评价工作场所时所参照的标准可能也不一样，客观存在与主观感受之间确实存在较大距离。

劳动者的技术职称与工作场所状况的三个方面——工作物理环境、工作服务设施和工作场所心理评价都具有统计相关性。具体来说，统计分析表明，工作物理环境与专业地位的分布呈现倒V型，即初级专业技术人员的工作物理环境最佳（86.8），然后得分向高、低两端对称性递减，非专业技术人员与高级专业技术人员的工作物理环境均较差（83.48和83.57）。从工作服务设施上看，统计显示，从非专业技术人员到高级专业技术人员，工作服务设施平均得分呈现逐级递升的趋势，即非专业技术人员的工作服务设施是最差的（25.51），而高级专业技术人员的工作服务设施则是最好的（44.73），极差超过19。与工作服务设施的分布规律一样，统计表明，工作场所心理评价也呈现随着技术职称的提高而变好的变化趋势，均值最低的是非专业技术人员（63.89），均值最高的则是高级专业技术人员（74.62），极差约11。

最后，工作场所状况的三个方面在有无权力地位群体中的差异也都是真实存在的。从统计结果可以看到，工作物理环境的均值在一线劳动者中最低（83.49），而在三、四和五层及以上权力地位群体上的分布基本相当，均值更高（87.5），说明一线员工比管理者更经常地暴露在危害身体健康和安全的环境中。工作服务设施的得分随着员工权力等级的提高而表现出明显的逐级提升趋势，一线员工享受到的工作服务设施最差（29.50），说明在工作或生活中他们使用的医疗、健身、学习等工作服务设施的状况总体上是很不完备和不健全的；随着权力地位的提高，员工使用的各种工作服务设施变得更好，到了五层及以上，管理者的工作服务设施是最好的（46.55）。该群体一般都是组织内的领导或负责人，他们当然可以凭借自己的权力位置而占有和享受到更多的、普通职工难以企及的资源，也包括福利资源。有怎样的客观环境，就会产生怎样的主观反应，统计表明，一线员工的工作场所心理评价自然也是最差的（64.12），五层及以上的人的工作场所心理评价最好（77.07）。

表 5-5 工作场所状况与个体特征

个体特征	类别	工作物理环境			工作服务设施			工作场所心理评价		
		N	均值	标准差	N	均值	标准差	N	均值	标准差
性别	1. 男性	2155	78.87	21.64	2114	31.31	24.04	2130	65.13	16.15
	2. 女性	4051	87.82	15.57	4102	32.31	23.99	4158	66.95	15.37
	显著性	$F=351.48$，$p=0.0000$			$F=2.43$，$p=0.119$			$F=19.07$，$p=0.0000$		
年龄	1. 16～25 岁	817	87.94	15.26	832	33.23	24.71	883	66.22	15.14
	2. 26～35 岁	2811	85.98	17.26	2831	32.32	23.93	2849	66.46	15.39
	3. 36～45 岁	1623	83.86	18.78	1617	30.45	23.11	1620	66.52	15.77
	4. 46～55 岁	822	81.22	21.08	801	32.59	25.04	808	65.33	15.93
	5. 56 岁及以上	129	69.78	25.92	132	31.02	25.27	125	68.27	21.07
	显著性	$F=40.03$，$p=0.0000$			$F=2.52$，$p=0.039$			$F=1.42$，$p=0.225$		
受教育程度	1. 小学及以下	194	69.49	25.93	183	21.36	13.55	182	60.26	19.34
	2. 初中	891	78.38	22.23	876	22.75	16.97	876	61.51	17.13
	3. 高中/中专	1864	84.36	17.93	1837	26.91	20.70	1856	65.59	15.56
	4. 大专	1695	87.13	16.60	1733	32.74	23.81	1751	66.57	14.69
	5. 大学（本科）	1388	88.26	15.14	1408	41.46	27.01	1443	69.59	14.31
	6. 研究生	168	86.03	15.67	175	58.14	24.98	176	75.07	14.72
	显著性	$F=67.45$，$p=0.0000$			$F=151.75$，$p=0.0000$			$F=48.19$，$p=0.0000$		

续表

个体特征	类别	工作物理环境			工作服务设施			工作场所心理评价		
		N	均值	标准差	N	均值	标准差	N	均值	标准差
工作状况	1. 自雇劳动者	891	80.81	18.14	820	23.17	12.24	813	70.67	17.10
	2. 自雇且雇人者	619	86.17	16.40	616	23.66	17.64	601	74.57	14.91
	3. 完全受雇者	4691	85.28	18.60	4773	34.54	25.58	4870	64.60	15.02
	显著性	$F=24.39$，$p=0.0000$			$F=124.25$，$p=0.0000$			$F=151.11$，$p=0.0000$		
技术职称	1. 非专业技术员	1019	83.48	18.03	1019	25.51	18.70	1034	63.89	15.49
	2. 未定级	2294	84.94	18.13	2289	28.82	21.44	2353	65.42	15.39
	3. 初级	825	86.80	17.07	839	39.02	26.85	855	66.02	15.13
	4. 中级	844	84.98	17.96	867	44.47	28.70	875	70.13	15.10
	5. 高级	171	83.57	19.36	166	44.73	27.96	179	74.62	17.84
	显著性	$F=4.14$，$p=0.002$			$F=119.8$，$p=0.0000$			$F=34.9$，$p=0.0000$		
权力地位	1. 一线人员	3803	83.49	19.16	3726	29.50	22.42	3807	64.12	15.86
	2. 二层	1590	86.23	17.13	1642	33.58	24.56	1631	68.97	14.79
	3. 三层	532	87.67	15.77	556	38.49	27.13	554	70.89	13.40
	4. 四层	173	87.49	16.68	179	39.57	28.36	182	68.37	15.94
	5. 五层及以上	89	87.65	19.45	96	46.55	28.71	95	77.07	14.94
	显著性	$F=11.95$，$p=0.0000$			$F=36.06$，$p=0.0000$			$F=56.37$，$p=0.0000$		

（二）工作场所状况与经济区域

研究发现，工作场所状况在我国四大经济区域上表现出显著的差异。由表5-6可知，在工作物理环境方面，东北地区表现最差，均值为82.57；经济发达的东部地区的人们的工作物理环境最佳，均值高达86.21。从工作服务设施上看，工作物理环境最差的东北地区的工作服务设施也是最差的（均值为27.78），而西部地区则表现最佳（均值为34.21），其组织拥有较为完善的支持员工工作的各类工作服务设施。最后，工作场所心理评价的区域方差分析结果表明，东北地区的工作场所心理评价最佳（均值为71.97），东部地区则相对较差（均值为65.33）。

表5-6　工作场所状况与经济区域的方差分析结果

经济区域	工作物理环境			工作服务设施			工作场所心理评价		
	N	均值	标准差	N	均值	标准差	N	均值	标准差
1. 东部地区	2547	86.21	17.05	2569	30.97	23.42	2613	65.33	15.57
2. 中部地区	1794	83.88	18.90	1789	32.86	24.48	1769	65.69	15.47
3. 西部地区	1328	83.69	18.73	1369	34.21	25.10	1377	66.89	15.55
4. 东北地区	537	82.57	21.47	490	27.78	21.27	530	71.97	15.83
显著性	$F=10.37$，$p=0.000$			$F=11.33$，$p=0.0000$			$F=28.40$，$p=0.000$		

注：根据我国“十一五”规划中提出的区域四大板块，东部地区：北京市、天津市、河北省、上海市、江苏省、浙江省、福建省、山东省、广东省、海南省；中部地区：山西省、安徽省、江西省、河南省、湖南省、湖北省；西部地区：重庆市、四川省、贵州省、云南省、陕西省、甘肃省、青海省、内蒙古自治区、广西壮族自治区、西藏自治区、宁夏回族自治区、新疆维吾尔自治区；东北地区：辽宁省、吉林省、黑龙江省。

（三）工作场所状况与单位成立时间

研究表明，单位成立时间不同，其工作物理环境也显示出明显的差别（见表5-7）。具体来说，工作物理环境与单位成立时间的早晚相关，单位成立的时间越短，其工作物理环境越好，这可能与国家日益重视安全生产、严格执行环保政策的大环境有关。

工作服务设施与单位成立时间的早晚也是相关的，单位成立的时间越短，其工作服务设施越差，说明随着经济社会改革的逐步深入以及社会服务专业化的发展，大量涌现的现代新型组织都把员工的福利保障功能社会化了，即转交给了专门化的服务机构来承担，企业办社会的现象正在逐渐消失。最后从职工的主观评价上看，改革开放以前成立的单位和最近几年新创立的单位，它们的工作场所心理评价较好，而 1984～2000 年成立的单位的工作场所心理评价最差。

表 5－7 工作场所状况与单位成立时间的方差分析结果

单位成立时间	工作物理环境			工作服务设施			工作场所心理评价		
	N	均值	标准差	N	均值	标准差	N	均值	标准差
1. 1949 年以前	33	81.35	16.89	34	67.42	21.47	39	72.44	12.95
2. 1950～1983 年	503	82.85	19.69	519	49.59	28.58	514	69.02	16.69
3. 1984～2000 年	1706	84.68	18.68	1741	34.48	25.18	1773	65.38	15.51
4. 2001～2012 年	2363	85.80	17.54	2376	28.71	21.95	2387	66.88	15.32
5. 2013～2017 年	953	85.23	16.41	927	25.13	16.75	919	68.22	15.86
显著性	$F=3.49$，$p=0.007$			$F=134.39$，$p=0.000$			$F=9.46$，$p=0.000$		

（四）工作场所状况与单位类型

单位类型不同，其工作场所状况也存在明显的差异，这是本研究的又一个分析结果。统计分析结果如表 5－8 所示，无论是工作物理环境、工作服务设施还是工作场所心理评价，它们与单位类型的 F 统计值都通过了检验。首先，6 类组织中的工作物理环境差距明显，国有企业工作人员面对的工作物理环境较差，均值仅为82.65，而私营企业与集体企业的工作物理环境相对较好，均值分别是86.00和85.09。这可能是我国坚持公有制为主体、多种所有制经济共同发展的基本经济制度的必然结果。其次，6类组织在工作服务设施上存在显著差别，行政事业单位的工作服务设施是最好、最完善的，均值为58.33，而个体户的工作服务设施最差，均值为23.28。最后，6类组织工作场所心理评价也不一样，搁置个体户不论，行政事业单位的工作场所心理评价最佳，均值高达71.60，而集体企业、私营企业的工作场所心理评价则相对较差。

表5-8　工作场所状况与单位类型的方差分析结果

单位类型	工作物理环境			工作服务设施			工作场所心理评价		
	N	均值	标准差	N	均值	标准差	N	均值	标准差
1. 个体户	2246	84.05	17.47	2169	23.28	15.57	2179	67.72	16.53
2. 集体企业	182	85.09	19.02	184	33.89	25.32	186	62.96	15.04
3. 私营企业	2122	86.00	18.26	2165	28.68	22.32	2197	64.22	14.78
4. 现代企业	664	85.01	18.47	676	40.08	25.99	689	66.17	14.18
5. 国有企业	503	82.65	20.70	523	48.65	28.11	530	66.82	17.07
6. 行政事业单位	413	84.65	19.05	419	58.33	25.42	430	71.60	14.27
显著性	$F=4.02$，$p=0.001$			$F=286.69$，$p=0.000$			$F=23.38$，$p=0.000$		

注：个体户=没有雇人的个体户+雇人的个体户；集体企业=大集体企业+小集体企业+农村集体企业；现代企业=股份制或股份合作制企业+合资企业+外资/侨商/台商独资企业+上市公司；行政事业单位=党政群团机构+国有事业单位。

（五）工作场所状况与行业领域

我们认为，不同行业领域的工作场所状况应该是不一样的，对数据的统计分析证实了这一想法，结果见表5-9。具体来说，在26个行业领域里，工作物理环境最好的前5个行业领域依次是对外贸易业（90.72）、卫生和社会福利业（90.49）、居民自治组织（90.42）、科研/综合技术服务（89.38）、餐饮业（89.34）。相对地，工作物理环境最差的几个行业领域分别是采掘业（66.01）、建筑业（67.52）、交通运输业（67.85）和粮食种植业（69.72），这些行业领域的工作环境中具有较多的危害身心健康的风险因素。欧盟国家第六次工作环境调查报告显示，工作物理环境指数最低的是建筑业，与我们调查的结果基本相同。

工作服务设施在所列出的 26 个行业领域中的差异也是显著的。具体看来，最好的是居民自治组织（65.31）和教育（61.65），它们提供的工作服务设施最为完善；其次就是党政机关和社团（52.31），接着依次为公用事业（46.85）、卫生和社会福利业（43.31）、文化艺术和体育（42.01）和金融保险业（41.58），这些行业领域也为其职工提供了较好的工作服务设施。相对应，工作服务设施最差的是我国的餐饮业，均值仅为 20.17，而商业（26.41）、手工业（23.11）和服务业（25.14）也较差，这些行业领域给人们提供的服务保障条件较少。

那么人们对工作服务设施、工作安全等的主观心理评价在不同行业领域中的分布又如何呢？统计分析结果表明，工作场所心理评价同样具有显著的行业领域差异。从表 5－9 的最右一列可以看到，工作场所心理评价最好的行业是科研/综合技术服务，均值高达 72.98，高居第一位；处于第二位的是文化艺术和体育，均值为 72.29；再次则是教育、党政机关和社团，它们的工作场所心理评价均值分别达到 71.92 和 71.38；居民自治组织的工作场所心理评价也不错，均值是 70.20。相对来说，以下几个行业领域的工作场所心理评价较差，其中为各部门提供丰富矿物原料的采掘业最差，均值仅为 56.41；其次是交通运输业和建筑业，均值分别为 62.09 和 62.40。

表 5－9　工作场所状况与不同行业领域的方差分析结果

行业领域	工作物理环境			工作服务设施			工作场所心理评价		
	N	均值	标准差	N	均值	标准差	N	均值	标准差
1. 粮食种植业	30	69.72	24.64	26	28.19	20.37	29	64.59	17.71
2. 其他农林牧渔业	44	80.06	21.37	42	28.15	23.94	43	71.21	18.84
3. 手工业	169	82.45	16.28	161	23.11	19.74	161	63.75	16.69
4. 采掘业	32	66.01	22.42	34	33.88	28.96	34	56.41	16.55
5. 制造业（非农产品）	385	81.06	18.16	395	37.35	28.13	400	63.66	14.63
6. 制造业（农产品）	102	84.26	15.83	102	29.57	25.56	105	63.41	14.39
7. 建筑业	324	67.52	28.56	310	32.31	24.81	309	62.40	16.60
8. 文化艺术和体育	81	89.15	13.99	87	42.01	25.03	87	72.29	14.26
9. 邮电通信业	82	86.80	17.58	84	32.01	23.28	86	64.87	16.18
10. 信息产业	261	87.21	16.39	265	35.72	25.17	272	66.49	14.97
11. 商业	699	87.00	15.99	702	26.41	18.44	702	67.91	15.50
12. 对外贸易业	83	90.72	11.71	83	33.56	21.43	85	65.71	15.47
13. 餐饮业	708	89.34	14.01	712	20.17	16.11	715	65.83	15.73
14. 党政机关和社团	84	85.51	19.19	80	52.31	26.44	87	71.38	16.55
15. 公用事业	100	81.33	22.17	100	46.85	27.06	102	68.19	18.98

续表

行业领域	工作物理环境			工作服务设施			工作场所心理评价		
	N	均值	标准差	N	均值	标准差	N	均值	标准差
16. 旅游娱乐业	68	84.39	17.74	67	30.54	19.90	65	66.09	13.22
17. 服务业	1604	86.73	16.22	1578	25.14	16.78	1608	65.54	15.57
18. 房地产经营业	89	84.90	19.37	89	33.54	22.85	90	65.87	15.06
19. 咨询业	42	85.23	17.86	43	37.36	25.64	45	68.64	12.17
20. 卫生和社会福利业	231	90.49	14.77	238	43.31	26.56	239	67.82	12.99
21. 交通运输业	181	67.85	24.21	182	32.82	24.14	189	62.09	16.87
22. 广告业	56	84.06	16.33	58	30.46	23.08	58	65.43	14.20
23. 科研/综合技术服务	46	89.38	11.07	45	36.64	27.76	46	72.98	10.10
24. 金融保险业	225	85.43	18.69	223	41.58	25.29	227	69.26	16.32
25. 教育	389	86.44	14.27	409	61.65	24.71	410	71.92	14.36
26. 居民自治组织	10	90.42	13.12	10	65.31	23.41	10	70.20	14.11
显著性	$F=28.35$，$p=0.000$			$F=61.68$，$p=0.000$			$F=7.36$，$p=0.000$		

四　工作场所状况量表的效度分析

我们已然说明，通过工作场所这一切入点，我们期望深入组织工作环境之中，从而认识到组织工作环境的另一番“面貌”。与人们工作过程直接相关的是工作物理环境，其的清洁、舒适、安全直接关系到员工身体的健康。从工作物理环境衍生出来的则是与保障劳动者权益，促使人们周而复始、持续投入工作中有关的另一物质性条件，它虽不直接参与人们的工作过程，却与工作过程中的工作物理环境一起对员工的社会整合、体面工作和全面发展产生巨大影响，这就是单位组织中的工作服务设施。对于身处客观物质环境中的个人而言，反复接触或使用的工作服务设施必然会在他们心目中形成特定的经验和感受，这些经验和感受虽无形无体，却实实在在存在于每个组织成员的心灵中，构成了工作场所范畴中的主观心理事实。道理自明，这些主观心理事实作为独特的心理评价必然源于工作物理环境与工作服务设施，受这些客观物质环境的塑造和影响。

事情至此并未结束，人们对当下工作场所的感受与看法，又对人们与正式角色的关系、与所在组织的关系产生重要影响。无论是工作物理环境，还是工作服务设施，如果这些工作的物质条件让个人感受到的是温暖的、安全的、舒适的、吸引人的，或者如果组织提供的各种工作服务设施如健身房、图书室、医疗所、幼儿园等能够让员工工作之后觉得心满意足、心情愉悦、倍感体面，体会到个人劳动的被尊重、被重视，那么这种积极性的、美好的心理氛围就预示着人们对工作和组织的未来有良好的期待和信心。反之，不管组织如何安排和设计，只要个体认为工作场所的条件根本不能满足自己身心健康、社会交往的需要，感受不到工作物理环境的安全、善意，对工作相关的各种物质条件感到不舒服、不满意，经常产生抱怨心理和挫败感，那么种种负面情绪往往就会降低员工的工作士气和工作效率，甚至导致离职倾向。这就是说，工作场所状况必须结合员工复杂的心理因素加以考虑，物质或工作物理环境对人们角色行为产生的效果可能会受到个体如何感受、看待、评价和适应这样的主观心理评价的影响。因此这里提出一个假设，组织中的客观物质环境会通过相应的主观心理评价而对人们的组织认同感产生影响。因此，检验工作物理环境、工作服务设施和工作场所心理评价三个子量表的测量效度，就可以通过分析它们与组织认同感的相关状况来实现，并由此可证实工作场所状况对实现组织治理目标的重要意义。

工作场所状况，作为组织中工作环境评估的重要内容之一，是对工作物理环境、工作服务设施与工作场所心理评价三个子量表的进一步综合和概括，三个子量表彼此独立而又相互关联，进而对劳动者的角色投入、组织认同感等产生影响。在具体检验它们之间的这种因果关系之前，首先分析它们之间的相关关系状况是必要的。表 5－10 是对 6 个子量表的描述统计和相关分析的结果，它告诉我们，当前我国城镇职工的工作物理环境总体上最佳（87.41），而工作服务设施较差（31.97），且单位与单位之间的差异巨大。相对于工作场所的工作物理环境和工作服务设施，工作场所心理评价处于一般水平（66.33）。相关分析结果显示，除了工作物理环境与工作投入的关系不显著外，其他的相关系数都通过了显著性检验，这就为我们的进一步研究奠定了基础。

表 5－10 工作场所状况各变量描述性统计与相关性分析

变量	均值	标准差	1	2	3	4	5	6
1. 工作物理环境	84.71	18.41	1.00					
2. 工作服务设施	31.97	24.01	0.04**	1.00				
3. 工作场所心理评价	66.33	15.66	0.18***	0.17***	1.00			

续表

变量	均值	标准差	1	2	3	4	5	6
4. 组织承诺感	57.61	20.10	0.09***	0.15***	0.47***	1.00		
5. 工作投入	62.59	17.97	0.01	0.09***	0.24***	0.21***	1.00	
6. 组织公民行为	54.36	17.97	0.07***	0.04***	0.39***	0.29***	0.28	1.00

注：* $p<0.5$，** $p<0.1$，*** $p<0.01$，下同。

基于以上的相关统计分析结果，我们采用路径分析方法，对工作场所的基本假设进行了检验，并建立了相应的模型（见图5-6）。路径分析模型显示了三个子量表之间的关系以及它们对组织认同感的影响。当我们把工作场所心理评价当作因变量，把工作物理环境、工作服务设施当作自变量时，这两个自变量共可以解释因变量6.2%的变差。与预想的一样，工作物理环境变量显著正向地影响工作场所心理评价，工作物理环境越是无毒、无害、安全，人们的主观评价就会越好，它们之间的回归系数极具统计显著性（$p<0.001$）。工作服务设施越完善、齐备，人们的工作场所心理评价越好，它们之间的回归系数也极具统计显著性（$p<0.001$）。于是，人们的工作场所状况影响其工作场所心理评价的基本假设得到了经验资料的验证。

研究还显示，工作场所心理评价对个体组织认同感的三个变量都会产生显著的正向作用，工作场所心理评价在工作物理环境、工作服务设施与组织认同感之间的中介作用得到了调查数据的支持。具体而言，工作场所心理评价越高，人们的组织承诺感越强，工作物理环境经由工作场所心理评价进一步影响组织承诺感，这一特定中介作用的点估计为0.092，极具统计显著性（$p<0.001$）；同时，工作服务设施经由工作场所心理评价也会对组织承诺感产生显著影响，这一特定中介作用的点估计为0.064，也极具统计显著性（$p<0.001$）。同样，工作场所心理评价对工作投入的正向影响也具有显著性，工作物理环境经由工作场所心理评价影响工作投入的点估计为0.042（$p<0.001$），工作服务设施经由工作场所心理评价影响

工作投入的点估计为 0.029（$p<0.001$）。最后，好的工作场所会影响人们的组织公民行为，工作物理环境经由工作场所心理评价影响组织公民行为的点估计为 0.107（$p<0.001$），工作服务设施经由工作场所心理评价影响组织公民行为的点估计为 0.073（$p<0.001$）。可见，工作场所三个变量的测量分值与三个特定效标之间的关联系数状况，验证了工作场所三个测量量表的有效性。

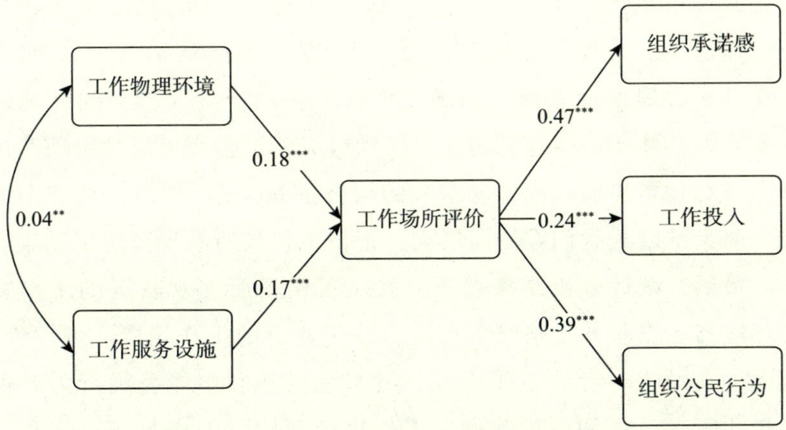

图 5-6　基于工作场所状况的路径分析模型

五　本章小结

本章主要从工作场所的角度来考察组织中的工作环境现象，对于组织工作环境这样一种现实，从工作场所这一视角切入则别有一番景象。工作场所是与个体职业角色行为紧密相连的工作物理环境和工作服务设施相结合而构成的整体，它反映了在某一环境下人们的工作生活方式及其自身所处的空间环境特征。由于工作场所是个体职业角色结构的组成部分，所以它不仅具有客观的空间和物质形态，而且因其与个体的人格产生联系还具有了心理和情感上的意义。工作场所作为一种宏观制度“嵌入”于组织的、人为的空间环境，由于其经由劳动者角色实践转化成了有情感、有意义的人化空间，所以它才真正构成了组织工作环境研究中的一种社会学意义上的社会事实。

本章用调查数据来考察工作场所的两个不同的维度，得到的结论如下。一是在工作场所实体空间状况方面，工作物理环境和工作服务设施两个子量表从不同的侧面可为我们的分析提供具有一定信度和效度的工具。构成性因子分析结果表明，6 个指标可以共同构成工作物理环境子量表，该量表的均值为 84.71；7 个指标则可以构成工作服务设施子量表，该变量的均值是 31.97。二是在工作场所心理评价方面，心理评价是个体对所处实体空间环境的本真认识和体验的体现，由 6 个指标组成的子量表可以稳定地对这一主观心理事实加以测量，量表的均值是 66.33。所以，这三个量表、两大维度为我们在更高层次上把握工作场所状况奠定了基础。

最后，统计分析结果表明，反映工作场所客观状况的工作物理环境与工作服务设施确实直接影响从业者的工作场所心理评价，并通过其对劳动者的工作投入、组织承诺感和组织公民行为产生正向的影响。这就告诉我们，工作物理环境、工作服务设施和工作场所心理评价三个子量表各自从不同的方面概括了组织中的工作场所状况，它们一起可以帮助我们来把握组织中的工作场所状况。这三个子量表与组织承诺感、工作投入和组织公民行为的相关统计结果表明，它们确实可以对人们因工作场所状况而形成的情感评价给出有效的解释，从而我们设计的三个工作场所状况子量表的测量有效性得到了经验数据的支持。

第六章　工作报偿

一　工作报偿的概念界定

工作报偿是人们付出劳动以后得到的各种报酬。工资作为工作报偿的一个重要的表现形式，是单位组织中劳资双方最基本的关系要素，直接影响着劳动关系的矛盾变化与协调。工资在分配领域里是劳动者所获得应有份额的初次表达，体现着劳动者参与社会财富分配的合法权益及实现状况。当然，工作报偿不仅限于工资，它既包括类似于工资奖金方面的报酬，也包括表扬、荣誉方面的激励，这些表现出来的都是一种人们付出劳动之后的回报。从某种意义上说，工作报偿是一把尺子，既衡量着一个人在工作中的付出，也衡量着一个人在单位中工作的能力，标志着单位领导及单位的同事们对当事人能力及工作业绩的认可和承认。事实上，如果一个单位给予劳动者高于付出的回报，其往往会被称为好单位，人们对这些单位的认同感和满意度也会由此提高。相反，单位中的高付出、低回报往往是很多员工"跳槽"、离职的理由。所以，要求付出与回报之间关系的平衡，是单位中每个劳动者的基本权利，也是打造良好工作环境的基本条件。

我们知道，组织成员在组织中总是有着一定的地位或岗位，扮演着一定的角色，并按照组织的要求，根据这种角色的责任、义务和权利来行动。如果组织成员的工作角色通过他们在组织中的行为能够达到较高水平的一致性，或者说，组织成员在组织中承担的角色的责任、义务与享受的权利能够在较高水平上达到一致，那么，他们就会感到满意和受到激励，并且也有了在组织中进一步努力工作的动力。换句话说，扮演了任务较重、责任较大的角色，同时拥有了与之相应的荣誉、地位与工作报偿，就表现出了与角色内容较为一致的相容性。相反，如果一个角色具有较大的责任，但是被赋予了与之不匹配的荣誉、地位与工作报偿（high effort，low reward），那么，表现出来的就是角色内部结构的不相容性，或者说地位的不一致性（status inconsistency）。这种状况产生的一个直接后果是严重影响人们的工作积极性，影响组织成员之间的关系，进而影响组织中宏观与微观的工作环境。

那么随之而来的一个问题是，人们为什么以及在什么样的情况下会产生这种付出与回报不平衡的感觉呢？社会交换理论（the social exchange theory）是二战后在西方社会学界逐渐兴盛流行的一种社会学理论。近 20 年来，社会交换理论已成为研究雇佣关系的最有影响力的理论框架。[①] 古典经济学家把人看作理性人，人们在自由和竞争性的市场里同他人进行交易或交换时，总是寻求物质利益或效用的最大化。社会交换理论正是源于人们对这一古典经济学功利主义假设的借用和修正。

①人们并不像功利主义认为的那样寻求最大利润，但是他们在社会交易中努力获取利润。

②人们并非纯粹理性的，但他们在社会交易当中的确会盘算成本和收益。

③人并不具备有关选择性方案的所有信息，但他们至少常常在关注某些选择性方案，这形成了衡量成本与收益的基础。

① David G. Allen，Lynn M. Shore and Rodger W. Griffeth，“The Role of Perceived Organizational Support and Supportive Human Resource Practices in the Turnover Process”，*Journal of Management*，Vol. 29，No. 1，2003，pp. 99 – 118.

④人经常在约束下行动，但他们仍然在交易中寻求获利时的相互竞争。

⑤人们经常在交易中寻求获利，但当他们进入交换联系中时，会受到其所拥有的资源的限制。

⑥在所有社会中，人们确实都在明确界定的市场中从事经济交易，但这只是在所有社会脉络中发生于个体间的、更为一般意义上的交换关系的特例而已。

⑦人们的确在交易中追逐物质性，但他们也动员并交换非物质性的资源，比如情感、服务和符号。[①]

根据社会交换理论，人们相互交往就是至少在二人之间进行的、或明或暗的、往往带有奖励和代价的交换活动。社会交换是一种交往活动，但并非所有的交往活动都是社会交换，一种交往活动成为社会交换必须满足两个条件：一个是它必须要指向只有通过和他人的互动才能获得的目标，另一个是它必须试图使手段适合促进这些目标的实现。[②] 个人在与他人交往时，交换着金钱、社会赞许、尊严及服从等，并基于会得到报偿的信任而建立和维持着社会关系。社会交换和互惠原则特别适用于劳动关系，因此可以成为员工－组织关系的基础理论框架。从微观层次来分析组织内部的交换过程，我们可以把员工与用人单位（或代表国家的抽象符号）之间的互动视为一种社会交换，肇始于获得报偿的这一交换过程经由社会吸引、报酬交换、权力竞争和分化，而最终会在组织内部形成整合和对立两种倾向。按照特纳对布劳思想的解读，组织中的微观交换过程如图 6－1 所示（有改动）。

从社会交换理论来看，任何组织或群体都起源于人们由于期

---

① 乔纳森·特纳：《社会学理论的结构》，邱泽奇译，华夏出版社，2001，第 259 页。

② 彼得·M. 布劳：《社会生活中的交换与权力》，李国武译，商务印书馆，2012，第 40 页。

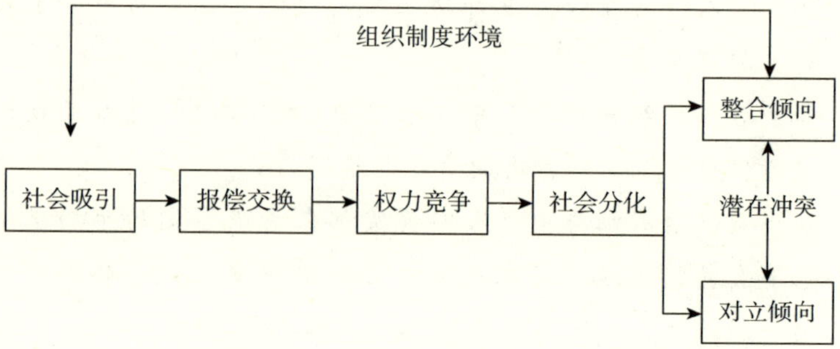

图 6－1　组织中的社会交换过程

待社会报偿而产生的交换，即人们之所以进入某个组织展开合作和交往，那是因为他们从这样的合作共事中得到了某些有价值的东西。社会交换中的“这些行动视来自他人的报酬反应而定，当这些预期的反应并没有马上发生时行动便停止了”。组织工作环境中有着这样的交换过程，首先是社会吸引，即组织制度环境为人们创设了这样一种情景，进来工作就会得到报酬。组织招聘人员时的双向选择原则其实就是让人们对预期报酬进行一种理性的评判。而一旦进入组织工作环境中，劳动者就会“操纵”自我表现，通过付出而使组织相信他们拥有其所需求的东西，从而从组织那里兑现自己能够获得回报的承诺。这里，劳动者实际的工作付出与获得的报偿之间的平衡是一种理想的工作环境状况，而且会受到宏观社会制度和价值感的支持，如我国始终坚持按劳分配为主体、多种分配方式并存的分配制度就是如此。需要说明的是，在劳动者获得的报偿中，金钱或福利待遇等物质性报酬固然必不可少，而像尊重或尊敬、赞同或承认、地位和声望等社会性报酬也同等重要。

在这样的交换过程中，组织中的一些人由于拥有了较多的资源（如个人高超的能力、权力等），要求劳动者提供更多的服务而给予其较少的回报，要求人们服从，这时交换过程中就产生了权力关系。权力就是“通过威慑——以撤销有规律地提供报酬的形式，或以惩罚的形式，因为事实上前者和后者都构成了一种消极的制裁——个人或群体不顾他人反抗，将其意志强加给他人的能力"①。比如中国的单位制组织，作为国家统治的一种工具或组织化形式，通过自己在资源占有上的绝对优势，换来了劳动者的服从或依附。而组织成员由于在体制外组织中难以获得像在本组织中所得到的回报，所以他们只能对组织产生单方面的依赖，于是这类组织工作环境中自然就形成了一种特别的统治与服从的权力关系。

然而，单位制组织中的成员也并非同等的群体，由于每个成员在国家行政权力的等级秩序中所处的地位不同，权力地位较高的人通过交换获取的各种资源就会大大多于没有权力或权力较小的普通工作者，这样伴随着组织权力的竞争和分化就进一步导致了单位组织中成员之间的分化。其结果可能是，同处一个组织，具有较高行政权力地位的人会获得较多的资源，这既包括经济收入，也包括所获的尊重、声望等；而普通的劳动者通过自己的付出，无论是在金钱上还是在其他社会性报酬方面所获得的报偿都大大地低于前者。不只是单位制组织如此，在各种非国有经济组织中基于权力的有无而造成的这种群体成员间的分化恐怕更甚，这从资本主义国家中历来存在的工人运动中可见一斑。

也正是组织中群体之间不可避免的分化，造成了两股相互冲突的力量的出现。一方面，组织内的群体分化原本会造成潜在的冲突，但是由于国家宏观制度和政策的"嵌入"的影响，组织所有者或领导人的权力转变成了权威，给潜在冲突带来了抑制。因为无论人们自己如何评价这种交换，按照组织制度的规定，交换总是建立在双方互惠和公正的假定原则之上：人们之间交换的报酬越多，越有可能产生互惠的义务并以此来支配以后人们的交换；

---

① 彼得·M. 布劳：《社会生活中的交换与权力》，李国武译，商务印书馆，2012，第191页。

人们建立的交换关系越多，就越有可能受到“公平交换”规范的制约。按照这一点，下属成员就会把服从当成合法的而加以接受，他们付出的时间、体力、智力的代价与其从组织或领导者那里换回的报偿是成正比的。尤其是中国坚持中国特色社会主义和市场经济的有机结合，形成了自己特有的政治、法律制度和完整的价值体系，通过组织的制度化过程规定了什么是公平交换、什么是领导或雇主与下属都应遵守的规范，并促成了权力的合法化。所以，无论是权力地位高的人还是没有权力的普通劳动者，他们都是在一个共同情境定义提供的框架下进入交换过程中的，各尽其职，各取所得，这减少了内部的竞争与冲突，促进了组织的整合和团结。

另一方面，基于互惠和公平假定的交换原则也隐含着对立和冲突的可能性，这就是对互惠和公平原则的违背：人们越是违反交换关系中的互惠和公平原则，被剥夺者就越会倾向于消极地制裁这些人；处于交换关系中的人们越是不能做到互惠和公平，被剥夺者就越会倾向于消极地制裁那些违背规范的人。这就意味着如果组织工作环境中的互惠和公平原则被破坏，如果成员没有得到预期的回报，如果出现了付出与报偿之间的不平衡，人们就会采取消极的制裁或抵制的做法，轻则怠工、出工不出力，重则可能会采用非制度化的维权方式，如上访、罢工和游行示威等讨回公道。所以，有时候国家制度所倡导的互惠和公平原则与组织内部的实际运作会发生分离，组织的正式规范结构变成了象征性的东西，以致付出与回报平衡的理想工作状态很少能够达到。

> 甚至最激进的革命意识形态也并不独立于传统的社会价值，而是从中获得某些合法性。恰恰是使现存制度合法化的文化价值包含着它们的潜在毁灭的种子，因为这些价值为了使现存秩序合理化在人们心灵里唤起的理想化的预期不可能完全被它满足，因此如果需要的话，这些价值就可能被用来

作为反抗它的理由。[①]

因此，任何制度化后的组织工作环境中都存在着反制度的成分，因为国家制度化的价值观和治理理想无论是在单位制组织中还是在非单位制组织中都不可能彻底实现，工作付出与工作报偿平衡的理想状态依然或永远在“路上”。那些将这样的理想和价值观内化而又产生了被剥夺感的人，就会不断做出努力以求现存工作环境状况的改善，工作付出与报酬平衡的理想成为社会组织乃至整个社会变迁的最终根源。图 6 - 2 的数据显示的是我们在 1987 年到 2017 年 11 次调查中关于人们在和他人比较过程中对自己的经济收入的自我感受的变化数据。

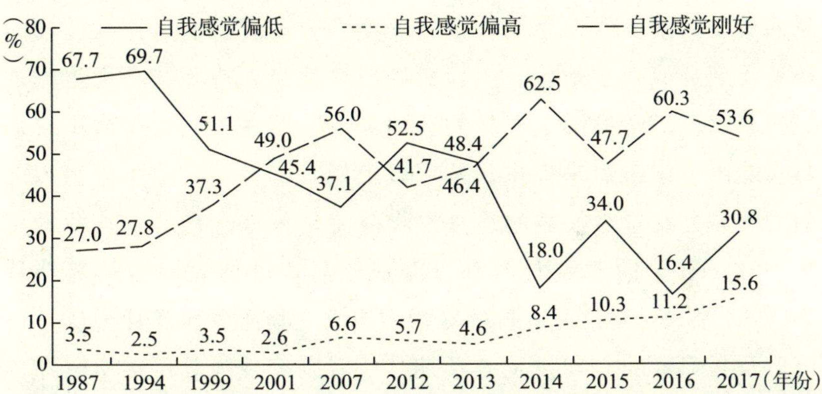

图 6 - 2　在和他人比较的过程中人们对自己的经济收入的自我感受的变化趋势

从跨度 30 年的 11 次调查的数据中我们可以看到，尽管中国的社会经历了急剧的变迁，人们对自己的经济收入“自我感觉偏高”的状况却始终处于一种较低的水平，而对自己的经济收入“自我感觉偏低”的状况始终处于一种较高的水平。这既说明了人们的这种在经济收入上的主观感受在很大程度上受人们所在的社会环境的影

① 彼得 · M. 布劳：《社会生活中的交换与权力》，李国武译，商务印书馆，2012，第 402 ~ 403 页。

响，或者说是人们嵌入的那个社会环境对人们主观判断与感受的影响；同时也说明了，在工作中的付出与在工作中的获得之间，人们的主观判断和主观感受始终存在着不小的差距。[①]

在社会里，无论是在生产制造组织还是在办公类组织中，个人只是基于人力资产专用性执行某项具体的任务，是在工作（work），而非传统意义上的生产（produce），一旦离开组织他将会变得百无一用。“如果是组织而不是个人才能实现产品的产出，那么个人的工作本身是不会带来社会地位、声望和权力的，能带来这些的是个人在组织中的职位。社会地位、声望和权力源自你所属的组织，及你在组织中的地位、声望和权力。”[②] 因此，从社会学的角度来看，经济或物质的分配状况固然是影响组织内劳动关系的重要因素，但作为一种社会交换，劳动交易的可持续性同时还要受到类似社会地位、声望、尊严和社会支持等社会性报酬的影响。获得工作报偿是人类的普遍需求，但在工业化社会里它们却只能由工作组织来提供。按照威廉姆森的理论，个体与组织之间的交易存在着对收益的盘算，收益就是尊重，它由“自我的尊重”和“社会的尊重”两部分组成。前者可被界定为“尊严认知”，即个人对自己所应得的尊严的构成（物质收益和社会认可）、价值及其配置的心理设定与预期；后者则表现为尊严供给，即工

① 付出－回馈失衡理论（ERI 模型）是经典的工作压力理论，由德国生理学家 Siegrist 在 20 世纪 90 年代提出，目前广泛应用在职业健康、组织行为学等领域。该理论认为，员工的付出与所得的回馈失衡、员工的付出小于所得的回报便会产生工作压力，而高过度投入的员工与低过度投入的员工相比，会产生更大的工作压力，所以过度投入在该理论中起调节变量作用。参见 Johannes Siegrist，“Adverse Health Effects of High-effort/Low-reward Conditions”，*Journal of Occupational Health Psychology*，Vol. 1，No. 1，1996，pp. 27－41；Johannes Siegrist，“Effort-reward Imbalance at Work and Health”，in P. Perrewe and D. Ganster（eds.），*Research in Occupational Stress and Well Being Vol. 2：Historical and Current Perspectives on Stress and Health*，New York：JAI Elsevier，2002，pp. 261－291.

② 彼得·德鲁克：《新社会》，石晓军等译，机械工业出版社，2006，第 7 页。

作组织向劳动者提供的包括物质收益和社会认可在内的各种回报。如果组织成员的尊严认知（需求）与尊严获得（供给）之间产生了巨大差距，那么维护尊严认知的保护性行动就可能被激发出来，其中退出、呼吁、忠诚和自杀是可能形成的四种行动选择。[①] 这就告诉我们，具有良好工作环境的组织必定是会充分顾及员工的尊严期望的，它会承认并想方设法给予员工合理的尊重，从而维护员工对组织的认同，实现组织的社会团结。

当然，相反的事实也可能会出现：当工作中的付出与工作中的报偿不成正比，当长时间的加班以及由此所造成的生物钟混乱而仅仅换来远低于付出的报偿的时候，特别是在和其他参照群体进行比较而形成巨大心理落差的时候，人们对工作的不满意的烦恼与愤怒就会像火山一样爆发。换句话说，工作付出与工作报偿两者之间不平衡所形成的张力，在客观上可能会造成三个方面的社会心理后果：一则可以使人们强烈地感受到一种相对剥夺，二则人们内向的反思会引发人们对地位的不一致性的思考，三则也可以使人们深刻体验到他们自己在经济收入上的不满意以及在比较过程中形成的不满与焦虑。这三个方面的主观体验和感受都会在很大程度上影响人们对其工作环境优劣与好坏的判断，进而影响人们对组织的认同，影响人们在工作中的劳动积极性和工作质量。

二 付出-报偿不平衡量表及调查结果

（一）工作付出、工作报偿与付出-报偿不平衡比率

1. 工作付出量表及调查结果

工作付出或工作投入，是个人在占据职业地位、扮演工作角

① 汪和建：《尊严、交易转型与劳动组织治理：解读富士康》，《中国社会科学》2014 年第 1 期。

色的现实过程中在体力、精力、时间和资源等方面所投入、花费的状况。在工作生活领域，劳动者首先想到的往往不是自己能获得多少，而是自己能够并愿意付出多少，只有先愿意付出，并且能够尽自己最大的努力付出，完成工作任务，我们才能有所收获、获得回报。在交换中，人们付出的代价可以被划分为以下几种：①时间和精力上的投入即“投入成本”，它们对于获得提供许多工具性服务所需要的技能来说是必不可少的，这些投入对于博得别人的尊敬是必要的，并因此使它对别人也是有价值的；②在表示尊敬或表明服从中的从属性即“直接成本”，这意味着用声望与权力给别人以报酬；③把一段时间花在一种确定的交换关系上所放弃的替代机会为“机会成本”，一个人从某种社会交往中获得的报酬使他失去把所花的时间（以及其他有限的资源）用在本来能够获得报酬的另外一种交往上的机会。[①] 在工作和生活中，人们一般把付出区分为两个方面。一是外在的付出（extrinsic effort），如工作情境对个体提出的一些要求，强加于个人身上的一些责任、动作等；二是内在的付出（intrinsic effort），付出的推动力量来自个人自身，如强烈的工作责任心、追求工作过程的完美、对工作和组织的承诺等。

在本研究中，我们从5个方面全面观察劳动者的工作付出状况。一是心理投入。劳动者能够以主动、积极、专注、奉献的心理状态投入工作过程中，与工作和生活完美融合，这意味着较多的心理付出，它基本属于内在付出的范畴。二是教育投入。个体在扮演职业角色、完成工作任务时需要知识与技能等，在工业化社会里，个人只有通过投入，完成职业教育和大学教育，才能符合一个岗位对其胜任力的要求。三是时间投入。人们在工作过程中需要持续的时间则为时间投入。四是体力上的付出，如工作所要消耗的体力等。五

① 彼得·M. 布劳：《社会生活中的交换与权力》，李国武译，商务印书馆，2012，第168~169页。

是情感投入。与现代社会的情感消费相适应，很多新业态、新领域更加注重交换过程中的情感因素，在工作中要求人们通过输出、消耗一定的情感能量以胜任职业角色，这就是所谓的情感投入。由于知识、经验、体力、情绪及时间等的投入都是客观工作情形所要求的，所以可以把它们统统归入外在付出范畴。

于是，我们一共确定了可以用来观测人们各种各样工作付出的14个指标变量组成工作付出量表，希望能从经验上全面而系统地把握人们工作付出的总体状况。采用主成分分析方法对工作付出量表进行探索性因子分析，以特征值大于1为标准，结果发现一共可以提取5个公因子，经过因子旋转得到的因子负荷矩阵如表6－1所示。因子1主要包含4个指标的信息，对应的是工作付出中的心理投入；因子2主要包含2个指标的信息，对应的是教育投入；因子3包含3个指标的信息，对应的是工作付出中的体力投入；因子4也包含3个指标的信息，相当于工作付出中的情感投入；最后因子5聚集了2个指标，对应的显然是时间投入。它们累积解释了总变差的56.39%，每个指标与所对应因子的负荷都大于0.5，而与其他公因子的负荷小于0.4，达到了0.5/0.4一般化经验法则，表明这些指标具有很好的区分效度和聚合效度。整体量表的信度检验结果显示，克伦巴赫（Cronbach）α信度系数为0.53，我们认为这14个题项的内部一致性勉强可以被接受。

表6－1 工作付出量表的探索性因子分析结果

量表	题项	成分				
		1	2	3	4	5
心理投入	c42m 总把工作放在第一位	0.749				
	c42o 尽可能把工作做得又快又好	0.773				
	c42p 不能解决好工作问题感到很难受	0.802				

续表

量表	题项	成分				
		1	2	3	4	5
心理投入	c42q 下班后仍然惦记着工作中的事情	0.709				
教育投入	r3 最高受教育程度		0.782			
	c19 掌握工作技能所需培训时间		0.678			
体力投入	c22b 这份工作需要快节奏地工作			0.702		
	c22f 这份工作需要不停地来回运动			0.595		
	c22i 这份工作需要重复、单调的劳动			0.625		
情感投入	c22c 这份工作需要处理他人的投诉或抱怨				0.505	
	c22d 这份工作需要面带笑容				0.783	
	c22g 这份工作需要按要求着装				0.645	
时间投入	c25 加班					0.731
	c24r 平均每天工作时间					0.837

然后我们计算并保存各因子分值，得到5个工作付出子量表的标准分数，它们均表现为均值为0、标准差为1的分布，其中，心理投入变量的分值区间为［-4.031，1.991］，教育投入变量的分值区间为［-2.810，3.764］，体力投入变量的分值区间是［-1.565，3.493］，情感投入变量的分值区间是［-1.937，2.409］，时间投入变量的分值区间为［-2.292，3.099］，分值越高表示人们相应的工作付出越多。

工作付出的得分由上述5个因子的分值加总而成，计算工作付出的得分时，我们首先根据各个因子方差贡献率，分别赋予各个因子相应的权重，以上5个公因子的权重系数依次为0.296、0.187、0.176、0.174和0.168，从而，工作付出得分的计算公式如下：

$$工作付出 = 0.296 \times 心理投入 + 0.187 \times 教育投入 + 0.176 \times 体力投入 + 0.174 \times 情感投入 + 0.168 \times 时间投入$$

通过计算，我们得到了当前城镇职工工作付出得分，出于易读性考虑，我们对其进行百分制的正常化转换，保证其分值在0～100分，分值越高表示人们的工作付出越多，变量分布情况如图6－3所示。统计结果显示，工作付出量表的均值为48.36，标准差13.05，分布的偏度系数为0.242、峰度系数为3.312，表明工作付出得分近似正态分布。

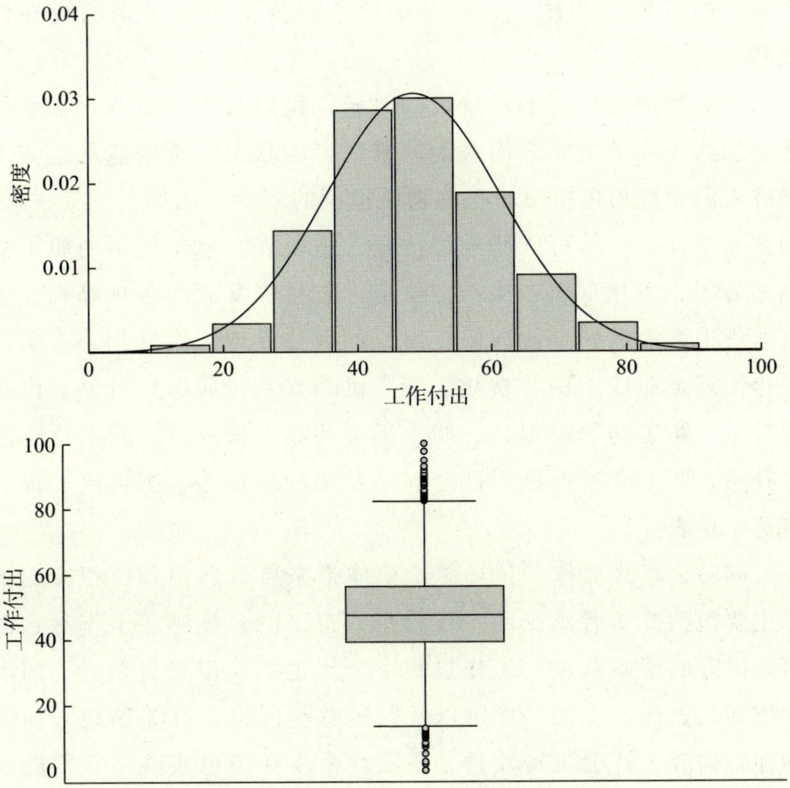

图6－3　工作付出量表的正态分布和箱线图

2. 工作报偿量表及调查结果

工作报偿是人们付出劳动以后得到的各种报酬，它既包括类似于工资、奖金、津贴、福利待遇等物质方面的报酬，也包括工作给自己带来的尊重、社会支持、安全感等方面的社会性的、精神性的激励，它们都是人们在付出劳动之后得到的回报因素。根据布劳（Blau）的观点，社会报酬可分为两种，一种是内在性报酬，即报酬直接来自社会交往关系本身，如乐趣、关爱、感激、社会赞同等。另一种是外在性报酬，如金钱、物品、帮助、支持、服从等。在很多情况下，组织中的角色行为更多呈现的是一种混合型社会交换。所以，全面地把握个人的工作报偿状况，既要考虑外在的物质性报酬，也要考虑角色行为给个体带来的内在性报酬。

在编制物质性报酬子量表的时候，我们从工作收入、福利待遇、加薪等几个主要方面来询问被访者的状况，希望能从总体上把握人们通过角色扮演获得的物质报偿的多少。比如，工资收入、加薪和工资增长等可以构成经济收入子量表。单位提供的职工福利如为职工卫生保健、生活、住房、交通等发放的各项补贴，还有非货币性福利如企业向职工发放的因公外地就医费用、未实行医疗统筹企业职工医疗费用、职工供养直系亲属医疗补贴、供暖费补贴、职工防暑降温费、职工困难补贴、救济费、职工食堂经费补贴、职工交通补贴等社会保险及福利项目等，则构成了福利待遇子量表。

同时，正式工作角色还能给个体带来尊重和声望，相应的指标主要包括被访者感受的工作给个人带来的自豪感、工作对自己声望提升的影响程度。工作过程中个体也能获得来自领导、同事的赞赏、表扬、支持、肯定以及归属感等回报，有关这些方面的指标就构成了社会支持获得子量表。个人在角色实践中获得的职业带来的机会如前途、眼界、体面和发展平台等也构成了一种特有的工作报偿，它们形成了发展机会子量表。职业给个人带来的安全感、稳定感也是一种报酬，所以劳动合同、职业稳定、失业机会小构成了这里的工作安全子量表。当然通过工作个人获得了一定的经济社会地位，相应指标变量就形成了个人的地位获得子量表。

这样，我们一共使用可以观测人们各种各样工作报酬的25个指标变量组成了工作报偿量表，期望能够用其来全面而系统地测量被访者工作报偿的总体状况。首先，运用探索性因子分析方法对工作报偿量表进行分析，根据特征值大于1的准则，一共可以确定7个主成分，经过因子旋转得到的因子负荷矩阵如表6-2所示。可见，因子1对应的是福利待遇，因子2对应的是社会支持，因子3对应的是地位获得，因子4对应的是尊重，因子5对应的是经济收入，因子6对应的是发展机会，因子7对应的是工作安全。7个因子分别代表不同方面的工作报酬，它们累积解释了61.15%的变异量。参照指标变量因子负荷0.5/0.4的标准，除了e2和c17j两个指标变量在对应因子上的负荷系数小于0.5外，其他指标变量都达到了标准，这表明所有指标变量都具有较好的区分效度和聚合效度，该量表的因子结构可以被接受。另外，整个量表的内部一致性信度系数Alpha值为0.791，说明该量表的可靠程度较高。

通过计算和保留各因子分值，我们得到了7个因子的标准分数，它们均表现为均值为0、标准差为1的分布，福利待遇因子的分值区间为［-1.787，2.108］，社会支持因子的分值区间为［-4.427，2.486］，地位获得因子的分值区间是［-2.177，4.778］，尊重因子的分值区间是［-2.453，3.073］，经济收入因子分值区间为［-3.464，3.150］，发展机会因子的分值区间为［-1.436，5.335］，而工作安全因子的分值区间为［-2.753，2.524］，分值越高表示人们的工作报偿越好。

工作报偿得分由上述7个因子的分值加总而成，计算工作报偿得分的时候，我们首先根据各个因子的方差贡献率，分别赋予各个因子相应的权重，以上7个因子的权重系数依次为0.293、0.166、0.130、0.129、0.115、0.096和0.070，从而，工作报偿

表 6-2　工作报偿量表的探索性因子分析结果

量表	题项	成分						
		1	2	3	4	5	6	7
福利待遇	d26a1 养老保险（退休金）	0.810						
	d26b1 住房公积金	0.789						
	d26c1 住房补贴	0.658						
	d26d1 医疗保险	0.838						
	d26e1 公费医疗	0.662						
	d26f1 工伤保险	0.769						
	d26g1 大病统筹保险	0.695						
	d26i1 带薪年假	0.645						
社会支持	f9a 工作能力得到领导肯定和赞扬		0.770					
	f9d 工作能力得到同事肯定和赞扬		0.799					
	f9b 在单位中的人缘		0.810					
	f9f 工作上遇到困难得到大家支持		0.744					
地位获得	f11a 经济收入归属			0.930				
	f11b 社会地位归属			0.919				
尊重	c28 工作增加自豪感				0.873			
	c29 工作提升名声或声望				0.878			

续表

量表	题项	成分						
		1	2	3	4	5	6	7
经济收入	e6 工资变化					0.850		
	e7gr 加薪次数					0.802		
	e2 工资收入					0.470		
发展机会	c17b 您的这份工作有前途						0.514	
	c17e 您的这份工作开眼界						0.708	
	c17m 您的这份工作平台高						0.669	
	c17j 您的这份工作风光体面						0.463	
工作安全	c17k 工作稳定特征							0.829
	c39r 失去现在这份工作的可能性							0.518

得分的计算公式如下：

工作报偿 = 0.293 × 福利待遇 + 0.166 × 社会支持 + 0.130 × 地位获得 + 0.129 × 尊重 + 0.115 × 经济收入 + 0.096 × 发展机会 + 0.070 × 工作安全

通过计算，我们得到了当前城镇职工工作报偿得分的总体情况，出于易读性考虑，我们对其进行百分制的正常化转换，保证其分值在 0～100 分，分值越高表示人们的工作报偿越高，变量分布情况如图 6－4 所示。统计结果显示，工作报偿的均值为 40.38，标准差 15.46，分布的偏度系数为 0.192、峰度系数为 2.606，表明工作报偿得分近似正态分布。

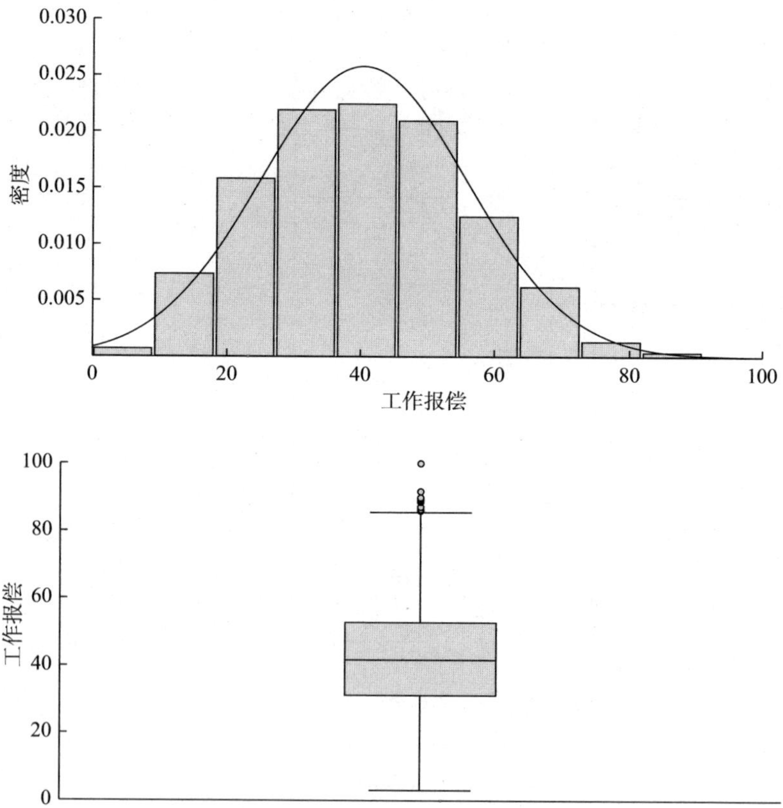

图 6－4　工作报偿量表的正态分布和箱线图

3. 付出－报偿不平衡比率（ERI-ratio）

无论是工作付出还是工作报偿，单纯测量任何一个方面都无法为我们揭示出工作付出与工作报偿二者之间的关系，也难以为我们提供认识工作环境良好与否的完整线索。这里使用付出－报偿不平衡比率来解决工作环境中出现的这一重要问题。付出－报偿不平衡比率最初由西格里斯特（Siegrist）提出，他把个人的付出和努力当作一种交换，认为个人付出了努力和成本，社会就会以金钱、自尊和地位等给予回报。而当回报与付出不相称或不相匹配时，即为付出－报偿不平衡。付出－报偿不平衡比率的计算包括付出与报偿两个成分，其数值大小能够客观地反映工作付出与工作报偿二者之间的关系。

付出－报偿不平衡比率的计算公式为 ERI-ratio = E/R，以 ERI-ratio = 1 为临界点，得分等于 1，说明报偿与付出是相称的；得分小于 1，反映的是报偿多于付出的不平衡状况；而得分大于 1，则表明工作环境中存在着付出多于报偿的不平衡现象。统计结果显示，我们样本的 ERI-ratio 的均值为 1.31（剔除了样本中 ERI-ratio 大于 3.59 的极端值），标准差为 0.55，最小值为 0.14，最大值为 3.57，分布的偏度系数为 1.32、峰度系数为 4.98，付出－报偿不平衡比率为正偏态、尖狭峰的分布形态（见图 6－5）。这表明，我国城镇居民在工作付出与工作报偿之间总体上存在着较大的不平衡性，付出多、报偿少的状况比较突出。

三　付出－报偿不平衡的组织与群体性差异

（一）付出－报偿不平衡与个体特征

首先，我国《宪法》规定，要保护妇女的权利和利益，实行男女同工同酬。根据国家统计局的数据，2017 年我国城镇居民的

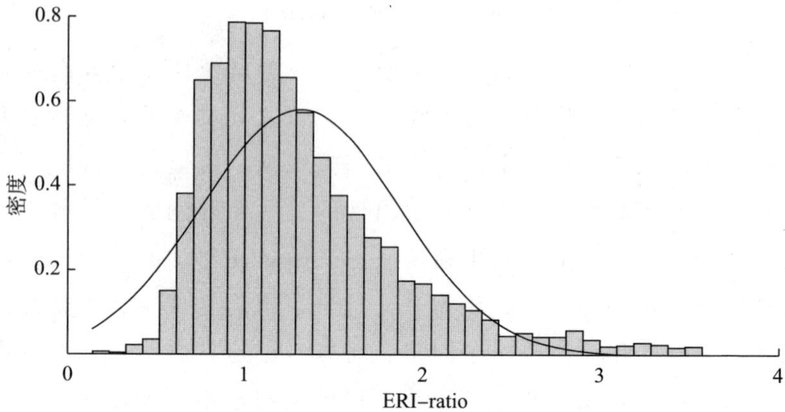

图 6–5 付出–报偿不平衡比率的分布（N=4835）

人均可支配收入为 36396.19 元。① 我们的调查分析表明，男性日均工作时间长于女性，在工作总付出上，男女之间不存在显著差异，但在工作总报酬上存在男高女低的明显特征。分析结果显示，样本人均月收入是 4417.05 元（使用剔除掉奇异值和极端值后的本体值计算，下同），但方差分析结果显示，男性月收入为 5053 元，女性月收入是 4097 元，月收入在男性和女性两个群体中的差异是显著的（$p=0.000$）。同时，女性从业人员的 ERI-ratio（1.32）高于男性（1.29），差异具有统计上的显著性（$p=0.02$），说明在总付出相同的条件下，女性获得的总报偿（包括薪酬）是少于男性的，单位组织应创造更加具有包容性的工作环境，为实现真正的男女平等承担应尽的社会责任。

埃森哲研究：三项关键因素推动消除男女薪酬差异

（2017 年 3 月 10 日）埃森哲（纽交所代码：ACN）最新研究发现，如果女性能充分利用三种职业推动力量，加之

① 参见国家统计局官网：http://data.stats.gov.cn/easyquery.htm? cn = C01&zb = A0A01&sj = 2017。

企业、政府和学术界的有力支持，男女之间的薪酬差异将在未来数十年内消除，这意味着将于2020年毕业的女性大学生有望成为见证薪酬性别差异消除的第一代人。

这份题为《2017：实现平等》的报告指出，埃森哲的研究发现，通过有效的变革举措，发达国家的男女薪酬差异有望在2044年前完全弥合，比依现状发展少用36年；对发展中国家而言，达成薪酬平等所需的时间可缩短100多年，由2168年大幅提前至2066年。

埃森哲全球副总裁、大中华区主席庄泉娘表示："在职场中，员工应当得到平等对待。消除薪酬的性别差异，会给经济效益和竞争力带来积极的影响。我们必须采取行动，为女性创造更多机遇，以更迅速地消除这种差别。"

埃森哲的研究还发现，在全球范围内，当女性的人均薪酬为100美元（约合689元人民币）时，男性可获得140美元（约合965元人民币）。同时，由于存在雇佣不平等，男女之间还存在"隐性薪酬差异"，即女性获得付薪工作的比例明显低于男性（女性：50%；男性：76%）。因此，男女之间的实际经济不平等更为悬殊，女性每收入100美元（约合689元人民币），男性就能得到258美元（约合1778元人民币）。

与此同时，研究发现了几项早在大学时期就已存在并将影响女性获取同等报酬能力的重要因素。例如在中国，调研发现，与男性大学生相比，受访女性大学生们立志成为高级管理者的比例明显较低（女性：45%；男性：72%）。同时，她们"迅速采用新技术"以及"不断学习新数字技能"的比例（分别为72%和40%），也低于男性大学生（分别为

78%和57%)。

埃森哲的报告指出了能帮助女性弥合薪酬差异的三个关键的推动因素。借助这些因素，再结合企业、政府和学术界的有力支持，到2030年，全球范围内男女之间的薪酬差异有望缩小35%，使女性收入总额提高3.9万亿美元（约合26.9万亿人民币)。这三个推动因素分别是：

(1) 娴熟使用数字技能：积极利用数字技术用以学习、工作以及与外界联系；

(2) 构建职业发展战略：树立远大目标，勇于抉择，主动管理自身事业；

(3) 积极融入技术环境：把握机会，掌握更多技术，更出色地运用数字能力，与男性齐头并进。

庄泉娘补充道："男女平等是包容性工作环境的一项基本要素，这其中也包括薪酬问题。为了消除男女之间的薪酬差异，企业、政府和学术界等都应发挥重要的作用。其中，企业应通过紧密合作，提供相适应的员工环境、发展机遇和行业典范，这正是推进变革的关键所在。"

资料来源：http://marketwatch.hroot.com/company/Detail-14692-cn.cis。

其次，在工作环境中人们的付出和报偿往往会因年龄而有差异，对调查数据的分析证明了这一点。研究显示，单纯从工作时间的付出来看，36~55岁的人的日均工作时间最长，而青年人的日均工作时间则相对较短；相应地，人们的月均收入由16~25岁青年人的3986元上升到36~55岁的4500元，然后再下降到56岁及以上劳动者的3253元。收入随年龄的这种变化特征是符合职场现实状况的。进一步的研究表明，35岁以下劳动者的工作总付出最多，26~35岁劳动者的工作付出达到49.22。然后随着年龄的提高，工作付出逐渐下降，56 岁及以上人的工作付出为 45.09。而工作回报的变化则随着年龄的提高而呈现倒 V 型分布特征，即 36～45 岁劳动者的工作报偿最高，达到 41.41；而 16～25 岁劳动者和 56 岁及以上劳动者的工作报偿都低于 40。在此基础上，通过对付出－报偿不平衡比率的计算，我们发现该比率基本上随着人们年龄的提高而表现出下降的趋势，尤其是 16～25 岁劳动者，均值达到 1.4，而 46～55 岁劳动者的付出－报偿不平衡比率均值则是 1.23。可见，付出－报偿不平衡比率在不同的年龄段上存在显著性差异。

再次，教育是人力资本中一个极为重要的因素，自然也与工作环境中的付出－报偿的关系紧紧地联系在一起。调查数据统计结果清晰地显示，随着被访者受教育程度由小学到研究生的逐级提高，他们的工作付出从小学及以下的 40.46 上升为研究生的 59.21，几乎表现出显著的直线上升趋势。并且，他们的工作报偿也表现出同样的变化规律，从小学及以下的 26.29 上升为研究生的 59.14。在此基础上，我们进一步发现，付出与报偿之间的落差现象尽管总体上各受教育程度的人都有所感受和体会，但它在低受教育程度者身上表现得更明显。可见，个人的工作环境如何，虽受社会大环境和单位制度的影响，但也与个人拥有的教育资源分不开。

“读书无用论”别再害人了！英国用 73 年跟踪 7 万名孩子，用事实反驳

近日，一位英国科学家分享了英国用 73 年跟踪万名孩子的调查结果。

通过她的讲述，我们可以知道，这项调查始于 1946 年，英国记录下了出生在英格兰、苏格兰和威尔士的将近 14000 个孩子。

后来，英国科学家又记录下了成千上万个于1958年、1970年、20世纪90年代早期和2000年前后出生的小孩。最终总共有7万个小孩参与到了这项研究中，跨越了5代人，其中的一些小孩已经70多岁了，也由此产生了6000多篇学术论文。

其中，英国科学家发现，很多出身贫寒的孩子，长大后基本都过得不好，做糟糕的工作，拿微薄的薪水。更糟糕的是，他们成年后也没有一个好的身体，是肥胖、高血压等疾病的多发人群。

当然，也有例外，一些出身贫寒的孩子在长大后也过得不错，有的甚至实现了阶层跨越。英国科学家也对此进行了研究，并找出了其中的规律。虽然英国和我国的国情不同，但这个规律还是具有一定的参考价值的：

（1）父母要有责任感；

（2）睡眠规律；

（3）家里多摆些书籍。

事实上，通过以上三点我们也能看出，这个研究得出的让孩子“脱贫”的方法，表面上看是父母要有责任心，并培养孩子的阅读兴趣和规律作息等，但本质上其实是要重视孩子的教育，换言之，是“知识改变命运”。

研究显示，通过以上做法，能缩小贫富孩子间教育差距的一半，30岁后贫困的概率比不做这些做法的人要小很多。而那些从底层逆袭的孩子，几乎都拥有非常好的教育，有的甚至是顶尖大学的高才生。看到这，你还认为“读书无用”吗？

资料来源：https://www.sohu.com/a/290522062_100222779。

工作者的专业技术能力与其受教育程度自然是相互关联、难以分开的，所以人们的专业技术能力不同，其工作环境也可能不同，事实证明了这一观点。统计结果显示，随着被访者从非专业技术人员到具有高级专业技术职称，他们的工作付出从最低的45.27逐步增加到最高的53.41，并且他们的工作报偿也从最低的34.41逐渐提高到最高的53.77。进一步用付出－报偿不平衡比率来评价，结果发现非专业技术人员付出－报偿不平衡比率的均值最高，达到了1.46；而中级、高级专业技术人员的不平衡比率的均值分别仅为1.09和1.06，表现出随着专业技术级别提高而逐渐下降的变化趋势。

工作报偿状况与人们的工作状况是有关系的。统计分析结果显示，工作付出状况在工作状况不同的三类群体上的分布特征如下：自雇且雇人者的工作付出最多（52.27），而完全自雇者与完全受雇者则相对较少。而工作报偿的分布与之不同，完全受雇者的工作报偿情况最佳（41.01），完全自雇者的工作报偿情况则最差（31.05）。综合工作付出和工作报偿的状况，二者失衡程度最高的是自雇劳动者，其次是自雇且雇人者，完全受雇人员的失衡程度相对较低。

最后，先前的研究已经证明，权力作为工作组织中的一种统治力量，可以直接影响个人所获取的资源的多少，人们在组织中的权力越大，人们获取和支配更多资源的可能性就越大。[①] 我们可以据此进一步提出一个假设，即人们凭借权力获取和支配的资源不同，人们的付出－报偿关系状况也会不一样。表6－3显示，工作付出在不同权力地位上的差异是显著的，人们的权力地位越高，工作付出就越多。除此之外，问题的关键在于工作报偿在权力地位上的极差达到23.20，工作报偿由一线员工

① 李路路、李汉林：《中国的单位组织：资源、权力与交换》，浙江人民出版社，2000，第113～114页。

的36.15逐级提高到五层及以上的59.35。这再次清晰地证明了权力地位的意义在于报酬获得的常识。在此基础上，我们进一步分析了付出－报偿不平衡这一社会事实与权力地位的关系，ERI-ratio在不同权力地位上的分布差异达到0.36，*F*统计值为0.000，失衡程度表现出随着权力地位的提高而逐渐降低的趋势。事实上，权力就意味着报酬和资源的交换，更多的权力可以交换到更多的报酬，从而使人们进入更高质量的工作环境。

十九届四中全会《决定》：增加一线劳动者劳动报酬和低收入者收入

《南方都市报》2019年11月5日

据新华社11月5日消息，十九届四中全会《中共中央关于坚持和完善中国特色社会主义制度 推进国家治理体系和治理能力现代化若干重大问题的决定》（以下简称《决定》）已公布。

在劳动分配制度方面，《决定》强调着重保护劳动所得，“增加劳动者特别是一线劳动者劳动报酬，提高劳动报酬在初次分配中的比重”。

浙江大学公共管理学院教授李实向南都记者介绍，一线劳动者基本属于低收入人群，无论是要缩小贫富差距，还是要发展制造业等产业，国家都应该注重增加他们的劳动收入，在投资战略上给予支持。

“不能只是关注高新技术产业，也要更关注劳动密集型产业，在税收、金融等方面提供支持”，他说。

资料来源：https://m.sohu.com/a/351859580_161795。

表 6-3 付出-报偿不平衡的个体特征

个体特征	类别	工作付出			工作报偿			ERI-ratio		
		N	均值	标准差	N	均值	标准差	N	均值	标准差
性别	1. 男性	2090	48.55	13.05	1728	41.32	15.63	1600	1.29	0.55
	2. 女性	4003	48.26	13.05	3463	39.91	15.35	3234	1.32	0.55
	显著性	$F=0.67$, $p=0.414$			$F=9.55$, $p=0.002$			$F=5.09$, $p=0.024$		
年龄	1. 16~25 岁	858	48.19	12.26	735	37.31	14.72	695	1.44	0.59
	2. 26~35 岁	2803	49.22	13.24	2391	40.70	14.85	2261	1.31	0.53
	3. 36~45 岁	1551	48.08	13.12	1315	41.41	15.82	1215	1.28	0.56
	4. 46~55 岁	766	46.48	12.66	652	40.78	16.96	582	1.23	0.52
	5. 56 岁及以上	112	45.09	13.49	96	39.23	17.36	79	1.27	0.59
	显著性	$F=9.02$, $p=0.000$			$F=9.25$, $p=0.000$			$F=13.75$, $p=0.000$		
受教育程度	1. 小学及以下	162	40.46	13.12	134	26.29	12.15	105	1.60	0.71
	2. 初中	808	44.14	13.19	690	30.32	13.16	585	1.54	0.63
	3. 高中/中专	1790	46.56	12.12	1482	36.32	13.90	1371	1.40	0.59
	4. 大专	1717	48.82	12.87	1487	41.53	14.29	1431	1.27	0.52
	5. 大学（本科）	1451	52.04	12.59	1234	48.58	13.44	1196	1.14	0.42
	6. 研究生	166	59.21	11.77	161	59.14	12.61	147	1.04	0.28
	显著性	$F=87.76$, $p=0.0000$			$F=278.36$, $p=0.0000$			$F=70.15$, $p=0.0000$		

续表

个体特征	类别	工作付出			工作报偿			ERI-ratio		
		N	均值	标准差	N	均值	标准差	N	均值	标准差
工作状况	1. 自己做，不雇人	786	47.45	13.29	297	31.05	14.07	245	1.59	0.64
	2. 自己做，雇人	571	52.27	13.58	279	40.11	14.24	250	1.41	0.59
	3. 受雇于个人或单位	4733	48.05	12.86	4611	41.01	15.39	4337	1.29	0.54
	显著性	$F=29.15$，$p=0.0000$			$F=59.38$，$p=0.0000$			$F=39.93$，$p=0.0000$		
技术职称	1. 非专业技术人员	991	45.27	13.32	852	34.41	14.14	792	1.46	0.59
	2. 未定级	2257	48.02	12.96	1928	38.04	14.32	1802	1.36	0.56
	3. 初级	828	50.04	12.76	788	43.26	14.60	748	1.25	0.50
	4. 中级	867	51.95	12.43	782	50.68	14.48	745	1.09	0.42
	5. 高级	173	53.41	12.97	153	53.77	16.93	144	1.06	0.41
	显著性	$F=40.73$，$p=0.0000$			$F=186.71$，$p=0.0000$			$F=60.86$，$p=0.000$		
权力地位	1. 一线人员	3682	46.49	12.74	3137	36.15	14.54	2872	1.40	0.59
	2. 二层	1592	50.07	12.72	1323	44.35	14.13	1261	1.22	0.49
	3. 三层	539	53.11	12.75	482	50.32	13.01	465	1.10	0.36
	4. 四层	176	54.71	14.18	157	51.81	15.15	153	1.14	0.47
	5. 五层及以上	88	55.20	14.06	77	59.35	15.39	72	0.95	0.28
	显著性	$F=62.47$，$p=0.0000$			$F=210.29$，$p=0.0000$			$F=58.92$，$p=0.0000$		

（二）付出－报偿不平衡与经济区域

我国经济和社会发展在东部、中部、西部、东北四大地区存在明显的不平衡性，那么不同地区的劳动者在工作付出与工作报偿上的状况如何呢？统计分析结果显示（见表6－4），工作付出均值最高的是中部地区（49.68），最低的是经济相对发达的东部地区（46.93）；而从工作报偿上看，均值最高的是东北地区（41.57），最低的是中部地区（39.36）。不出所料，从付出－报偿不平衡比率的分布来看，中部地区的人们的失衡程度最高，ERI-ratio均值达到了1.38；而东部和西部地区的人们的失衡程度相对较低，ERI-ratio均值为1.28。方差分析的F统计值极具统计学意义上的显著性，说明总体上这种付出－报偿不平衡现象确实存在着区域差别。

表6－4　经济区域与付出－报偿不平衡比率的方差分析结果

经济区域	工作付出			工作报偿			ERI-ratio		
	N	均值	标准差	N	均值	标准差	N	均值	标准差
1. 东部地区	2513	46.93	12.83	2224	40.37	15.28	2102	1.28	0.52
2. 中部地区	1710	49.68	13.11	1413	39.36	15.94	1275	1.38	0.60
3. 西部地区	1347	49.05	13.40	1176	41.25	14.58	1111	1.28	0.54
4. 东北地区	524	49.14	12.32	379	41.57	16.98	347	1.33	0.57
显著性	$F=17.93$，$p=0.000$			$F=4.03$，$p=0.007$			$F=11.29$，$p=0.000$		

（三）付出－报偿不平衡与单位成立时间

单位成立的时间不同，人们的付出－报偿不平衡的状况会有明显的差异，对数据的统计分析证实了这一点。除了1949年以前成立的单位之外，人们所在单位存在的时间越短，他们的工作付出就越多，而他们的工作报偿就越少。这样一来，必然会造成人们的付出－报偿不平衡比率随着单位存在时间的缩短而递增的结果，从表6－5可以看出，在1950～1983年成立的单位中的人们的 ERI-ratio 均值仅为 1.43，而在 2013～2017 年成立的单位中的人们的 ERI-ratio 均值高达 2.16，这就说明，成立时间越晚的单位的付出－报偿不平衡现象越严重，这是值得我们深思的一个问题。

表 6－5　单位成立时间与付出－报偿不平衡比率的方差分析结果

单位成立时间	工作付出			工作报偿			ERI-ratio		
	N	均值	标准差	N	均值	标准差	N	均值	标准差
1. 1949 年以前	37	55.68	11.40	34	55.92	11.64	32	1.54	0.71
2. 1950～1983 年	491	49.32	12.94	496	50.85	14.88	456	1.43	0.54
3. 1984～2000 年	1711	48.43	13.25	1586	42.55	15.31	1493	1.73	0.69
4. 2001～2012 年	2352	48.31	12.91	1898	38.67	14.32	1787	1.90	0.79
5. 2013～2017 年	873	48.00	13.13	586	33.26	13.92	532	2.16	0.85
显著性	$F=3.71$，$p=0.005$			$F=121.73$，$p=0.000$			$F=70.19$，$p=0.000$		

（四）付出－报偿不平衡与单位类型

表 6－6 显示的是单位类型与付出－报偿不平衡比率的方差分析结果，研究表明，单位类型不同，人们的工作付出、工作报偿以及付出－报偿不平衡比率表现出显著差异。具体来说，从工作付出来看，行政事业单位的工作付出最多，均值达到 52.81；其次是现代型企业，均值为 50.01。工作付出最少的是私营企业，仅为均值 47.60。从工作报偿来看，行政事业单位的工作报偿最多，而个体户的工作报偿最少。从付出－报偿不平衡比率来看，数个体户的付出－报偿不平衡比率最高，行政事业单位的付出－报偿不平衡比率最低。

表 6－6　单位类型与付出－报偿不平衡比率的方差分析结果

单位类型	工作付出			工作报偿			ERI-ratio		
	N	均值	标准差	N	均值	标准差	N	均值	标准差
1. 个体户	2083	47.62	13.31	1318	31.11	13.03	1182	1.61	0.62
2. 集体企业	171	48.13	12.33	174	40.66	13.54	156	1.26	0.47
3. 私营企业	2143	47.60	12.87	2075	39.04	13.92	1951	1.32	0.52
4. 现代型企业	691	50.01	12.68	654	46.33	13.93	640	1.15	0.44
5. 国有企业	497	48.98	12.87	499	51.30	13.22	459	0.98	0.33
6. 行政事业单位	429	52.81	12.74	411	54.32	13.19	397	1.02	0.35
显著性	$F=15.36$，$p=0.000$			$F=304.15$，$p=0.000$			$F=160.54$，$p=0.000$		

（五）付出－报偿不平衡与行业领域

我们假设不同行业领域人员的工作付出、工作报偿是不一样的，表 6－7 显示的数据统计分析结果证实了这一假设。具体来说，在 26 个行业领域里，工作付出较多的前 5 个行业领域依次是卫生和社会福利业（54.98）、党政机关和社团（54.47）、教育（51.16）、金融保险业（51.12）和邮电通信业（50.94）。相对地，工作付出较少的几个行业领域分别是粮食种植业（43.48）、采掘业（44.10）、以农产品为原料的制造业（44.82）等。而党政机关和社团（54.86）、科研/综合技术服务（54.25）、教育（49.89）、金融保险业（49.14）和居民自治组织（49.50）是工作报偿最多的前 5 大行业领域，工作报偿较少的几个行业领域则是手工业（32.66）、餐饮业（32.80）、服务业（34.39）、粮食种植业（35.68）和商业（37.78）等。

我们还可以看到，除了科研/综合技术服务、居民自治组织外，其他所有行业领域的 ERI-ratio 的均值都是大于 1 的，这就说明工作付出多、工作报偿少是当下中国大多数行业领域的一种特征。方差分析结果显示，F 统计值极具统计显著性，表明行业领域不同，人们的这种付出－报偿不平衡状况也不相同。具体来说，服务业的 ERI-ratio 均值为 1.51，付出－报偿不平衡最为严重的是餐饮业，所以餐饮行业从业人员离职率高也就可以理解了。另外，手工业（1.49）和商业（1.36）也是付出－报偿不平衡比较严重的行业领域。相对地，付出－报偿不平衡状况最好的是科研/综合技术服务，ERI-ratio 均值只有 0.87，表现出一种付出少、报偿多的状态；其次是居民自治组织（0.93），党政机关和社团的 ERI-ratio 均值为 1.05，与以非农产品为原料的制造业持平（1.05）。我国当前正在实施制造强国战略，制造业从业人员的付出－报偿基本平衡的工作环境对国家加速实现制造强国目标、顺利实现工业化具有重要社会意义。

表 6－7　不同行业与工作付出－报偿不平衡比率的方差分析结果

行业领域	工作付出			工作报偿			ERI-ratio		
	N	均值	标准差	N	均值	标准差	N	均值	标准差
粮食种植业	27	43.48	13.95	22	35.68	13.22	21	1.30	0.41
其他农林牧渔业	38	47.39	16.73	32	38.81	19.64	26	1.20	0.56
手工业	162	46.38	11.65	135	32.66	12.63	122	1.49	0.56
采掘业	29	44.10	12.52	30	39.41	16.46	25	1.16	0.49
制造业（非农产品）	385	45.10	11.45	378	45.20	11.92	36	1.05	0.31
制造业（农产品）	106	44.82	12.64	92	39.59	14.50	87	1.20	0.52
建筑业	300	46.20	12.91	267	40.39	15.23	244	1.22	0.50
文化艺术和体育	90	47.65	12.23	82	46.74	15.51	81	1.14	0.51
邮电通信业	84	50.94	13.24	74	42.21	14.89	70	1.33	0.46
信息产业	272	45.89	12.16	252	42.43	14.19	243	1.16	0.46
商业	675	47.75	12.63	539	37.78	14.24	498	1.36	0.49

续表

行业领域	工作付出			工作报偿			ERI-ratio		
	N	均值	标准差	N	均值	标准差	N	均值	标准差
对外贸易业	81	45.14	10.16	77	44.27	13.86	73	1.10	0.43
餐饮业	678	49.14	12.83	496	32.80	13.51	45	1.64	0.65
党政机关和社团	79	54.47	13.53	80	54.86	13.62	73	1.05	0.35
公用事业	101	49.19	12.53	102	48.54	15.76	94	1.07	0.40
旅游娱乐业	70	49.69	12.66	61	41.40	15.71	58	1.30	0.49
服务业	1528	48.04	13.68	1217	34.39	13.83	1109	1.51	0.60
房地产经营业	88	49.51	13.32	85	42.34	15.33	80	1.27	0.46
咨询业	46	48.03	13.45	44	45.47	14.71	44	1.19	0.59
卫生和社会福利业	241	54.98	14.03	222	47.43	15.84	218	1.27	0.51
交通运输业	185	48.51	13.51	156	43.34	15.50	138	1.18	0.54
广告业	56	47.31	12.53	52	40.54	13.53	51	1.23	0.44
科研/综合技术服务	42	46.74	12.67	44	54.25	8.86	41	0.87	0.27
金融保险业	220	51.12	12.63	214	49.14	13.53	203	1.08	0.37
教育	410	51.16	12.01	376	49.89	15.26	362	1.10	0.40
居民自治组织	10	46.09	8.99	9	49.50	10.44	9	0.93	0.22
显著性	$F=7.11$，$p=0.000$			$F=39.00$，$p=0.000$			$F=28.48$，$p=0.000$		

餐饮行业从业人员离职率为何如此高？

“餐饮是一个密集型、高强度且重复性高的行业，与消费者的直接接触度高，从业人员的团队综合水平的高低直接决定了餐饮行业最后能否成功。现如今餐饮行业中无论是快餐、酒楼还是团膳，人都是越来越难招，主要是因为工资低、活多、休假少等情况！现如今的餐饮行业招工难已经是普遍现象了，团队高效、专业敬业是餐饮竞争的核心。”如何保障人员流失最低化呢？

北京百谷元餐饮管理有限公司认为造成流失的原因有以下8点：

1. 刚入职无人理睬，人生地不熟，没有依靠；

2. 缺少安全感，对公司信任度低，一旦产生意外事件不知所措，不知是否有安全保障；

3. 新入职员工没有师傅带领，缺乏具体的入职计划，不知所措；

4. 真实的福利待遇和当初面试时说的不一致，感觉被欺骗；

5. 对新公司缺乏信心，对升迁制度不熟悉，没有系统培训；

6. 新工作中，觉得领导不够重视自己，缺乏工作激情，对新的工作、生活环境不满意；

7. 对员工的成绩没有肯定，有的人希望涨工资，有的人希望得到公开表扬，用以嘉奖他们良好的工作表现；

8. 上下级关系处理不当，超过半数员工离职的原因是与上司关系不佳。聪明的公司会确保其管理者懂得如何做到既专业又不乏人情味，如果上级从不真正关心员工，那么其手下的人员的流动率就会比较高。没有人愿意将每天的时间奉献给只知发号施令、只关心业绩的老板。

资料来源：https://www.yidianzixun.com/article/0JTp0xuQ/amp。

四 付出－报偿不平衡量表的效度分析

(一) 相对剥夺感量表

我们在前面已经提到，工作付出与工作报偿两者之间的不平衡以及所形成的张力，在客观上可能会造成三个方面的社会后果：一则可以使人们强烈地感受到一种相对剥夺；二则可以造成人们在各种社会地位之间的落差，通过人们内向的反思会导致人们的地位不一致性；三则可以使人们深刻地体验到他们自己在经济收入上的不满意以及在比较过程中形成的不满与焦虑。这三个方面的主观体验和感受都会在很大程度上影响人们对其工作的环境优劣与好坏的判断，进而影响人们对组织的认同，影响人们在工作中的劳动积极性和工作质量。在这里，让我们集中分析一下付出－报偿不平衡与相对剥夺感。

相对剥夺感主要是指人们从期望得到的和实际得到的差距中（discrepancy between expectation and actuality）所产生出来的或所感受到的，特别是在与相应的参照群体的比较过程中所产生出来的一种负面主观感受、一种不满和愤慨的情绪。[①] 另外，从宏观的角度来看，关注人们被剥夺的状况，无论是被相对剥夺还是被绝对剥夺，都是人类发展的基本原则，反映的是人们追求社会公平正义的理想和愿望。当然，在这里，在我们理解相对剥夺感这个概念的过程中，起码有以下四点需要强调。

第一，相对剥夺感总是在期望以及期望的实现的不断比较过程中产生出来的。当人们的期望值总是高于实际实现值的时候，人们就会感到失望和失落。在这里，人们的期望值是一种他们认

---

① 李汉林：《中国单位社会：议论、思考与研究》，上海人民出版社，2004，第164～189页。

为他们能够得到或者说应该得到的东西。当人们认为能够或应该得到而在实际上却没有得到的时候，他们就很容易自然而然地感到在实际行为过程中受到剥夺。

第二，相对剥夺感也是人们在其行为的过程中，不断地与其相应的参照群体（reference group）相比较的结果。参照群体主要是指被特定的社会集团和个人自觉或不自觉地把该群体的价值观念和行为规范作为其行为取向的那些社会群体。人们总是在与他们自己所认同的群体和个人的比较过程中，不断修正自己的行为。同样如此，也正是在这样的一个过程中，人们来感受相对被剥夺程度的高低。在这里，相对剥夺感的特殊之点在于，它更多地体现人们所得到的回报和奖赏在和自己的参照群体的比较过程中，是否处于一种等值或公平的状态。人们在拿自己的付出和回报与其相应的参照群体的比较过程中越感到平衡与公平，那么，其相对剥夺感的程度就会越低。反过来，如果人们在拿自己的付出和回报与其相应的参照群体的比较过程中越感到不公平和愤恨，那么，不仅人们满意的程度会变得越低，而且，也会不可避免地产生出一种相对剥夺的感觉。因此，人们的被剥夺感是相对的。当人们实际上对某种事物或事件做出满意不满意的评价时，都有可能受到个人社会地位、环境、参照群体等各种外在因素的影响。

第三，相对剥夺感作为一种负面的感受（negative feeling），反映的是人们的失望和失落，表达的是一种愤慨和不满的情绪。不满意度和相对剥夺感强调的重点或概念的指向不同，但是二者都是在期望值与实际实现值产生差距的情况下出现的，因此，二者存在着紧密的联系。表 6 – 8 比较形象地说明了期望、期望实现的程度、相对剥夺感以及不满意度这四个变量之间的关系。从表 6 – 8 可以看出，只有当人们具有高期望值和低实际实现值的时候，人们的相对剥夺感才会变得强烈起来。

表 6-8 期望、期望实现的程度、相对剥夺感、不满意度的关系

期望	期望实现的程度	相对剥夺感	不满意度
高	高	低	低
低	高	低	低
高	低	高	高
低	低	低	不高不低（趋中）

第四，相对剥夺感产生的一个重要的条件就是人们不切实际地大幅度提高期望值，做出许多没有实现或不可能实现的允诺。这样所造成的结果必然会使人们的期望值和实际实现值的差距不断拉大，使人们经常地陷入失望和失落、不满和愤慨的情绪之中。在这样的情况下，人们的相对剥夺感也就会不可避免地产生出来。

总之，相对剥夺感作为人们的一种主观感受，其所要测量的则是人们在与相应的参照群体的比较过程中所产生的一种对两者之差异的主观感受，这种主观感受一般而言都是负面的和消极的，都会透露出一种不满和愤慨的情绪。

在一般的意义上，产生相对剥夺感的根本原因在于，社会行动者通过比较期望和期望实现的程度的过程中所形成的付出与所得不对等的主观感受：当人们的期望值总是高于实际实现值的时候，他们就会感到失望和失落。在这里要强调的是，一旦人们将其与相应的参照群体纳入他们主观的比较和判断过程之中，上述感受的程度会加深，从而变得更加强烈。在这里，参照群体指的是这样一些社会群体或个人，他们的行为规范和价值取向通常被其他某些社会群体或个人当作自身的行为规范和价值取向，而由此造成其社会行为及其效果也被这些社会群体或个人用来与自身相比较。也就是说，相对剥夺感的一个重要基础是组织内的社会群体或个人在主观上与组织外的社会群体或个人有所认同，这种认同可能会表现在身份、地位、等级或声望等许多方面。事实上，人们总是在与他们自己所认同的参照群体与个人的比较过程中，

不断认定或修正自己的行为，而这种比较的过程也是估算自己被相对剥夺的程度的过程。

同样，有了参照群体，人们会更为在意自己所得到的回报在与参照群体的对比过程中，是否处于一种等值或公平的状态。所以，人们在拿自己的付出和回报与参照群体比较的过程中越感到平衡，他们的相对剥夺感的程度就越低，反之则越高。很显然，相对剥夺感作为一种负面的主观感受，反映的是人们与其他社会群体或个人相比所产生的失望和失落情绪。在这个意义上，与不满意度相比，相对剥夺感的社会性（social）的程度要高得多，因为它所体现的是属于不同单位组织的社会群体或个人之间感受性的，有时甚至是带有想象的差异。这样一种失范状态，已经超出了特定的单位组织的范围，并扩散到其他组织甚至是全社会的范围。因此，在某种程度上，相对剥夺感与整个社会的宏观氛围密切相关，时刻会受到社会结构及文化气氛的变迁状况的影响。

所以，就社会的总体环境来说，相对剥夺感产生的一个基本条件，就是不切实际地大幅度提高人们的期望值。特别是在巨大的社会转型过程中，组织变迁形成了结构的诸多不确定性，加之各种各样的新的社会因素，使各种不同的组织结构形成了许多交叉、重叠和错落的局面，所有制度的调整和转换都会使制度本身变得越来越不透明、越来越不明确，社会成员也越来越难以确定自身的行动目的和价值。在这种情况下，倘若整个社会通过文化系统进一步做出许多没有实现或无法实现的承诺，人们就会在与各种各样的参照群体的对比下，使自己的期望值和实际实现值的差距不断拉大，从而产生越来越强烈的相对剥夺感，甚至是怨恨和愤慨的情绪。

让我们具体分析一下一个单位组织中的状况来说明相对剥夺感产生的背景与条件。我们知道，单位组织中一般意义上的不平等和不公正并不是也不能直接引发单位组织中的冲突。只有在以下三种条件逐步递进并不断强化的情况下，才有可能引发和导致单位组织成员之间的冲突进而恶化单位组织的工作环境。① 这三个条件简单地说就是：①人们在单位组织中的相对剥夺感、地位的不一致性和不满意度变得越来越高；②单位组织中的基本价值取向和行为规范发生动摇和混乱；③单位组织中管理层不作为。具体来说，单位组织中的不平等和不公正首先造成的一个最明显的社会后果是单位组织成员之间利益分配不当、激励机制扭曲和贫富差距过大。部分单位组织成员炫耀性消费的示范效应、单位组织中激励结构扭曲以及行为规范与取向混乱，使人们的羡慕与妒忌、攀比与模仿、失落与愤怒等各种情绪交织在了一起。如果再加上不适当的炒作与推动，就会使得一些单位组织成员的那种相对剥夺感与地位的不一致性在相互比较的过程中变得越来越强烈，由此引发的不满意度就会变得越来越高。如果在这样的情况下，单位组织中的管理层没有及时地发现苗头、做好工作，单位组织中一些相关的政策没有做出适当的调整，在结构上没有做出适当的制度安排，那么，人们就会对单位组织中公平正义等基本价值观念产生怀疑和动摇，对单位组织管理层以及对单位组织整体的行为越来越不信任。在这样的情况下，任何一个偶然的事件都可能会引起单位组织成员的过激行为和强烈反应，人们的愤怒与不满就可能会用一种极端的方式发泄出来，一些诸如上访、罢工、游行示威等集体行为就会不可避免地产生，一个单位组织中的工作环境就会很快地恶化。

在一些单位组织中，人们很容易从实实在在的感性层次上理解，一些人对单位组织短缺资源不公平占有的同时就意味着对另

① Hanlin Li, et al., *Searching for Hidden Reality: Anomie and Social Change*, SAD, 1998; R. K. Merton and A. S. Kitt, "Contributions to the Theory of Reference Group Behavior", in R. K. Merton (eds.), *Social Theory and Social Structure*, New York: The Free Press, 1968; Nee Victor, "A Theory of Market Transition: From Redistrbution to Markets in State Socialism", *American Sociological Review*, Vol. 54, 1989, pp. 663 - 681.

一些人资源不公平的剥夺。紧密的关系以及全力的投入，很容易造成单位组织成员之间的紧张、摩擦和冲突。当一些人对另一些人对资源、机会和利益的占有与分配感到不满、不公正，当人们对自身的资源、利益和机会的占有与分配状态感到失望、不满意且又无回天之力的时候，就很容易把这种不满与愤怒转化成怨恨和内耗，转化成一种破坏性的行为动机和冲突。事实上，成员之间充满冲突和矛盾、相互内耗严重的单位组织是不可能具有良好的工作环境的，也不可能实现发展。相反，能够实现和谐与整合的单位组织，才能够实现发展，才会营造出良好的工作环境。

相对剥夺感主要是指人们在与参照群体不断比较的过程中所产生出来的一种负面的感受与情绪。[①] 在理解相对剥夺感这个概念的时候，我们要注意到，相对剥夺感总是人们在与相应的参照群体的比较过程中产生出来的。没有与这些参照群体的比较，可能就不会产生不满的情绪。在这里，与参照群体的比较过程以及相对的不满与愤慨是我们理解这个概念的一个关键。

回过头我们具体来看看付出 - 报偿不平衡与相对剥夺感之间的关系。首先我们要测量单位组织中人们相对剥夺感的状况，相对剥夺感量表的指标共有 3 个：e11 和您认识的朋友相比，您觉得现在的收入是高还是低；e12 在您居住的城市或地方，和别人相比，您觉得现在的收入是高还是低；e13 和您同职业的人相比，您觉得现在的收入是高还是低。答案选项采用李克特 5 点尺度计分，从“很低”到“很高”依次计为 1 ~ 5 分。对量表进行统计时要进行逆向赋分，分值越高表示人们与其他群体相比感受到的相对剥夺感越强。量表的信度检验结果显示，克伦巴赫（Cronbach）α 信

① W. G. Runciman, *Relative Deprivation and Social Justice: A Study of Attitudes to Social Inequality in Twentieth Century Britain*, Aldershot: Gregg Revivals, 1993; T. R. Gurr, *Why Men Rebel*, Princeton: Princeton University Press, 1971; K. D. Opp, *The Rationality of Political Protest*, Boulder, C. O.: Westriew Press, 1989.

度系数为 0.83，各题项的内部一致性非常好。

我们假定相对剥夺感是一种无法直接观察的连续潜变量，鉴于量表为定序测量层次，我们使用广义结构方程模型（GSEM）进行分析，结果表明（见图 6-6），量表各题项的因子负荷均具有统计显著性，说明量表具有较好的聚合效度。采用次序变量的 Logit 测量模型抽取因子得分，这样得到的分值较之于一般线性测量模型的分值更为精确。为便于阅读，我们对该分值进行百分制转换，从而得到最终的相对剥夺感测量结果（见图 6-7）。在我们的样本中，相对剥夺感的数值分布在 0~100 分，均值为 54.63，标准差为 17.12，分值越高表示职工的相对剥夺感越强。

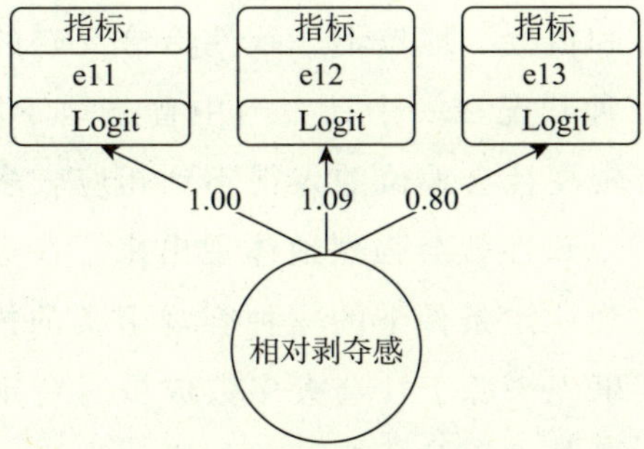

图 6-6　相对剥夺感量表的 GSEM 测量模型

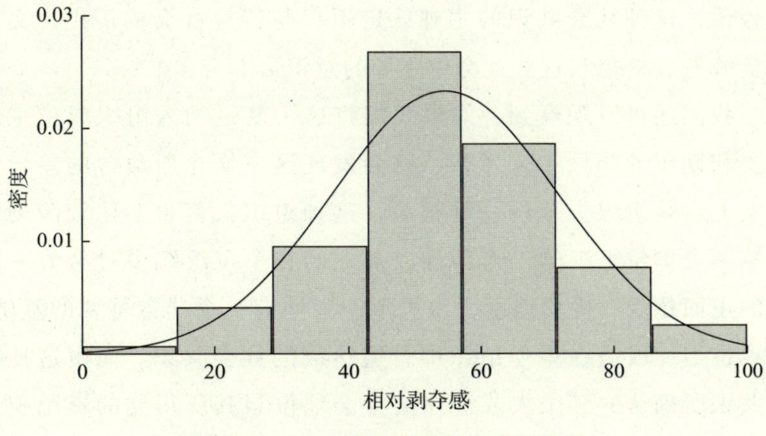

图 6-7　相对剥夺感量表的分布形态

（二）地位不一致性量表

1. 何为地位不一致性

我们还是从付出与回报的角度来观察，事实上，付出与回报的不一致反映到具有不同社会地位的社会群体身上的时候，比较突出表现出来的就是地位不一致性。从理论上说，地位不一致性主要是基于社会共识（social consensus）所认定的社会地位和其所得到的资源与机会所处于的一种不对称的状况。当人们有了较高的受教育水平、较好的职业，或者在社会的行政序列中具有了一个较高的位置的时候，人们同时期望着得到或者说同时能够得到相应较多的资源和机会，地位不一致性恰恰反映的就是这样一种状况。当这样一种状况在一个社会当中普遍地不能实现的时候，也就是说，具有较高社会地位的人得不到相应较多的资源和机会的时候，地位不一致性就会强烈地体现出来。在这里，地位不一致性更多的是主观认定条件下的一种客观事实的描述。因为这样的一种客观事实事先来源于社会大多数成员对特定的社会地位历史的、社会文化及传统上的主观评价。换句话说，地位不一致性所体现出来的不公平，是在社会共识的主观认定的前提下产生的。应该说，这种社会共识的主观认定不仅与特定社会的历史、文化和传统有关，也与这些社会中主导的意识形态有关。

我们还可以观察到，如果我们将这一变量纳入组织成员主观感受和期望的领域中来考察，就会发现这一概念所蕴含的差异性事实上也是组织失范的一种根源，这种组织失范也会比较深刻地影响一个单位组织的工作环境以及人们在单位组织中对努力－回报的正面感受。确切地说，地位不一致性有一个非常重要的基础，即单位组织成员在单位组织中普遍达成的社会共识。而由这种社会共识所确认的某个人或群体的社会地位与其所得到的资源和选择资源的机会之间存在的一种不对称状态，才是这一概念的要义所在。因此，地位不一致性首先必须有一个社会认同的基础，比如，对于一个具有较高学历的单位组织成员，或者一个具有较好职业或较高行政级别的单位组织成员来说，单位组织与社会都会普遍期望它们得到或能够得到比较多的资源和获取资源的机会。在这个意义上，地位不一致性与不满意度和相对剥夺感的不同，在于后两者只是以社会成员本身或参照群体为衡量差异的基础，而地位不一致性强调的则是更大范围内的社会共识。

地位不一致性所反映的恰恰就是这样一种带有更高程度的社会性的状况。比如说，当具有较高学历、较好职业，或较高行政级别等这样一些社会认可的社会成员在单位组织中无法获得整个社会所普遍预期或期待的资源和机会的时候，地位不一致性就会在整个社会范围内非常强烈地反映出来。而这也不会限于纯粹个人或群体的主观感受和判断，而会成为全社会成员的主观感受和判断。在这种情况下，地位不一致性在社会共识的条件下会具有更明确的理想类型（ideal type）的特征，即成为社会普遍认可的一种客观事实的描述。

因此，地位不一致性造成的失范状态所波及的范围更广，在事实判断上会显得更客观，对整个社会的规范价值体系的破坏力度也更大。而且，这样的主观感受和判断也更容易掺杂许多长期积淀下来的带有历史特征的制度因素和文化因素，它的作用范围更广、时间更长，在强度和效度上也是比较高的。

总之，地位不一致性反映出人们基于社会共识所认定的社会地位与其所得到的资源和机会所处的一种不对称的状况。我们很容易观察到，当人们不能够得到在相应的社会地位上所应得到的社会报酬的时候，人们对地位不一致性的感觉就会变得强烈起来。因此，与不满意度和相对剥夺感相比，地位不一致性的感受得以形成的社会比较范围更大，是将自己在整个社会中所处的位置和地位纳入自己对整个社会结构的主观意义脉络中加以比较而形成的落差。因此，虽然地位不一致性综合了更多的社会结构性因素，但其在社会比较中形成的意义脉络更为复杂，更具有主观的随意性。事实上，人们在客观上所看到或所感觉到的地位不一致性，是很容易在情感和行为上表露出来的。换句话说，地位不一致性与不满意度、相对剥夺感等其他的一些主观变量可能会有很强的相关关系。从这一维度来观察人们的行为及行为取向，有利于我们的客观分析。

2. 地位类型及其调查结果

对于地位不一致性的操作化目前学术界仍未达成共识，有时将其具体化为几个客观地位变量，有时也把它具体化为个体基于客观地位不一致而形成的地位不一致性的主观感受、评价。学者们普遍承认经济、权力、声望为区分人们不同地位维度的三种属性标准，鉴于声望的核心是个人针对他人的一种情感感受或内在状态，包含较强的主观评价，所以，我们这里忽略声望，而把地位一致性或地位不一致性具体化为个体的受教育水平、技术职称、权力级别和收入水平四个方面的客观变量。它们都是个体的自致性地位，都是个人经过后天的努力而获得的，也是对任何工作岗位占据者的社会分层有重要影响的因素，所以它们组合起来构成了这里的地位不一致性量表中的指标。

在本次调查中，学历作为教育地位的指标，从“小学及以下”学历到“研究生”学历，分别赋分 1 ~ 6 分，分值越高，表示教育地位越高。调查结果显示，样本的众数为“高中或中技”，占 29.85%，异众比率是 70.14%，学历分布差异较大，“高中或中技”及以下学历者达 48%。技术职称是专业技术地位的指标，“非专技”赋分 1 分，“未定级”赋分 2 分，“初级”赋分 3 分，“中级”赋分 4 分，“高级”赋分 5 分，分值越高，表示专业技术地位越高。统计结果表明，样本的众数为“未定级”，占 44.54%，“初级”及以上者占 35.57%。权力地位用个人在单位组织结构中的层级来衡量，从“一线”到“五层及以上”

依次赋分 1 ~5 分，分值越高，表示个人权力越大。调查结果显示，样本中无任何权力的“一线”员工最多，占了六成以上，权力地位越高，人数越少。经济地位用个人的月收入来测量，月收入“2800 元及以下”计 1 分，“2801 ~3500 元”计 2 分，“3501 ~5000 元”计 3 分，“5001 ~7000 元”计 4 分，“7001 元及以上”计 5 分，分值越高，表示经济地位越高。统计结果表明，月收入在“3501 ~5000 元”的人最多，占 28.39%，经济地位的分布差异较大。调查结果见图 6 –8。

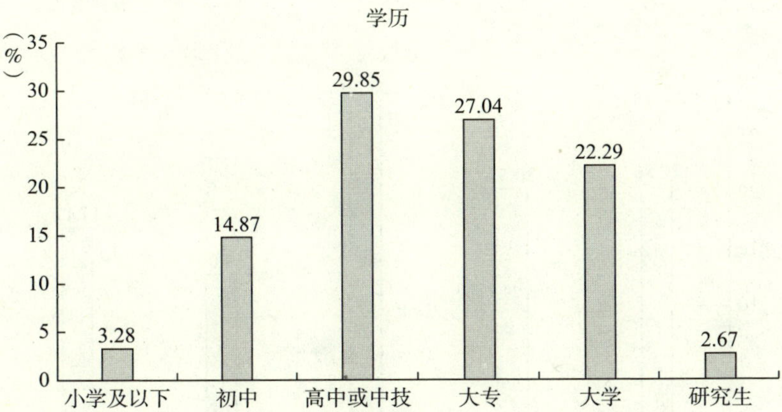

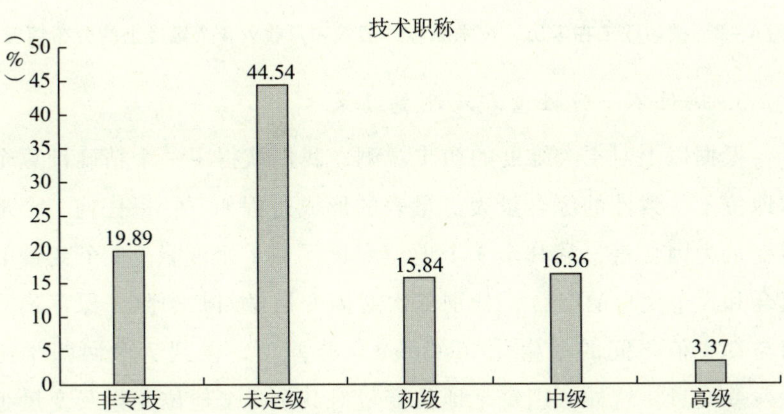

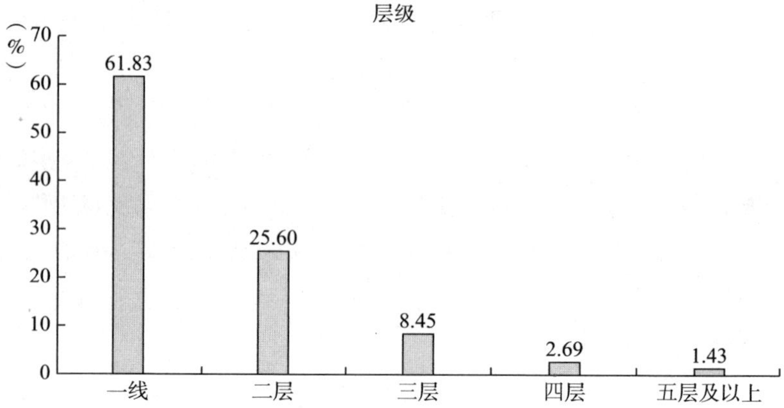

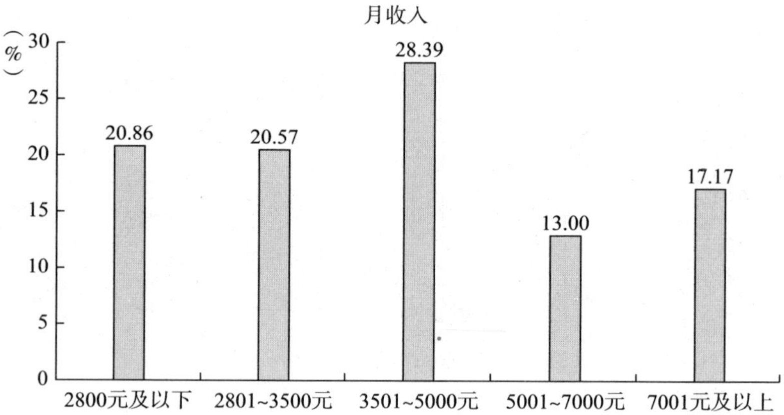

图 6-8　被访职工在学历、技术职称、层级和月收入 4 个维度上的分布情况

3. 地位不一致性量表及测量结果

根据以上对 4 个维度的初步观测，我们获得了一个精确计算个体地位不一致性的综合量表。量表的形成过程如下：以任何 1 个地位变量为因变量，从其余 3 个地位变量得到 1 个变量、2 个变量的组合和 3 个变量的组合，分别依次对因变量做回归预测，保存预测值与真实值之间的学生化（student）残差项，得到 7 个回归学生化残差变量。这样，用每个地位变量对其余 3 个地位变量及变量组合做回归预测，共获得 28 个残差变量，且均为定距测量层次，它们就组成了地位不一致性量表。

然后，我们计算地位不一致性综合指数，把28个变量加总作为个体地位不一致性的量度，数值越大，表示地位不一致性越弱。加总后进一步把量表分值进行反向处理，使得低分值表示低水平的地位不一致性，高分值表示高水平的地位不一致性。统计结果表明，量表的均值为 -0.18，标准差12.51，分布形态如图6-9所示，可见分布呈负偏态，有一个略长的左尾，箱线图下端有少量的奇异值出现。

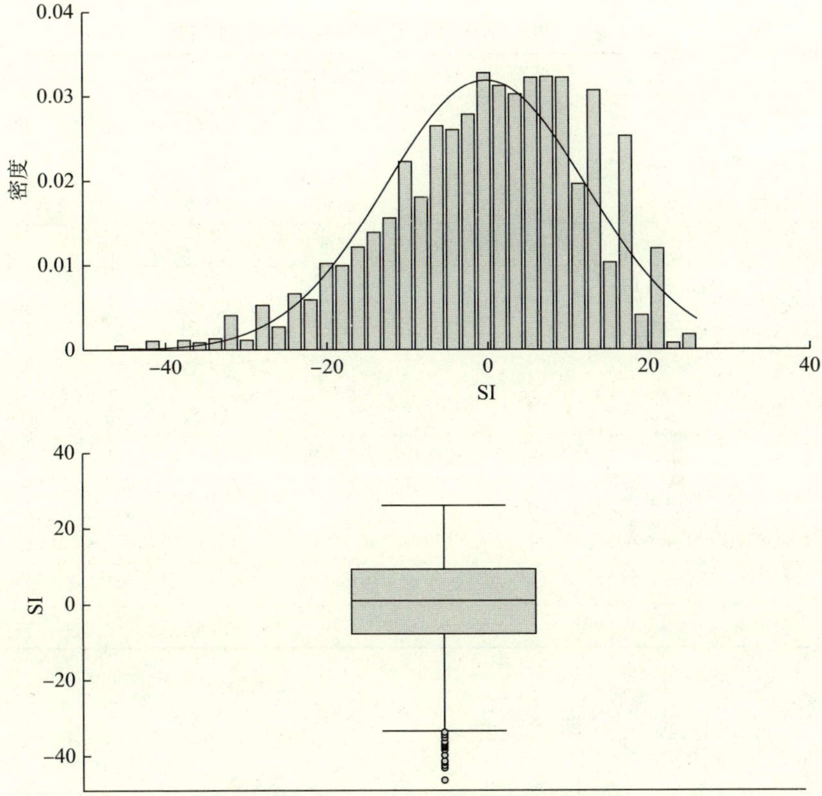

图6-9 地位不一致性量表的分布形态

地位不一致性量表的集中趋势分析显示，样本的均值为 -0.17，表明被访者总体上还是偏向地位一致；而众数和中位数的统计结果表明，地位不一致性主要集中在13.35的水平上，中位数为0.96，表明量表的分布形态为左偏。从量表的离散趋势上看，最小值为-46.5，最大值是26.03，全距为72.54，样本中个体与个体之间的平均离散程度达到12.51，差异性较大。偏态系数为-0.54，其绝对值略高于正态分布0.5的一般标准，可判定为负偏态，这与集中趋势分析的结论一致。峰度系数为3.13，处于1.5～4.5之间，分布的峰度可判定为常阔峰。量表的α值为0.85，说明其信度处于良好的水平。

表6-9　地位不一致性量表的描述性统计结果

地位不一致性量表的集中趋势	
均值（Mean）	-0.17
众数（Mode）	13.35
中位数（Median）	0.96
地位不一致性量表的离散趋势	
最小值（Minimum）	-46.5
最大值（Maximum）	26.03
全距（Range）	72.54
标准差（SD）	12.51
地位不一致性量表的分布形态	
偏度系数（Kurtosis）	-0.54
峰度系数（Skewness）	3.13
地位不一致性量表的信度描述	
克伦巴赫（α）	0.85

（三）收入不满意度量表

工作付出与工作报偿两者之间所产生的不平衡以及所形成的张力，客观上可能造成的另一个社会后果就是收入不满意度，即工作付出与工作报偿之间关系的失衡可使人们深刻体验到他们自己在经济收入上的不满意以及在比较过程中形成的不满与焦虑，这一个方面的主观体验和感受自然会在很大程度上影响人们对其工作的环境优劣与好坏的判断，进而影响人们对组织的认同，影响人们在工作中的积极性和工作质量。在这里，让我们集中分析一下付出－报偿不平衡与收入满意度之间的关系。

收入满意度主要是指人们对工作及其回报的一种积极的情感和态度，是一个涉及认知、情感和评价的主观反应或态度，是由个人对自己的工作结果或工作获得的评价而来的令人愉悦、积极正面的情绪状态，主要是指工作结果满意度。问题很简单，工作会提供人们认为较为重要的东西，如维持个人及家庭生存需要的物质生活资料等。员工基于工作回报状况感受的结果，经由劳动交换而来的报酬数量或回报程度，如果可以满足人们的各种需要，提供了人们体面的生活条件，达到了人们的心理期望，那么人们就会对工作及其结果产生肯定的、愉快的、满足的感受，即收入满意度。

换个角度，从宏观上看，人们关注需要被满足的状况，无论是物质需要的满足还是精神需求的满足，都是人类社会活动的基本原则，反映的是普遍的人们追求需要满足的存在，看不到这一点，任何的其他理论观点都会显得有些苍白无力，难以自圆其说。所以，人们必须首先解决吃、喝、住、穿等问题，无论他们从事哪一个行业、哪一个岗位的工作，物质资料的获得是人们进行一切社会活动的基本原则，生存和发展问题才是任何一个社会发展的普遍性问题。如果一个单位组织期待它的员工履行先前规定的劳动义务，那就必须要尊重人们有这种需要被满足的权利，因为如果基本需要没有得到满足，人们就根本没有动力或兴趣去做单位组织期待他们完成的特定职业行为。故而，人们对工作行为所能满足其需求意愿状况进行评价后产生的一种特定的心理结果，通过概念化过程得到的就是收入满意度。

相关研究已经指出，收入满意度有三个可以被人们普遍接受的维度。一是工作满意度是人们对工作环境的一种情绪反应，看不见却可以推测出来。二是收入满意度常常是由结果（工作报酬）

在多大程度上满足或超过了期待来决定的。如果单位组织成员感到他们在工作上付出了很多，却没有或较少得到报偿，他们就可能对工作、对同事、对老板等产生消极的态度，产生主观上的不满意；而假如他们感觉有很好的待遇，所得工资公平合理，他们就可能对工作形成积极的态度，这就是工作上的满意。三是收入满意度代表着人们对几种与工作相关的内容的态度，如工作自身、薪酬、升迁机会、管理和同事等。① 这些相关态度都涉及前面所讲的工作报偿的几个方面，既包括重要的物质报偿，也包括非物质报偿。

要研究付出 - 报偿不平衡与收入满意度之间的关系，首先我们要测量组织工作环境中人们满意或不满意的程度。这里，收入满意度量表的指标共有 4 个：e3 您对目前这份工作的收入是否满意；e1a 总的来说，您对总体生活水平的满意程度如何；e1b 总的来说，您对单位福利待遇的满意程度如何；e14 就您的能力和工作付出而言，您觉得您现在的收入是否合理。答案选项采用李克特 5 点尺度计分，从“很不满意”或“很不合理”到“很满意”或“非常合理”依次计为 1 ~5 分。对量表进行统计时进行反向赋分，使得分值越高表示人们工作的不满意度越高。量表的信度检验结果显示，克伦巴赫（Cronbach）α 系数为 0.83，说明该量表的可靠性比较强。

我们假定收入不满意度是一种无法直接观察的连续潜变量，鉴于量表为定序测量层次，我们使用广义结构方程模型（GSEM）进行分析。结果表明，量表各题项上的因子负荷均具有统计显著性，说明量表具有较好的测量效度。采用次序变量的 Logit 测量模型抽取因子得分，且为便于阅读对该分值做百分制转换，从而得到最终的收入不满意度测量结果（见图 6 - 10）。在我们的样本中，

---

① Fred Luthans, *Organizational Behavior: An Evidence-based Approach*, New York: McGraw-Hill/Irwin, 2011, pp. 141 - 142.

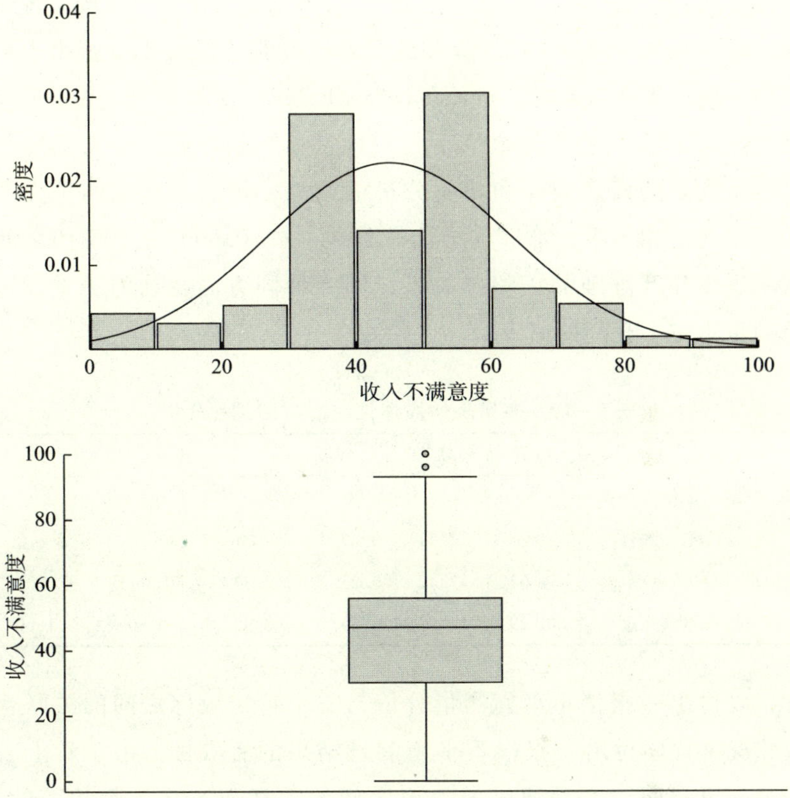

图 6－10　收入不满意度的分布形态

收入不满意度变量的数值分布在 0～100 分，均值为 44.98，标准差为 18.07，偏度系数（skewness）为－0.039，峰度系数（kurtosis）3.175，中位数为 47，表明其近似正态分布。

（四）基于付出－报偿不平衡的多变量回归模型分析

前面我们已经阐明，工作付出与工作报偿两者之间所形成的张力，在客观上可能会直接造成四个方面的社会后果：一是可以使人们强烈地感受到一种相对剥夺；二是人们内向的反思会导致人们的地位不一致性；三是可以使人们深刻体验到他们自己在经济收入上的不满意以及因需要得不到满足而形成的不满与焦虑；

四是可能会产生一种无形的“推力”，降低人们对单位组织的心理依恋。而这几个方面的主观体验和感受都会在很大程度上反映出人们工作环境的优劣与好坏，进而影响人们工作生活的质量。表 6 - 10 是付出 - 报偿不平衡与地位不一致性、相对剥夺感、收入不满意度四个变量的描述统计和相关分析的结果，可以看到这四个变量两两之间的相关系数都极具统计显著性（$p = 0.000$），且两两之间都表现为相互增强的正相关关系，即一种同方向变动的关系，这就初步肯定了我们的假设。

表 6 - 10　各量表的描述性统计与相关性分析

	均值	标准差	1	2	3	4
1. 付出 - 报偿不平衡	1. 83	0. 77	1. 00			
2. 地位不一致性	-0. 17	12. 51	0. 37 ***	1. 00		
3. 相对剥夺感	54. 63	17. 12	0. 23 ***	0. 33 ***	1. 00	
4. 收入不满意度	40. 29	17. 53	0. 29 ***	0. 32 ***	0. 59 ***	1. 00

以付出 - 报偿不平衡测量分值与三个特定效标之间的关联系数状况来检验付出 - 报偿不平衡测量结果的有效性。由于看上去无关的单一回归方程通过误差项之间的关联而实际上是相关的，所以这里采用似不相关回归（SUR）分析方法则是适当的。基于以上量表测量的结果，我们建立起了相应的多变量回归模型，对付出 - 报偿不平衡测量结果的有效性进行验证。图 6 - 11 显示了付出 - 报偿不平衡与三个相关变量之间关系的分析结果。

我们在假设中提出，在组织工作环境中的报偿获得模式中，付出 - 报偿不平衡与相对剥夺感可能是分开的，而工作付出与工作报偿两者之间所产生的不平衡以及所形成的张力，在客观上就极有可能使人们强烈地感受到一种相对剥夺感。统计结果证实了我们的假设（见图 6 - 11），付出 - 报偿不平衡对相对剥夺感具有正向的强化作用。付出 - 报偿不平衡每提高 1 个标准差，相对剥夺感就提高 0. 24 个标准分，回归系数的 Z 检验值为 17. 42，$p =$

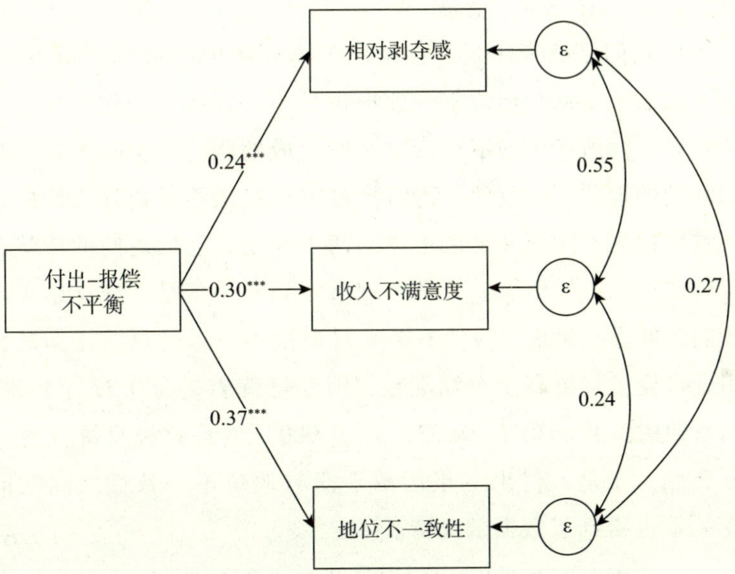

图 6-11 基于付出-报偿不平衡的多变量回归模型

0.000，表明该回归系数极具统计显著性。这就清楚地说明，付出-报偿不平衡比率越大，人们体验到的相对剥夺感也就越强烈。

我们在本节开始时已经指出，在组织工作环境中，人们的收入满意状况是与其在工作过程中的回报、履行工作义务时的努力和付出等因素紧密联系在一起的，工作中获得的各类报酬未能满足人们的期待，或者人们认为付出未能得到应有的回报、得不偿失，这会使人们心里产生挫败、抱怨、愤懑之类的情绪，会在客观上造成人们不满意的消极情绪。我们将付出-报偿不平衡和人们的收入不满意度视为不同而又紧密相连的两个变量，它们之间的依赖关系也是组织工作环境中关于工作报酬事实的另一个特征。统计结果证实了我们的设想，付出-报偿不平衡对收入不满意度具有正向的强化作用，自变量每提高 1 个标准差，因变量就会增加 0.30 个标准分，回归系数的 Z 检验值为 21.53，在 $p=0.000$ 的显著性水平上通过了检验。可见，付出-报偿不平衡比率越大，人们的收入不满意度也会由此变得更加强烈，二者之间的这种同向共变关系确实在总体中存在。

前面我们已经指出过，在组织工作环境中的报偿获得模式中，付出－报偿不平衡与地位不一致性也是不一样的。工作付出与工作报偿两者之间所产生的不平衡以及所形成的张力，会在客观上造成人们强烈的地位不一致性。我们将付出－报偿不平衡和人们的地位不一致性视为不同而又紧密相连的两个变量，它们之间的依赖关系理应构成组织工作环境中工作报酬事实的一个特征。统计结果证实了我们的假设，付出－报偿不平衡对地位不一致性具有正向的强化作用，自变量每提高 1 个标准差，因变量就会提高 0.37 个标准分，回归系数的 Z 检验值为 28.32，$p = 0.000$，该系数极具统计意义上的显著性。于是，付出－报偿不平衡与地位不一致性之间的同向共变关系也得到了数据的支持。

老板你不懂，“90 后”员工是这么看待工作的

从事一个低质量的工作，人们感受的是一种工资低、工作满意度低、工作稳定性低、工作焦虑程度高、工作压力大的工作。

当人们在单位中处于一种焦虑紧张的状态，那么他们就很难与自信、从容结缘，对从事的工作只可能是应付，从而很难做到对工作进行主动创新和充满激情。而且，这种焦虑紧张的情绪也会像感冒一样，传染给单位中的其他人，破坏单位中的工作环境。

焦虑，从根本上说，往往源于无法实现某种期待：自我的期待、别人的期待或社会的期待。

焦虑的重心不在于风险，在于“我”对于风险的无法控制，在于“我”对于风险的（无法）预期和掌控。

无论是在个人层面上感知到的焦虑，还是社会结构意义上的焦虑，都有着某种对于失序或不在其位/出位（out of its

place）的强烈感知和反应。而这正好表明对于“应当如此”（ought to）的向往，对于一种秩序或在位（in its place）的想象。

现代性对于理智及个人的追求，甚至过度竞争缺乏保障的社会秩序，都可以是大规模集体焦虑的底层原因。

比这种个人性的焦虑更为重要的是社会性的焦虑与结构性的焦虑，而这种社会性的焦虑可能集中在日常生活的方方面面，体现出一种强烈的时代性特征。

年轻人很清楚，想要成为某个领域的专家需要时间的磨炼，需要做很多的底层工作打基础。78%的成年人都同意，“如果我的工作很无聊，我会耐心并且努力在公司内部升职”。另外，他们也认为诚实信用是相互的。54%的人认为“如果老板不能给出好的待遇，就不值得我最大的工作投入”。

智联招聘对1.15万名员工开展的调查发现，2016年底有50.9%的员工没有拿到年终奖。

人们生活在社会里、工作中，工作是人们一生最重要的组成部分。在今天，社会成员人生的绝大部分时间是在各种不同的工作组织中度过的。和其他组织成员的互动，在事实上已经成了社会成员互动过程中最重要和最经常的内容，和其他社会群体互动的频率与重要性依次递减，形成了人们社会生活的“差序格局”。人们的行为深深地嵌入了他们所工作的那个单位，或者说他们的职业或工作之中。人们在生活中的烦恼，既来源于社会，也来源于工作。人们的生活圈子在很多的情况下与他们的工作圈子交叉，工作圈子实际上是他们人生的重要组成部分。

很容易观察到，当一些社会成员在自己所隶属的组织中不愉快、不满意，感受不到组织的激励，体会不到其他组织成员的帮助和支持时，那么，他们这种不满的感受和情绪就会或多或少地以各种不同的方式宣泄到社会当中去，在一定程度上会影响一个社会的景气。所以，从某种意义上说，一个社会的景气离不开这个社会中各种不同类型组织的景气，离不开这些组织所创造的良好的工作环境。这恰恰是我们研究组织工作环境的社会意义。

资料来源：Jeffrey Jensen Arnett，载《哈佛商业评论》2017 年 9 月 30 日。

五　本章小结

本章主要是从工作报偿这个重要角度来对组织工作环境进行考察。对于组织工作环境这样一种社会现实，从付出 - 报偿不平衡这一视角去分析，人们习以为常的工作生活环境就仿佛是初次见到一般。从社会学的观点来看，人们的工作生活其实就是一种社会交换，我们付出时间、体力、心理、教育等多方面的努力，以求获得经济收入、尊严、地位、支持等报偿，避免饥饿、弱势、无能感、孤独等对人格系统的威胁。付出 - 报偿不平衡是结合和概括了工作付出与工作报偿两个方面的信息而形成的一种具有特定内涵的建构，它反映了在某一工作环境中人们的工作付出状况与工作报偿状况二者之间关系的性质，较高的付出 - 报偿不平衡比率反映出了一种付出多而报偿少的客观工作环境状况。由于付出 - 报偿不平衡牵涉交换过程中的互惠和公平规范，故而就会与个体的人格系统产生联系，进而使人们产生各种心理和情感上的紧张、冲突、不满意等后果。付出 - 报偿不平衡是在组织制度环境作用下形成的另一客观问题现象，其状况如何直接反映了工作生活的状况，决定着组织中的工作环境质量。

使用2017年工作环境调查数据来考察工作环境中的工作报偿状况，我们的初步结果如下。（1）工作付出是对个体在工作过程中所有内在的或外在的各种投入的综合概括，探索性因子分析发现，14个指标变量组成的工作付出状况量表背后是一个5因子的结构，它们分别是心理投入、教育投入、体力投入、情感投入和时间投入，累积方差贡献率达到56%。经过加权计算，工作付出量表的均值为48.36，标准差为13.05。（2）工作报偿是对个体通过工作投入交换而来的内在性报酬和外在性报酬的综合概括，运用探索性因子分析方法对25个指标变量组成的工作报偿量表进行分析，结果表明它是一个7因子的结构模式，分别对应福利待遇、社会支持、地位获得、尊重、经济收入、发展机会和安全感。7个因子累积解释了61.15%的总体变异量，包含了工作报酬的各个主要方面。加权计算结果显示，工作付出状况量表的均值是40.38，标准差为15.46。（3）根据工作付出量表和工作报偿量表的测量结果，我们得到了付出－报偿不平衡比率，结果显示，样本的ERI-ratio为1.31，大于1，表明组织中的工作付出与工作报偿之间总体上存在着较大的不平衡性，付出多、报偿少的状况较为突出。

付出－报偿不平衡比率在不同群体中的分布表现出了一定的差异。（1）女性从业人员的ERI-ratio显著高于男性。（2）青年职工的付出－报偿不平衡比率高于中老年人，年龄越大，付出－报偿不平衡比率越低。（3）受教育程度较低者的付出－报偿不平衡比率高于受教育程度较高者，受教育程度越高，付出－报偿不平衡比率越小。（4）自雇者的付出－报偿不平衡比率最大，其次是自雇且雇人者，完全受雇人员的付出－报偿不平衡比率相对较小。（5）非专业技术人员的付出－报偿不平衡比率最高，专业技术地位越高，付出－报偿不平衡比率越小。（6）一线员工的付出－报偿不平衡比率最高，权力等级越高，付出－报偿不平衡比率越小。（7）中部地区的付出－报偿不平衡比率最高，即付出高于回报的程度表现得最厉害，而在东部和西部地区，付出－报偿不平衡比率相对较小。（8）个体户、私营企业的付出－报偿不平衡程度最高，而国有企业和付出－报偿不平衡比率行政事业单位的付出－报偿不平衡比率最低。（9）服务性行业的付出－报偿不平衡比率较大，付出－报偿不平衡最为严重的是餐饮业，手工业和商业也是比较严重的。相对地，付出－报偿不平衡比率最低的是科研/综合技术服务，居民自治组织、政党机关和社团的付出－报偿不平衡比率也比较低。

付出－报偿不平衡牵涉交换过程中的互惠和公平规范，会导致人们在心理上产生不良的、紧张的后果，如相对剥夺感、地位不一致性、收入不满意度等。统计分析结果表明，反映工作付出与工作报偿关系性质的付出－报偿不平衡确实直接影响从业者的这些心理状况，付出－报偿不平衡越严重，人们的相对剥夺感越强烈，收入不满意度越强烈，地位不一致性也越严重。这就告诉我们，作为对工作付出状况与工作报偿状况的更高层次的一种概括，付出－报偿不平衡确实可以对人们因投入与回报之间的张力而造成的各种心理后果给出有效的解释，从而我们这里编制的工作付出量表、工作报偿量表、付出－报偿不平衡比率量表三个量表，以及相对剥夺感量表、收入不满意度量表、地位不一致性量表等量表的测量有效性得到了经验数据的支持。

第七章　工作参与

一　工作参与的概念界定

（一）组织员工参与及其社会意义

在社会学的意义上，组织中的员工参与主要是指组织成员通过在组织中一系列的利益表达、综合和实现的过程，参与组织中的事务，保障自身的权益，并在这个过程中不断提高对组织的认同感和满意度。与此同时，通过员工在组织中的积极参与，组织工作环境得到优化、质量得以提高。[①] 就企业组织而言，在社会学意义上，企业在解决“归谁所有，谁来管理”这样一个根本的经营权问题以后，马上需要解决和面对的，是如何调整好企业内部雇主与雇员之间的社会关系，以期提高企业在市场上的竞争力和生命力。换句话说，改制以后，企业急需解决的是社会学意义上的管理问题，即雇主通过怎样的制度安排来激励雇员、雇员又如何以及在多大程度上实现对企业组织的认同。要提高组织中社会团结的水平，进而从根本上改善组织中的工作环境的问题。因为从根本上说，只有雇员自觉地认同企业文化，积极参与企业的事务，把企业的事当成与自己利益相关的事，才能够从根本上提高

① 中国社会科学院员工参与课题组：《中国企业组织的变迁与员工参与研究报告》，2010 年 5 月；李汉林、吴建平：《组织团结过程中的员工参与》，中国社会科学出版社，2010。

企业在市场上的竞争力，从根本上实现雇主自身利益的最大化。事实上，如果一个组织不能把自身的发展目标与组织成员个人的发展目标建立联系，并为组织成员提供具有人生导向意义的发展目标，那么，组织成员就没有理由和动力长时间关注这个组织的发展和效率。[①] 换句话说，组织成员就对这个组织没有认同感，优化组织的工作环境也就因此变成了无本之木、无源之水。

展开来看，从员工的角度来看，组织中员工参与的重要意义，来自以下几个方面。一是组织治理结构的复杂化和人力资源要求的多元化的趋势。二是以人为本，比如以企业职工为治理主体的现代企业制度的要求。三是生产中的分工与协作，以及项目合作作为现代组织新的劳动模式。四是员工自我发展和实现的需要，是组织集约自身资源、提高效率和维持可持续发展的根本途径。五是员工参与亦是塑造组织文化和意识形态，实现对组织、社会和国家的价值认同的重要渠道。在这个过程中，员工参与首先来自政府机关、法律机构等统一制度的推动和要求，如职工代表大会制度的推行、工会组织的确立等，都是组织必须履行的社会责任。市场环境和社会环境也会对企业的员工参与制度做出要求。比如，商会和协会设立的行业专业化标准、行业最低工资标准和各工种的标准，上级主管部门设立的各种劳动竞赛、评比和社会标准，或是国际市场或协会制定的认证标准，这些都是企业规范化的要求，都是改善组织工作环境的一些基本条件。[②]

从组织治理的角度来看，如果把组织看作一个社会系统，治理就不可能是单向性的自上而下的统治和管理，因为组织成员不只是统治和管理的被动受体，他们本身也是治理可资动员的积极

---

① Elizabeth Chell, *Participation and Organization*, London: The Macmillan Press, 1985.

② 中国社会科学院员工参与课题组：《中国企业组织的变迁与员工参与研究报告》，2010 年 5 月；Vicki Smith, *Worker Participation: Current Research and Future Trends*, New York: JIA Press, 2005.

行动者。治理是在固化的法定占有关系下更为灵活的组织方式，主要是双向的互动、影响、调适和制约，更像是一种经过参与、协商、选择和决策的动态过程而建立的社会关系。另外，我们知道，组织成员是组织生存和发展的根本动力，组织的稳定与发展需要通过其成员对制度的创新来实现。

在这里，一个有效率的组织的制度核心是就业、保障和发展，这种制度的实现机制就是参与。只有将组织理解为一个社会共同体，激活其社会属性时，参与才是一个真正有意义的机制，一个组织中工作环境的改善才能从根本上得以实现。因为从根本上说，只有当员工视组织为“家”的时候，他们才会不由自主地逐渐产生抗拒个体化的行为。与此同时，他们更愿意在那些不断产生归属感、产生共识的组织中凝聚到一起，更愿意在那些有着良好的组织文化与组织环境的组织中工作。[①] 而要得到这样的结果，就需要一个社会动员的过程，动员员工参与到共同行动中来，通过参与使员工找到对组织的认同、对工作的热情、对彼此共同利益的确认和保护的渠道。也正是只有在这样的情况下，才能从根本上构成一个组织的社会基础。另外，组织内部的充分（团结）合作是在不断地调节其内部的社会关系，解决成员之间、成员与管理者之间等诸方面的冲突的过程中实现的。而且，这样的一种机制表现为组织治理，或者说是通过组织治理来实现的。而治理的核心要素，就是组织成员的积极参与，唯有如此，其才可能成为改善组织工作环境的重要的前提与条件。

员工是不是家人？

长期的精益辅导经验告诉我们，只有在一个员工能感知

---

① 中国社会科学院员工参与课题组：《中国企业组织的变迁与员工参与研究报告》，2010 年 5 月；Adrian Wilkinson, et al., *The Oxford Handbook of Participation in Organization*, Oxford: Oxford University Press, 2010.

到爱（定义“爱”的两个关键词是“关注”和“成长”）的环境里，精益才能够获得成功，并得以持续进步。所以，企业领导要有营造一个有爱的文化氛围和环境的能力，这就是心力。心力是企业领导应有的一种由内而外的宝贵力量。

现实中的企业领导拥有怎样的心力？我们不妨进行一些分析，企业领导完全可以对号入座，看一看自己的心力处在什么能量级上。

一、对员工抱怨与猜忌。时至今日，把员工当对手的企业领导已经不多了，但毕竟还没有绝迹。我就见过这样的企业领导，说起员工来，那是一个咬牙切齿。不仅对员工的工作不满意，抱怨员工不用心，而且疑心很重，大事小事防着员工。与此同时，员工也同样时时防着企业，生怕自己吃亏，并最终成为企业领导认为的那样，工作散漫、得过且过。除了经常私下里抱怨之外，员工一有机会就设法（或个体怠工，或聚众闹事）和企业领导过不去。这些企业领导怀揣一颗抱怨或忌恨的心，这和充满大爱的心相差十万八千里，其心力处在极低的水平上。

二、把员工当工具。这样的企业领导大有人在，可能还占有相当大的比例。这些企业领导可能在口头上也会说以人为本，要尊重员工，但在具体经营活动中却不知如何落地。他们期望通过严苛的制度和精准的考核来管束员工，把企业和员工的关系矮化为单纯的买卖关系，即公司出钱、员工出力。其结果是，企业领导和员工往往会变得斤斤计较、患得患失。在这些企业里，企业员工给自己的定位很清楚，用劳动而不是智慧换工钱，不愿想（动脑筋），也不愿做分外（改善）的事。这些企业领导高高在上，往往看低员工智慧的价值，不懂得该如何尊重员工。

三、把员工当伙伴。这样的企业领导已经越来越多，他们懂得，企业最大的浪费是员工智慧浪费，充分认识到把员工当伙伴的重要性，并着手在人性化管理和员工激励方面下功夫。另外，我们国人创业愿望日盛，也倒逼企业领导思考一个问题，即如何通过制度和机制建设创新，把员工当成事业伙伴看待。在这些企业里，企业员工开始感受到工作的尊严和企业对人性的尊重，主人翁精神逐步树立起来，企业领导和员工开始有了良性互动。

四、把员工当家人。近年来，全国各地不断涌现出了一批特别有爱的企业，就像家一样。在这些企业里，企业领导成了家长，企业员工好像是兄弟姐妹，在和谐友爱的氛围里快乐工作。有人担心，在这些企业里，团队会不会形成你好我好一团和气的氛围和文化，丢弃战斗精神呢？回答是肯定的，我就见过这样一家企业，企业内学习《弟子规》和传统文化成风，大家彬彬有礼、做事规矩，工作上不越雷池一步……后来在我们的建议和辅导下，导入精益管理，倡导自我超越，组织开展各种形式的个体或团队 PK 活动，很快就激活了工作氛围，并逐步形成了“比、学、赶、帮、超”的团队文化氛围，员工得以快速成长。这种既有自觉的自律精神和素养，又有积极的改善意愿和行动的团队文化，我们称为精益改善文化，是有战斗力的精益家文化，而不是一团和气的传统家文化。这类企业的领导具有了超强的心力。

从把员工当对手，到把员工当家人，企业有很长的路要走。企业领导需要转变观念，立志追求员工的幸福和成长，并把企业经营业绩提升寄托在员工成长上；虚心学习，建立健全员工广泛参与的制度和机制，营造良好的氛围条件；积极实践，在工作和改善中不断增强员工和自己的心智、意识和能力。只要坚持这么做，企业领导就能够获得越来越强大的心力。

资料来源：刘承元：《员工是不是家人》，《企业管理》2017 年第 11 期。有删减。

（二）员工参与的基本模式

一般而言，我们可依据社会生活的不同领域对参与加以定义和划分。在企业生产过程中员工以集体形式实现一个工作目标，可被称为技术性参与（technical participation）；而参与企业中生产成果，即经济利益的分配过程，则可被称为财务或分配性参与（financial participation）；对于群体或企业一般的社会生活或活动的参与，可被称为社会性参与（social participation）；而参与企业或其他组织的决策过程，则应被称为政治性参与（political participation）。此外，我们还可从动机和效果的角度来定义参与。一种是事实性参与［spontaneous（de facto）participation］，即在生产线、团队业务和管理工作中实际发生的集体参与行为；另一种是意愿性参与［voluntaristic（de jure）participation］，即基于企业主、经理和员工的需求和愿望，并有结构化的政策和制度保证的参与。就参与行动主体而言，参与也可被分为直接参与和间接参与。直接参与（direct participation）是指员工本人以个人形式实际进行的参与过程；间接参与（indirect participation）则指的是员工通过自己的代表（如职工代表）或制度化的结构（如职工代表大会）等间接进行的参与过程。[①]

另外，也有人对参与的实质问题给出过明确的定义，并进行

① 参见李汉林、吴建平《组织团结过程中的员工参与》，中国社会科学出版社，2010，第 44～49 页。

了一种分析性的分类。第一类参与可被称为管理性参与（managerial participation），这种参与服务于生产和效率的目标，企业主可以在低水平上组织这类参与，并借此释放员工的不满情绪。第二类参与基于人道的考虑，可被称为人道性参与（humanistic participation），是以人的成长和发展为目标，为促进人的全面发展和福祉的增加而提高创造力和带来自我实现。第三类参与被称为民主性参与（democratic participation），参与既作为手段也作为目的，即建设一个民主社会，使每个人都成为积极的、有参与意识的公民。最后一类参与从政治的角度出发，可被称为革命性参与（revolutionary participation），这是一种马克思主义的观点，即通过社会阶级运动的参与改变整个社会的所有制结构，使工人阶级具有明确的阶级意识。①

就员工参与的问题来说，一些学者曾经设计过不同的理论框架来试图做出解释。他们认为企业员工的参与行为，即员工本人直接地或通过他们的代表间接地参与到如计划（planning）、组织（organizing）、指导（directing）和监控（controlling）等管理职能中来，制度化的员工参与在某种程度上会改变企业决策的平衡状态，即参与本身具有管理和决策性参与（co-determination）的重要意涵。② 在这个意义上，对于员工参与的考察，应特别强调产生这种参与的意图、方式和效果，而若以此定义为基础，参与可被分为两个主要类型。第一，在企业内部，员工仅通过企业指定的形式参与或介入管理职能，这种直接性的参与模式发生在与工作业务相关的日常活动中，仅仅在员工的个人层面上实现，如个人业绩目标中的自我规划（self-planning）、自我指导（self-direction）、自我监控（self-control）。第二，在企业内部或跨企业的领域中，

① 参见李汉林、吴建平《组织团结过程中的员工参与》，中国社会科学出版社，2010，第44～49页。

② 参见李汉林、吴建平《组织团结过程中的员工参与》，中国社会科学出版社，2010，第44～49页。

员工通过其代表（如工会）参与或介入管理职能，这种间接性的参与模式超出了员工个人的层面，以职工代表的形式实现一种集体性的参与，其根本的诉求与员工的整体利益相关，如薪酬标准和奖金分配等。这是一种集体性的劳资博弈模式，可被称为process of "joint regulation"。

就上述的这些主要理论来说，其中好多方面的概念指涉对于研究转型期的中国企业的员工参与问题很有借鉴意义，但大多数的理论都来源于西方社会的基本结构和员工政治参与的基本诉求，都建基于西方企业的基本价值立场，因此，这些理论关注的核心问题都为如何通过员工的管理参与而实现他们的政治参与、提高其民主意识。而对于中国的现实来说，情况要复杂得多，理论上的挑战也大得多。中国企业的所有制多种多样，且很多企业在结构和具体的实质运作上都是复合结构，尚处于转型过程之中，企业的制度和市场环境相当复杂，仍存在政府多头管理、政府与市场相交织的状况。就员工而言，由于所有制的不同和地区差异，在大量基层的民营企业中，员工的核心问题是温饱和就业问题，能找到个养家糊口的工作就不错了；在许多城市地区，很多原来的国有企业仍处于实质的转型过程中；即使是合资和外资企业，像工会或职工委员会也都没有设置，或是不健全的，广大员工还处于个体化的、尚未组织化的状态之中。所以，按照上述理论，在中国大量的企业中，员工参与基本上表现为suggestion和consultation的样态，而对于标准意义上的co-determination而言，在中国目前的企业中还不多见。虽然原有的国有企业在名义上归国家职工所有，但就其实质的企业经营和管理而言，这样的企业表现出的更多的是单位制意义上的行政特性，而非职工本身的self-government。

就经济体制改革以来的中国企业，特别是改制之后带有私营性质的企业来说，企业内部存在的依然是大量的一般性参与，即员工以个人身份进行的直接参与行为。另外，以员工代表的方式进行的间接参与行为，在原有的国有企业中，始终是以职工代表大会的形式实现的。如今，在广大民营企业中，虽大多数企业内部已经不再有职工代表大会的制度安排，但有些地区则以跨企业的行业或地区集群职工代表大会的形式来实现，后文我们将具体描述和分析这种独具中国特色的参与模式。因此，我们可以看出，中国企业内部进行的基本上是一些基于单一员工（single employee）的参与行为，而很少有以群体形式进行的纯粹基于员工群体自发组织而成的参与行为。另外，倘若有可能发生群体性的行为，也通常以集体行动（collective action）的方式发生，虽说这确实是一种群体参与的行为，但不具有管理和协作的意义，而且员工通常都与企业主一方关系紧张或冲突，或直接向国家及政府表达自身的权益诉求。由于本研究主要是围绕员工参与与组织团结的关系展开，因此，对于这种非常特殊的参与，就不将其作为核心研究对象了。

正是因为中国式的员工参与所具有的独特性，因而在分析层次上，中国式的员工参与有许多理论问题值得探讨。在经验层面上，我们发现，发生在中国各种企业中的员工参与行为，具有许多上述基于西方经验而总结出来的理论所无法加以解释的内容。比如，中国企业的政策环境和制度环境非常复杂，企业的上级主管部门或其他社会部门常常举行的评比、竞赛等各种行业和社会活动，就常常促使广大员工经常发生企业之外的参与行为，这些行为虽不与企业的管理和决策等有直接关联，但仍与企业的运作密切相关。这些活动往往会促进不同企业乃至不同企业员工之间的合作。更重要的是，在大量企业中发生的参与行为，在很大程度上都是一种仪式性或形式性的规定，很多职工代表大会并非起到决策的作用，而是通过某种正式仪式而表决通过某些决策，这些决策往往都是由企业上层管理人员或企业直接的上级主管部门做出的。对于这种参与，我们称为仪式性或形式性参与（ritual or formal participation），这是企业获取其行政治理意义上的合法性的重要基础。此外，有些企业为员工参与设计了专门的制度，但从未得到实质意义上的实施，或实施过程中人们并不在意其结果，这些参与行为都具有仪式性或形式性的特点，也具有管理上的重要意义，因为这些参与行为往往会带给员工情感上的满足或使其由此而形成认同感。另外，有些参与完全是一种制度上的规定，即一种依某种制度规定员工必须发生的参与行为，这既有可能基于某些明确的工作任务上的规定，也有可能纯粹只是形式上的规定，即仅仅具有制度配置的意义。这种参与，我们称为配置性参与（dispositive participation）。还有一种参与行为，仅仅具有表达意义上的作用，即很多企业设计的民主生活会等制度，其意图并不主要在于企业各种实际管理问题的解决或决策，而仅仅是为员工提供一种表达的渠道，这种参与，我们称为表达性参与（expressive participation）。

上述三种参与行为，都不是西方理论所说的具有积极行动意义的参与行为，即民主参与行为，而都多少表现出一些消极的特征，至少这些参与行为对于企业的决策都不会产生具有实质意义的效果。从表达性参与到配置性参与再到仪式性或形式性参与，参与的主动性越来越弱，实质效果越来越不明显。但有意思的是，在企业中发生的这些参与行为并不是没有意义的，特别是从组织团结的角度来看，它们很可能在不同层面发挥着促进作用。换言之，中国式的员工参与对于中国式的企业管理具有非常重要的理论和经验意义。这也是我们从事员工参与研究所要思考的主题：不同类型的员工参与通过什么样的过程和机制，在什么层面（维度）有助于组织团结，有助于改善组织工作环境。

二　工作参与状况量表及调查结果

（一）鼓励建言制度状况量表及调查结果

研究组织中的建言参与过程，首先需要考察组织中的相关制度特征。所谓鼓励建言制度状况，主要是指现代组织为了激励员工积极参与组织经营和管理的各项事务，把组织的事当成自家的事，促使员工自觉地发表自己的想法和建议，从而在制度安排上所做的各种规定。鼓励发声的制度与员工的参与行为息息相关。制度是工作参与的前提，是工作参与的条件，也是促进工作参与的一种力量。组织要使成员就改进工作部门或整个组织运行状况积极提供建设性、支持性的意见，就必须有激励员工直言或建言的制度，组织的制度安排在多大程度上限制或促进职工就组织经营和管理问题发声，直接反映着这个组织的员工参与制度状况的优劣。

这里所说的鼓励建言制度状况量表由与组织运行及岗位工作相关的 7 个题项构成，分别是 d28a 单位经营、d28b 人事管理、d28c 工作环境、d28d 员工福利、d28e 增资扩股、d28f 业务管理和 d28g 社会保障，询问受访者所在单位是限制、允许还是鼓励员工就这些方面发表意见，答案及赋分情况如下："限制" 为 1 分，"允许" 为 2 分，"鼓励" 为 3 分。从具体调查结果来看（见图 7－1），组织在 "增资扩股" 上 "鼓励" 建言的制度状况最好（57%），其次是 "业务管理"，有 "鼓励" 建言制度的占 37%。而 "鼓励" 建言制度状况最差的在 "工作环境" 这个方面，所占比例为 20%，是这 7 个方面中 "鼓励" 建言制度状况最差的。

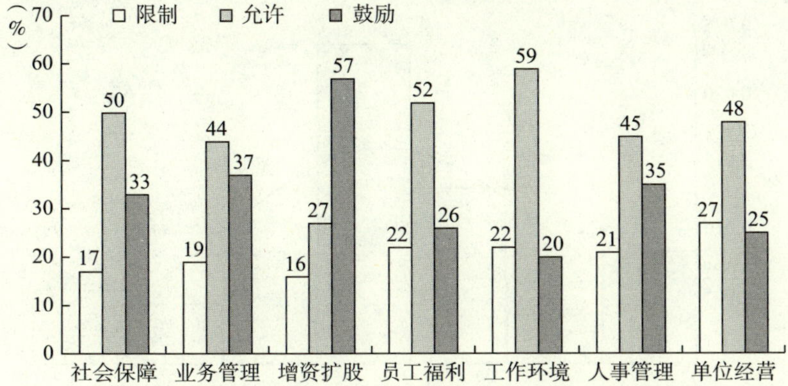

图 7－1　鼓励建言制度状况量表指标调查结果

证实性因子分析结果表明（见图 7－2），7 个指标的因子负荷系数都较高，都在 0.6 以上；测量模型的拟合优度系数表明，*CFI* 值为 0.94，*RMSEA* 值为 0.11，*SRMR* 值是 0.04，说明测量模式是可以接受的。整个量表的信度系数 ρ 为 0.88，表明量表的可靠性比较高。鉴于各个指标变量均为定序尺度，故采用有序的 Logit 测量模型抽取因子得分，并对该分值做百分制的正常化转换，从而得到鼓励建言制度状况量表的最终测量结果。在我们的样本中，鼓励建言制度状况量表的数值分布在 0～100，均值为 46.81，标准差为 24.84，数值越高表示单位鼓励建言制度状况越佳（见图 7－3）。

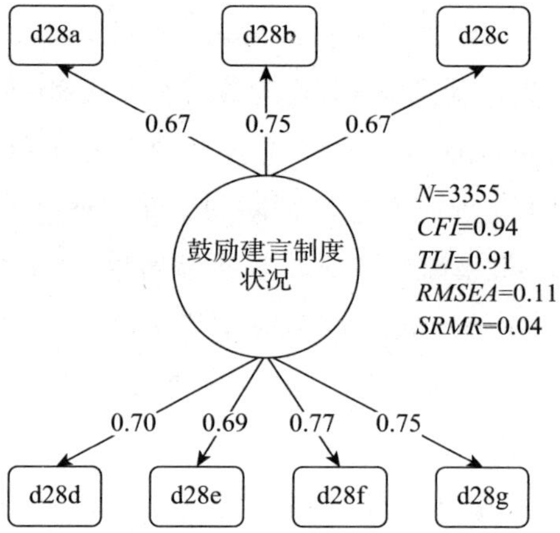

图 7－2　鼓励建言制度状况量表的 CFA 分析

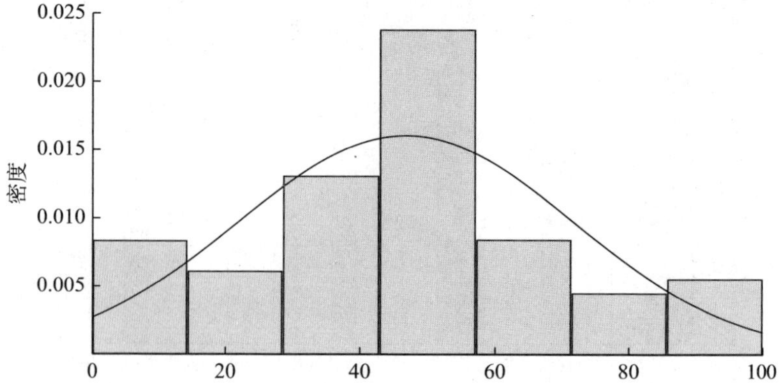

图 7－3　鼓励建言制度状况量表的分布形态

（二）配置性参与量表及调查结果

前面的分析已经提到，在中国的现实国情之下，员工参与组织管理的样态具有自身的特色，最为基本的形式就是管理者通过正式的某种制度规定，或者约定俗成的行为规则，促使职工进行参与行为。通过这样的参与行为，管理者或决策者就会源源不断地收集到真实有效的有关工作方面的信息，让智慧出自员工，让思路出自员工，让问题解决方法出自员工，从而使得组织的决策更有效、更有针对性。管理者开放员工参与的通道，给员工提供反映问题、献言献策的机会，把员工的知识、智慧、思路等集中、整合到组织管理与运行过程中，员工的这种参与行为既可能源于某些明确的义务规定，也可能是管理者个人独特人格魅力使然，哪怕组织提供的种种参与规则都只是形式上的、口头上的，员工还是实现了一定程度的参与，这里将其称为配置性参与。

配置性参与可以从员工参与的机会多少和参与频率来加以观测，参与频率考察的是一定时间内工作参与的频繁程度。从具体指标来看，我们用三个题器构成测量量表：f9e 我常常有机会表达对工作的改进意见；f9l 我的主管常常要求我参与决策；f9m 在工作上我和主管之间能够做到畅所欲言。采用李克特 5 点计分尺度，答案从“很不符合”到“完全符合”依次计 1～5 分。由此可见，组织员工可以表达工作改进意见、可以与主管领导坦诚沟通的行为状况均达到了四成，相比之下，有机会参与决策的比例较低，仅占 35%。

然后我们对配置性参与状况量表的信度进行检验，定序指标的验证性因子分析结果显示，我们可以用一个因子来概括整个量表的信息，量表的信度系数 $\rho=0.756$，参照指标变量因子负荷大于 0.5 的经验标准，3 个变量在该因子上的负荷系数都很高，分别为 0.981、0.972 和 0.984，拟合优度系数表明量表完全可以被接受。我们假设配置性参与是一个无法直接观测的连续潜变量，采

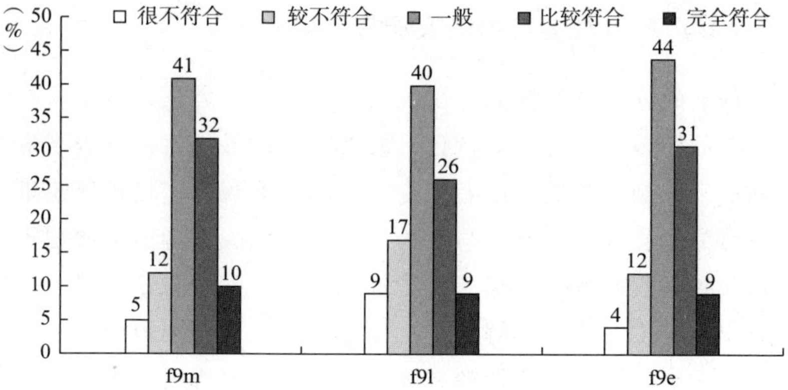

图 7-4 配置性参与各指标调查结果

用有序变量的 Logit 测量模型抽取因子得分，获得较之于一般线性测量模型更为精确的结果，并对该分值做百分制的正常化转换，从而得到最终的测量结果（见图 7-5）。在我们的样本中，配置性参与的数值分布在 0~100，均值为 52.33，标准差为 20.16，数值越大表示职工的配置性参与程度越高。

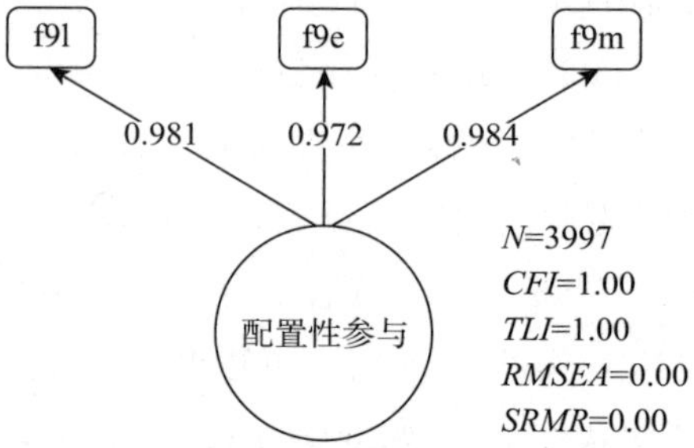

图 7-5 配置性参与量表的 CFA 分析

（三）表达性参与量表及调查结果

表达性参与就是员工通过组织设置的各种沟通渠道，将自己的信息、问题、思路、意见等按照一定的规则和方向表达出来，进行交流。信息的表达和沟通可以面对面直接进行，也可以借助各种媒介或渠道间接进行；可以是正式制度安排的活动，也可以

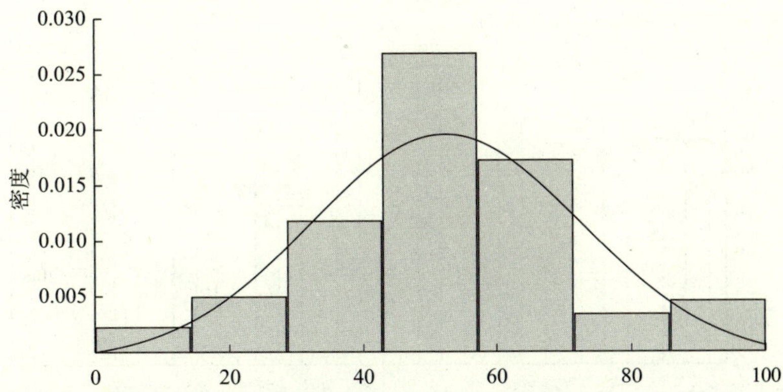

图 7－6　配置性参与量表的分布形态

是不受规定限制的非正式活动。不管是哪种情况，员工必须要有各种信息沟通渠道并加以利用才意味着表达性参与的实现。现代社会组织特别重视这类具有表达意义的沟通渠道的建设，本次调查在 2007 年问卷调查所列举的 7 个参与渠道的基础上，又增加了 2 个参与渠道，我们采用 9 个题器组成的量表来观测组织中员工表达性参与的状况。

在调查问卷中，我们首先询问了被访者单位中是否有各种沟通渠道（过滤性问题），如果有，就进一步追问他们是否使用过该渠道参与了组织内部的信息沟通（相倚问题）。这就是说，考察组织工作环境中的参与率，单使用过滤性问题，或者单使用相倚问题，似乎都是不妥当的。我们这里使用过滤性问题，将那些回答单位"有"所列举的沟通渠道而自己却"没有参与过"的行为认定为无表达性参与行为。这样通过对过滤性问题的重新赋值，我们就得到了 9 个变量，它们均为 0～1 二分变量，0 代表单位没有该沟通渠道或者单位有该沟通渠道被访者却未使用过，1 则表示单位有该沟通渠道且被访者也使用、参与过。量表各个指标的描述性统计结果见图 7－7。

然后对该量表进行验证性因子分析，KMO 和 Bartlett 球形检验结果表明，KMO 值为 0.864，说明样本的适切性程度较高；Bartlett

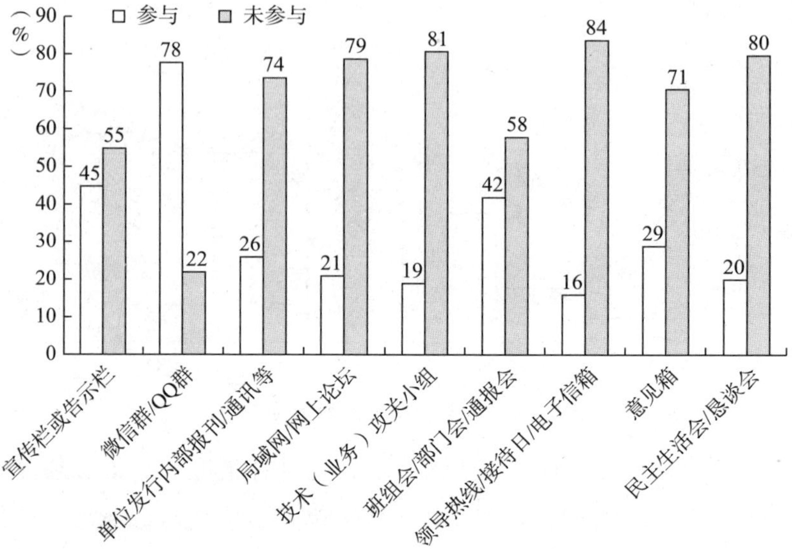

图 7－7　组织员工表达性参与量表的调查结果

球形检验的显著性概率为 0. 000，小于显著性水平 0. 001，拒绝相关矩阵是单位阵的假设。量表的信度检验结果显示（见表 7－1），表达性参与量表总的克伦巴赫（Cronbach）α 信度系数为 0. 797。组内相关系数的统计结果表明，在 95% 置信区间下总体中量表的实际信度系数在 0. 787 到 0. 807 这一区间，其 F 统计值极具统计显著性。所以，我们认为该量表基本上还是可以被接受的。

表 7－1　表达性参与量表的信度检验

量表项目	均值	方差	相关系数	Alpha 值
d31a11	2. 68	4. 611	0. 522	0. 773
d31b11	2. 60	4. 519	0. 492	0. 777
d31c11	2. 72	4. 653	0. 563	0. 770
d31d11	2. 47	4. 379	0. 504	0. 776
d31e11	2. 69	4. 663	0. 501	0. 776
d31f11	2. 67	4. 624	0. 504	0. 775

续表

量表项目	均值	方差	相关系数	Alpha 值
d31g11	2.64	5.524	0.524	0.772
d31h11	2.11	4.912	0.304	0.800
d31i11	2.43	4.362	0.504	0.776

组内相关系数（ICC）

	组内相关	95% 置信区间
单一度量	0.304***	[0.291，0.317]
平均度量	0.797***	[0.787，0.807]

我们假设组织中的任何一个职工均具有某种相对稳定的表达性参与行为，它虽不能被直接测量或观察，却可以通过员工是否有通过以上列举的各种沟通渠道而进行信息交流的行为而捕捉到。由于各项目均为 0～1 取值的二分变量，故这里采用广义结构方程模型的贝叶斯均值估计方法来获得个体表达性参与状况的因子分值（均值为 0，标准差为 1），为便于阅读再对此因子分值进行百分制转换。结果显示（见图 7－8），当前城镇职工表达性参与状况变量的均值为 38.82，标准差是 26.08，数值越大表示职工的表达性参与状况越好。表达性参与变量的偏度系数为 0.368，峰度系数是 2.553，近似正态分布。分析发现，组织员工表达性参与水平总

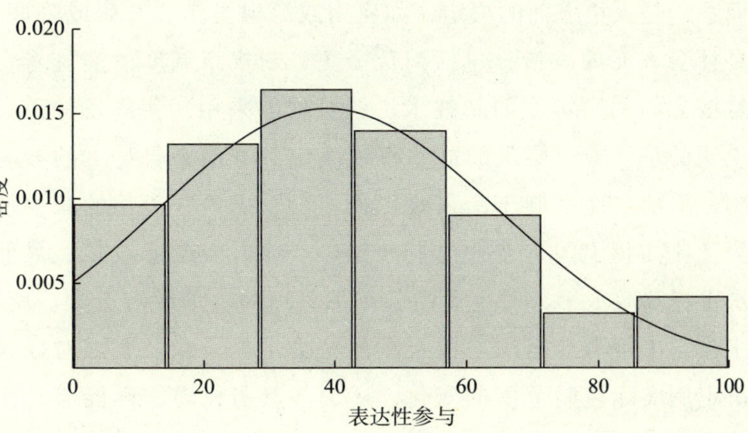

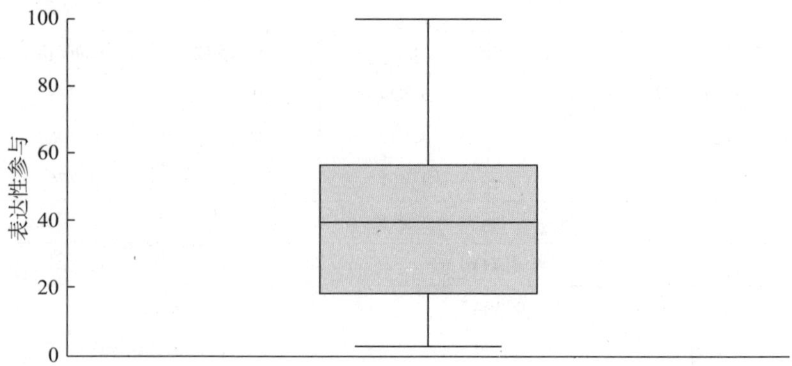

图 7－8　表达性参与量表的分布形态和箱线图

体上低于其配置性参与水平（52.33）。

（四）参与决策权量表及调查结果

研究员工参与问题，一个重要的方面就是要了解他们在相关问题事项上决策权的大小。我们认为，在一个企业或机构内部存在着许多的潜在领域，职工们可以具有一定程度的决策权力。这些领域从工作中的技术问题，到安全、工资、福利、工作条件，以及更高层次的涉及组织人事变动、规章制度和发展方向等问题。从概念上分析，我们大致可以把员工参与的主要领域集中在三个方面：一是人员方面的决定，如雇用或辞退员工、升职或降职等；二是社会方面的决策，包括岗位变更、新规章制度的实施等；三是经济方面的事项，如新技术、新机器的采用，薪酬发放等。需要说明的是，组织层次的这些事项决定一方面来自员工的参与或控制，但更多地受制于个人难以操控的、更为一般化的社会发展趋势。比如我国国有企业改制政策、产业升级改造政策、最低工资水平提高政策等，对企业内部相关事项的决策影响更大。所以，员工参与决策牵涉组织不同层次的权力运作，涉及职工对任何既有决定的实际控制范围的变化，还关涉参与权力实际能够发生的事项范围。

本次调查我们使用8个题项构成的量表来具体观测当前城镇职工参与决策权状况，该量表各个题项及统计结果见图7－9。可见，在所列举的8项事务上，员工参与决策权最高为“分配工作任务”，“一个人决定”的为9%，“和其他人一起决定”的为27%，合计占了样本的36%。其次是在“岗位设置和变更”“选拔干部”上的参与决策权。相对地，组织员工在“单位发展方向”和“辞退员工”两项事务上的参与决策权排在最后两位，说明这些事项主要是组织决策层和管理层承担的职能，一般员工作为被管理者，少有参与决策权的行使机会。

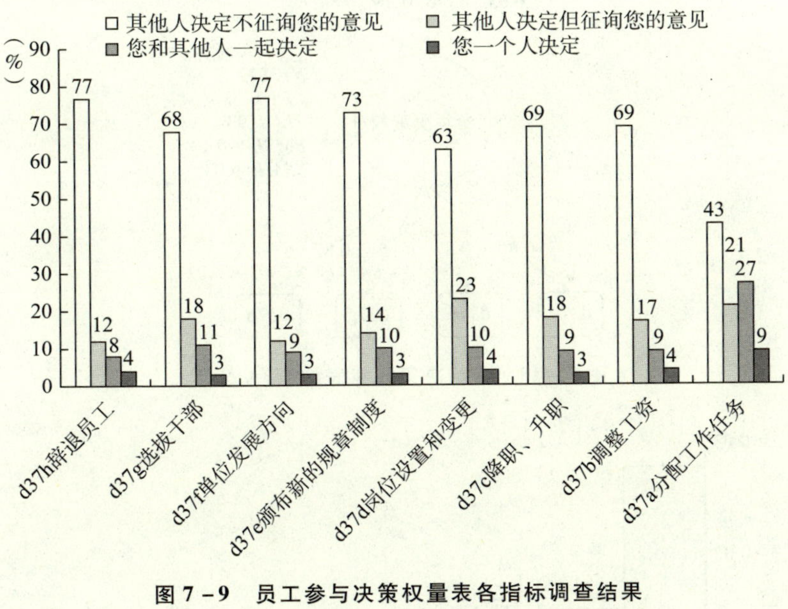

图7－9 员工参与决策权量表各指标调查结果

接着我们对职工参与决策权量表的信度进行检验，以评价其可靠性。定序指标的验证性因子分析结果显示（见图7－10），我们可以用一个因子来概括整个量表的信息，量表的信度系数 $\rho=0.865$，参照指标变量因子负荷大于0.5的经验标准，所有8个变量在该因子上的负荷系数都达到了标准，在0.63～0.88，表明量表可以被接受。我们假设参与决策权是一个无法直接观测的连续潜变量，为得到较之于一般线性测量模型更为精确的结果，采用有序变量的 Logit 测量模型抽取因子得分，并对该分值做百分制转换，从而得到参与决策权量表的最终测量结果（见图 7－11）。在我们的样本中，参与决策权变量数值分布在 0～100，均值为 23.96，标准差为 23.40，数值越大表示职工的参与决策权越大。另外，该变量的偏度系数为 0.88，峰度系数是 3.52，说明其分布呈正偏态，存在着地板效应（floor effect）。

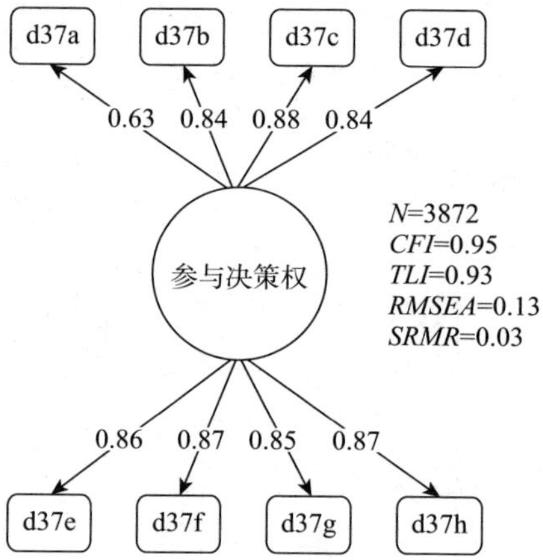

图 7－10　参与决策权量表的 CFA 分析

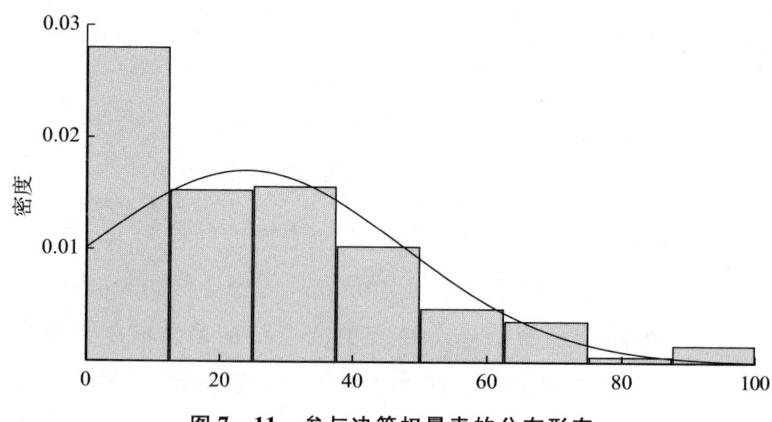

图 7－11　参与决策权量表的分布形态

（五）非正式参与量表以及调查结果

前面讨论的配置性参与、表达性参与以及参与决策权的状况，基本上都是员工在组织正式的“规则与资源”的促动下而产生的不同参与样式，其中组织中的鼓励建言的制度要素对职工的参与行为发挥着关键作用。对于职工的工作参与而言，还有另一个方面的工作参与现象值得我们关注，那就是员工通过正式沟通渠道以外而与工作有关的人、事、物等所进行的信息交流与传递行为。这种行为所传递的往往是不便使用制度化沟通渠道交流的信息，内容较为广泛，参与方式也灵活，多为一些评论性话题，尽管有时信息不够客观、确切，但传播速度快，且组织也难以控制，这可被称为非正式参与。“霍桑实验”的一个重大成果就是发现了这种基于非正式交流而形成的非正式组织，它构成了组织内部工作环境不可忽视的要素，直接影响着员工工作环境质量。

本次调查我们使用了由 7 个题项组成的量表来观测当前组织员工非正式参与的状况，各个题项的具体内容及调查结果见图 7－12。可以看出，在列举出的这 7 个题项中，组织成员通过非正式渠道参与沟通、议论相对较多的是“单位的规章制度”和“单位的发展前途”，这两个方面都与员工职业角色的正式结构紧密相关。相反，私下议论最少的是“关于同事的闲话”与“领导的为人处事”，“经常”参与讨论的仅有 4%，它们基本属于成员的人格特质范畴。另外，“人事变动的情况”由于牵涉正式的程序以及微妙的权力操作问题，所以组织成员私下参与议论的频率也较低，“经常”参与的占 5%。

计算非正式参与量表的综合分数，我们首先对该量表进行信度检验，以评价其测量的可靠性。定序指标的验证性因子分析结果表明（见图 7－13），我们可以用一个因子来概括整个量表的信息。

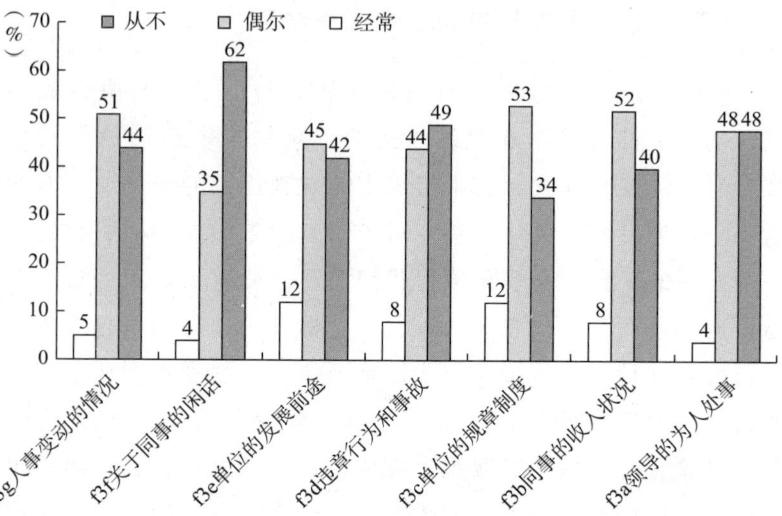

图 7－12　员工非正式参与量表各指标调查结果

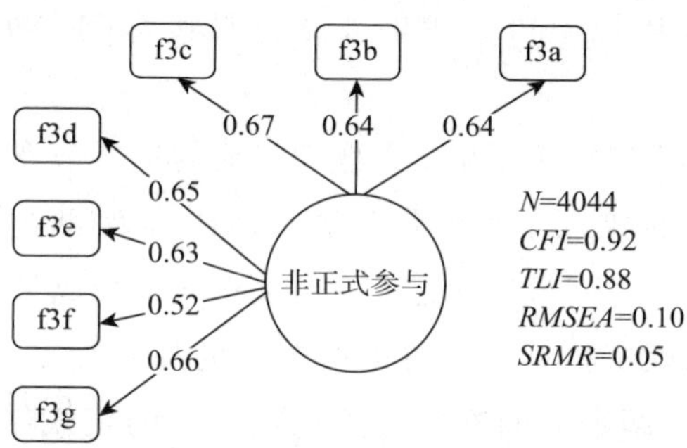

图 7－13　非正式参与量表的 CFA 分析

量表的综合信度系数 $\rho = 0.882$，参照指标变量因子负荷大于 0.5 的经验标准，所有 7 个变量在该因子上的负荷系数都达到了标准，为 0.52～0.67，表明量表可以被接受。我们假设非正式参与是一个无法直接观测的连续潜变量，为得到较之于一般线性测量模型更为精确的结果，采用有序变量的 Logit 测量模型抽取因子得分，并对该分值做百分制转换，从而得到非正式参与量表的最终测量结果（见图 7－14）。在此样本中，非正式参与量表的数值分布在 0

~100，均值为35.09，标准差为20.88，数值越大表示职工的非正式参与程度越高。另外，该变量的偏度系数为 -0.11，峰度系数是2.66，说明其分布近似正态分布。

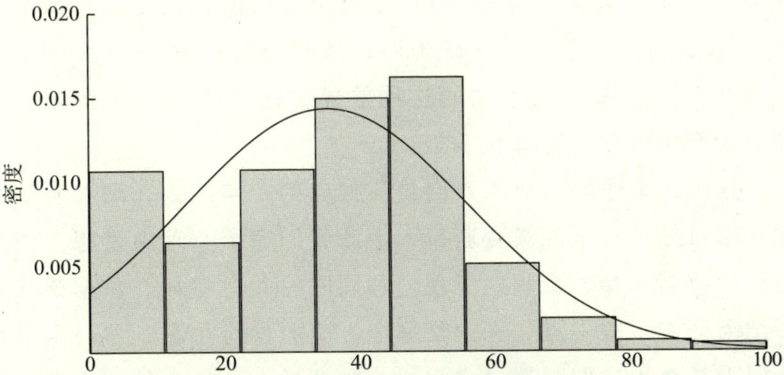

图 7-14　非正式参与量表的分布形态

三　工作参与状况的组织与群体性差异

（一）工作参与与个体特征

首先，男女平等的一个重要侧面是工作参与上的等同，研究表明，不同性别职工在工作参与上的差距主要表现在工作决策参与权上，男性职工的均值比女性职工多4，差异极为显著（$p=0.000$）。在单位鼓励建言制度状况的认知上，女性的认知状况显著优于男性。而从配置性参与和表达性参与上看，性别差异均不明显，F 统计值都未通过显著性检验。由此可知，男女职工在工作参与状况上的不同主要就体现在参与决策权上。同时，统计分析结果发现，不同年龄段的职工在这五个工作参与状况方面均表现出显著差异，F 统计值都通过了显著性检验。具体来说，进入老年阶段的员工对组织鼓励建言制度状况的认知优于其他年龄段成员；配置性参与程度基本上随着年龄的提高而增强，56岁及以上年龄组的均值比16～25岁年龄组高出7；而其他三个方面则相反，年龄越大，参与度越低，比如表达性参与程度，最高年龄段组比最低年龄段组低了8，在非正式参与程度上最高年龄段组比最低年龄段组低了约9。但在参与决策权的均值上，最高的是26～35岁的青壮年职工（25.05），最低的则是46～55岁的中年人（20.04），参与决策权的这种差异可能源于近些年我国所倡导的干部年轻化、专业化政策。

其次，工作参与要求人们具备相应的参与能力，而参与能力往往来自较高水平的教育获得，因此我们完全有理由设想工作参与程度应当与受教育程度呈现一种同向的共变特征。数据统计分析结果证实了这一点，无论是哪个方面的参与状况，参与水平在不同受教育程度职工群体之间的差异都是十分显著的：大学本科和研究生学历者对鼓励建言制度状况的认知要显著优于大专及以下学历者；配置性参与由小学及以下学历者的43.63，逐渐提高到研究生学历者的60.91，高出了17.28；表达性参与由小学及以下学历者的14.87，逐渐提高到研究生学历者的59.79，更是高出了约45，差距可谓巨大；在决策参与权上，初中学历者的得分是16.73，而研究生学历者的得分则为40.10，高了23之多；即使是在非正式工作参与上，本科生的得分比小学及以下学历者高出了10多。

再次，从工业社会的“科技是第一生产力”到后工业社会的理论知识被发展成“中轴原理”，专业技术人员和理论知识生产者将越来越成为经济社会各领域、各部门发展的中流砥柱和中坚力量，自然也日益成为单位组织存在和发展的主要参与主体。数据统计分析结果表明，与非专业技术人员相比，专业技术人员（包括未定级）在鼓励建言制度状况、配置性参与、表达性参与和参与决策权四个方面显然都有较高水平的参与度，并且随着专业技术地位从无到有、从低到高，工作参与程度也呈现逐渐提高的趋势，不同专业技术地位之间的差异都极具统计学意义上的显著性

（$p=0.000$），这一结果是与正在迎接第四次工业革命的中国崛起相一致的。至于非正式参与，在专业技术地位次序中表现为一种倒U型分布特点，即初级和中级专业技术人员明显高于上端的高级专业技术人员和下端的非专业技术人员和未定级人员，方差分析的 F 统计值在 $p=0.05$ 的显著性水平上通过了检验，证明这种差异在总体中确实存在。

最后，工作参与势必与个人的权力地位紧密相关，在韦伯看来，权力意味着在一种社会关系里自己的意志即使被反对也能贯彻的任何机会。社会组织里的个人无论是基于国家的任命、基于对资源的占有，还是基于组织内部的科层制分工，都占据着一定的权力地位，权力地位的大小不同，工作参与的机会自然也就相异。数据统计分析结果显示，这里的四种工作参与状况在权力地位层级上的分布均表现出了明显的差异，且工作参与状况与权力地位等级呈现显著的同向共变特征。具体来说，权力地位等级越高，对组织鼓励建言制度状况的认知越佳；配置性参与在一线人员上的均值为47.75，逐级提高到五层及以上人员的67.87，极差达到了约20；表达性参与在一线人员上的地位为33.58，逐级提升到五层及以上人员的59.24，高出一线人员约26；工作决策权的差距则更大，一线员工的均值仅是14.53，而五层及以上者高达47.64，极差达到33多，是最大的；非正式参与在不同权力地位等级上的差异也较为明显，由一线员工的32.81分逐层提高到五层及以上的44.81，差距达12。可见，个人的权力地位不同，在组织内部实现工作参与的机会也不一样。权力作为一种特殊资源，对人们的工作参与行为发挥着实实在在的限制或促进作用。

（二）工作参与与经济区域

东部、中部、西部、东北四大区域在经济和社会发展水平上

表 7-2 工作参与状况与个体特征

个体特征	类别	鼓励建言制度状况		配置性参与		表达性参与		参与决策权		非正式参与	
		N	均值	N	均值	N	均值	N	均值	N	均值
性别	1. 男性	1448	45.33	1524	52.52	1486	39.30	1486	26.58	1488	36.13
	2. 女性	2604	47.64	2729	52.23	2693	38.55	2679	22.49	2705	34.52
	显著性	$F=8.06$，$p=0.005$		$F=0.20$，$p=0.65$		$F=0.79$，$p=0.37$		$F=29.27$，$p=0.00$		$F=5.70$，$p=0.02$	
年龄	1. 16~25 岁	577	47.94	615	47.81	601	40.70	597	24.61	611	36.70
	2. 26~35 岁	1893	45.24	1948	52.37	1925	29.55	1922	39.49	1924	36.15
	3. 36~45 岁	992	48.34	1047	54.19	1028	30.35	1021	37.96	1027	34.02
	4. 46~55 岁	503	47.03	545	53.18	532	33.73	533	36.96	538	32.82
	5. 56 岁及以上	85	54.88	97	54.90	92	33.56	90	32.44	91	27.79
	显著性	$F=5.40$，$p=0.000$		$F=10.71$，$p=0.000$		$F=4.67$，$p=0.001$		$F=3.44$，$p=0.008$		$F=7.23$，$p=0.000$	
受教育程度	1. 小学及以下	75	45.78	94	43.63	85	14.87	90	18.80	88	26.83
	2. 初中	407	46.19	454	48.03	429	26.06	434	16.73	437	28.93
	3. 高中/中专	1050	45.15	1106	50.52	1092	33.67	1089	19.48	1092	34.44
	4. 大专	1234	46.49	1281	52.85	1266	39.22	1260	24.39	1271	35.95
	5. 大学（本科）	1127	48.84	1157	54.76	1147	47.02	1133	28.77	1145	37.69
	6. 研究生	156	48.18	158	60.91	157	59.79	157	40.10	157	36.07
	显著性	$F=2.65$，$p=0.02$		$F=19.07$，$p=0.000$		$F=96.22$，$p=0.000$		$F=43.90$，$p=0.000$		$F=14.86$，$p=0.000$	

续表

个体特征	类别	鼓励建言制度状况		配置性参与		表达性参与		参与决策权		非正式参与	
		N	均值	N	均值	N	均值	N	均值	N	均值
技术职称	1. 非专技	580	41.24	596	47.05	589	30.91	592	19.07	589	33.23
	2. 未定级	1470	45.49	1530	50.95	1509	35.44	1506	20.96	1510	34.95
	3. 初级	647	49.72	670	54.58	658	44.51	657	24.86	664	36.56
	4. 中级	686	51.44	708	58.58	697	51.59	696	33.04	706	36.63
	5. 高级	118	50.87	124	65.28	124	47.22	122	36.34	123	33.52
	显著性	$F=17.53$，$p=0.000$		$F=45.40$，$p=0.000$		$F=75.27$，$p=0.000$		$F=52.01$，$p=0.000$		$F=3.06$，$p=0.016$	
权力地位	1. 一线人员	2330	44.37	2482	47.75	2432	33.58	2422	14.53	2448	32.81
	2. 二层	1066	50.24	1110	56.55	1089	43.37	1083	34.38	1087	36.98
	3. 三层	429	48.88	432	60.71	430	48.81	432	38.62	430	39.87
	4. 四层	144	48.50	144	64.65	143	51.29	144	46.42	144	40.40
	5. 五层及以上	73	56.23	76	67.87	75	59.24	75	47.64	74	44.81
	显著性	$F=14.41$，$p=0.000$		$F=95.47$，$p=0.000$		$F=73.32$，$p=0.000$		$F=324.5$，$p=0.000$		$F=21.98$，$p=0.000$	

存在着明显的不平衡性，那么它们在劳动者的工作参与诸方面的状况又如何呢？统计分析结果显示（见表 7－3），在鼓励建言制度状况上，较差的是西部和东部地区，中部和东北地区相对较好。配置性参与均值最高的是正处于开发中的西部地区（54.88），最低的是尚待振兴的东北地区（49.46），而处于引领和崛起阶段的东部和中部地区配置性参与程度居中。从表达性参与上看，最好的当属中部地区（42.58），最差的是东北地区（34.45）。再看决策参与权在四大区域上的分布，表现最佳的是中部（26.21），东北地区依然最差（17.51），这其中的原因值得思考。那非正式参与的分布状况如何呢？在这个方面东北地区表现得出乎意料得好，均值高达 38.34；而腾飞中的东部地区的非正式参与情况最差，均值为 34.12。方差分析的 F 统计值都具有统计学意义上的显著性，说明总体上工作参与状况确实存在着区域差别。

表 7－3　经济区域与工作参与的方差分析结果

经济区域	鼓励建言制度状况		配置性参与		表达性参与		参与决策权		非正式参与	
	N	均值	N	均值	N	均值	N	均值	N	均值
1. 东部地区	1793	46.39	1856	51.87	1832	36.14	1818	22.71	1839	34.12
2. 中部地区	1025	48.45	1113	51.69	1082	42.58	1075	26.21	1084	35.07
3. 西部地区	943	45.39	974	54.88	965	41.06	964	25.86	965	35.95
4. 东北地区	292	48.25	312	49.46	301	34.45	309	17.51	306	38.34
显著性	$F=3.03$，$p=0.03$		$F=8.03$，$p=0.000$		$F=19.41$，$p=0.000$		$F=15.10$，$p=0.000$		$F=4.36$，$p=0.005$	

（三）工作参与与单位成立时间

单位成立的时间可能会与组织中的工作参与状况有一定关系。

数据统计分析结果表明（见表7－4），工作参与状况在单位成立时间上的分布差异主要表现在鼓励建言制度状况、表达性参与和参与决策权上，而在配置性参与、非正式参与方面单位差异并不明显。具体而言，改革开放之前成立的单位，其鼓励建言制度状况要好于之后成立的单位。职工所在的单位的成立时间越晚，他们的表达性参与程度越低，新中国成立以前单位的职工表达性参与均值达到57.90，然后逐渐下降，到2013～2017年成立的单位均值仅为32.99，极差约为15，方差分析的F统计值为25.99，极具统计显著性。经过统计分析我们还发现，决策参与权表现出随着单位成立时间的缩短而提高的特征，新中国成立到改革开放初期所成立的单位的决策参与权均值最低，仅为20；而在党的十八大以后成立的单位的决策参与权均值达到了30，方差分析的F统计值也达到了统计显著性。

表7－4 单位成立时间与工作参与的方差分析结果

单位成立时间	鼓励建言制度状况		配置性参与		表达性参与		参与决策权		非正式参与	
	N	均值	N	均值	N	均值	N	均值	N	均值
1. 1949年以前	35	54.54	39	50.61	39	57.90	39	22.54	39	40.82
2. 1950～1983年	487	51.89	504	53.89	501	48.26	495	22.04	502	35.94
3. 1984～2000年	1342	47.79	1401	53.60	1381	39.44	1364	23.43	1382	34.26
4. 2001～2012年	1369	45.29	1434	51.90	1412	37.72	1410	25.60	1416	36.28
5. 2013～2017年	303	45.56	321	52.07	313	32.99	316	30.78	311	35.36
显著性	$F=7.91$，$p=0.000$		$F=1.88$，$p=0.111$		$F=25.99$，$p=0.000$		$F=8.41$，$p=0.000$		$F=2.40$，$p=0.05$	

（四）工作参与与单位类型

我们在理论分析部分已经指出，中国的单位作为中国特色社会主义制度的一种“载体”，它们必须要适应中国特有的制度环境才能生存，其结构和制度必然要通过“变通”和“适应”机制而“嵌入”宏观社会结构性环境之中，只有这样各个单位才能找到自身存在的合法性依据。而正是单位对制度环境及技术环境的适应，导致了迈耶新制度主义所谓的组织之间相互模仿以致趋同的结果。如果是这样，那么各类单位中的工作参与趋同就理应在调查数据中体现出来。表7－5显示的是单位类型与工作参与的方差分析结果。可以看到，单位类型不同，人们在配置性参与、非正式参与和参与决策权上的差异都未表现出统计学意义上的显著性，F 统计值发生的概率均大于 $p = 0.05$ 的显著性水平，说明这三种工作参与状况都与单位类型无关，即它们在各种单位类型上都是相同的，从而在一定程度上佐证了我们的观点。同时，单位类型不同，单位中鼓励建言制度状况、人们通过各种正式渠道参与工作交流的表现状况还是存在显著差别的：行政事业单位的鼓励建言制度状况、表达性参与都是最佳的，均值分别高达52.69、53.99；其次是国有企业，均值分别为49.85、46.66。这说明我国单位制组织的鼓励建言制度状况、表达性参与状况整体良好。相反，私营企业、集体企业的鼓励建言制度状况、员工的表达性参与状况最差，说明非公有制经济部门员工工作参与机制的建设较为落后、有待加强。

表7－5　单位类型与工作参与的方差分析结果

单位类型	鼓励建言制度状况		配置性参与		表达性参与		参与决策权		非正式参与	
	N	均值	N	均值	N	均值	N	均值	N	均值
1. 集体企业	185	48.08	190	52.73	189	35.86	189	22.94	188	33.49

续表

单位类型	鼓励建言制度状况		配置性参与		表达性参与		参与决策权		非正式参与	
	N	均值	N	均值	N	均值	N	均值	N	均值
2. 私营企业	2146	43.92	2256	52.07	2221	32.59	2210	23.96	2228	34.72
3. 现代型企业	700	49.38	709	52.98	701	44.05	701	23.36	703	36.19
4. 国有企业	523	49.85	547	52.47	540	46.66	542	22.80	542	35.77
5. 行政事业单位	426	52.69	445	53.37	441	53.99	435	24.68	444	36.38
显著性	$F=17.49$, $p=0.000$		$F=0.57$, $p=0.684$		$F=97.61$, $p=0.000$		$F=0.55$, $p=0.695$		$F=1.44$, $p=0.219$	

（五）工作参与与行业领域

工作参与问题不是某个单位的问题，其存在具有一定的普遍性，只是在不同的行业领域可能会有不同的表现而已。数据统计分析结果证实了这一想法，5个方面的工作参与状况与行业领域的方差分析的F统计值都具有统计显著性。表7－6显示，在26个行业领域里，鼓励建言制度状况较好的除了粮食种植业（53.27）外，其他几个分别是教育（52.94）、科研/综合技术服务（52.86）、金融保险业（51.45）与党政机关和社团（51.24），而其他农林牧渔业（36.9）、采掘业（40.85）及广告业（40.79）的鼓励建言制度状况最差。配置性参与状况最好的是党政机关和社团（59.38），接着依次为科研/综合技术服务（56.45）、金融保险业（56.34）、文化艺术与体育事业（56.11）以及广告业（55.76）和教育（55.17）。相对地，配置性参与状况较差的几个行业领域分别是采掘业（44.13）、旅游娱乐业（46.48）、卫生和社会福利业（48.92）等。从表达性参与状况来看，是居民自治组织（66.37），这可能与该行业领域的工作复杂性有关；其次就是党政机关和社团（58.36），教育行业工作者的表达性参与也较多（53.81）。而表达性参与状况较差的几个行业领域则分别是粮食种植业（26.47）、咨询业（31.75）、手工业（31.74）、建筑业（32.19）和餐饮业（32.79）等，这些行业领域的从业者通过组织内各种沟通渠道表达思想和意见的行动较少。

那么决策参与权在各个行业领域里的表现又如何呢？统计结果显示，决策参与权状况最好的是文化艺术和体育事业，均值高达31.98；接着是餐饮业和咨询业，均值分别为29.47和29.05；科研/综合技术服务、党政机关和社团的决策参与权也较大，均值分别为28.25、27.02。这些行业领域较大的决策参与权可能与其本身的特点相关。相对而言，采掘业、以农产品为原料的制造业、邮电通信业和手工业的参与决策权最小。最后，非正式参与在各行业领域中的分布差异也是客观存在的，只是显著性程度没有那么高。非正式参与情况最好的是粮食种植业（40.27），文化艺术和体育事业的非正式参与均值高达40.05，说明"文化圈"、"艺术圈"或"娱乐圈"中的工作者通过非正式渠道参与讨论"领导为人处事"、"关于同事闲话"、"单位规章制度"以及"人事变动情况"等的频率较高。相对而言，广告业、手工业、采掘业及居民自治组织中的人们参与各种非正式沟通的频率则较低。

四　工作参与量表的效度分析

（一）工作参与及其心理环境

根据涂尔干的社会学研究方法指导原则，组织中的一切社会过程的最初起源都必须从组织的内部环境的构成中去寻找，只有组织中的制度及人们的参与模式才是促动的因素，所谓组织社会

表 7－6 行业领域与工作参与的方差分析结果

单位类型	鼓励建言制度状况		配置性参与		表达性参与		参与决策权		非正式参与	
	N	均值	N	均值	N	均值	N	均值	N	均值
1. 粮食种植业	15	53.27	16	52.25	15	26.47	16	21.44	15	40.27
2. 其他农林牧渔业	31	36.90	31	52.23	31	32.39	31	27.45	31	35.16
3. 手工业	90	49.80	95	50.29	94	31.74	93	20.85	94	29.49
4. 采掘业	26	40.85	30	44.13	29	34.96	28	17.82	30	29.03
5. 制造业（非农）	380	44.35	387	50.67	386	40.27	382	20.17	386	39.06
6. 制造业（农产品）	86	48.80	91	52.00	89	34.45	90	19.38	89	36.62
7. 建筑业	222	44.83	250	54.26	238	32.19	239	24.28	238	35.84
8. 文化艺术和体育	61	44.88	61	56.11	58	45.41	59	31.98	61	40.05
9. 邮电通信业	62	48.32	67	51.79	67	38.67	66	20.50	67	37.28
10. 信息产业	214	44.23	225	54.26	222	37.47	218	24.36	221	34.49
11. 商业	363	45.46	378	51.17	374	35.80	373	23.56	372	35.97
12. 对外贸易业	72	49.43	75	54.17	74	33.97	70	26.64	74	33.73
13. 餐饮业	242	47.38	251	50.76	246	32.79	248	29.47	247	35.07
14. 党政机关和社团	79	51.24	86	59.38	85	58.36	83	27.02	85	34.16
15. 公用事业	94	51.09	100	50.97	100	42.16	98	22.42	100	37.61
16. 旅游娱乐业	47	42.83	48	46.48	47	33.68	48	24.79	48	37.54

续表

单位类型	鼓励建言制度状况		配置性参与		表达性参与		参与决策权		非正式参与	
	N	均值	N	均值	N	均值	N	均值	N	均值
17. 服务业	803	45.13	845	50.43	830	33.98	831	22.30	830	32.57
18. 房地产经营业	81	45.91	87	52.71	84	33.68	85	21.44	87	35.22
19. 咨询业	41	49.51	42	54.90	40	31.75	42	29.05	42	34.76
20. 卫生和社会福利业	201	45.83	210	48.92	209	44.81	207	22.13	208	36.59
21. 交通运输业	143	45.57	151	54.33	147	38.28	147	25.04	147	34.86
22. 广告业	38	40.79	41	55.76	40	42.12	40	26.02	40	27.90
23. 科研/综合技术服务	43	52.86	44	56.45	44	45.11	44	28.25	44	37.36
24. 金融保险业	223	51.45	227	56.34	226	46.40	227	25.37	226	36.01
25. 教育	335	52.94	343	55.17	342	53.81	338	25.62	343	35.84
26. 居民自治组织	8	43.87	9	54.44	8	66.37	8	23.13	9	26.33
显著性	$F=2.58$，$p=0.000$		$F=2.75$，$p=0.000$		$F=12.86$，$p=0.000$		$F=2.28$，$p=0.000$		$F=2.16$，$p=0.001$	

关系环境的社会学研究，实际上就是考察成员沟通和合作的活动状态与存在状态之间的因果关系。组织中的社会互动环境可被分为两个部分：动态（活动）部分和形态（存在）部分。动态部分主要是指人们的认知、情感和评价，是社会互动环境的基本部分；而形态部分则是指人们沟通与互动的基本形态，包括人们通过各种正式和非正式方式参与沟通交流的状况、受制度约束而表达自己有关工作和组织相关事项的意见的状况；组织的“主人”参与各种决策的权力的实现程度，当然还包括组织中设置的各种限制或鼓励人们发表建议的规则等，这些共同构成了客观的存在部分现象。客观的存在部分是因，而活动部分是果，前者支配或限制着后者，这个因果关系逻辑具有规律性。人们的各种心理反应是由其所处的社会存在状况决定的，它们与受制于人本能的一些心理形式不同，是人的内在心理活动与客观存在状况相互作用的产物。换句话说，员工的心理感受是其对客观的存在状况的反应，是客观的社会事实在个人意识里的延伸。工作参与会影响员工的决策，增强他们的自主性和对工作生活的控制，员工因此将会受到更大的激励，对组织更加忠诚，生产效率更高，对他们的工作更满意。①

首先，在计划经济体制下，国家各类社会组织基本上采用的都是条块分割式的单位制管理方式，单位内的各种社会活动都是靠国家指令或命令的，上级命令下级，各种生产、经营和管理活动自上而下逐级贯彻执行，下级不必向上级反映问题、提出工作建议，与上级沟通交流的机会也极少。改革开放尤其是进入 21 世纪以来，我国单位制的管理方式逐渐在发生“转轨”和变化，适应市场经济和科学管理的要求，各类单位组织经营和管理的自主权增大，广大职工也能够就工作问题与领导、同事等保持经常性

---

① Stephen P. Robbins, *Essentials of Organizational Behavior*, N. J.: Prentice Hall, 2002.

的沟通交流，配置性参与机会逐渐增多。

其次，与配置性参与有所不同，表达性参与意味着员工通过组织设置的各种沟通渠道和方式，全方位参与组织运行、管理和发展等各种活动，从而对所在组织的整体运行具有某种程度的知晓和把握。随着我国国有企业、事业单位、政府组织以及大量的体制外组织向着适应市场经济体制的、专业化的方向发展，它们日益重视治理对组织运行和发展的作用，注重内部沟通网络建设，强调上下互动，强调通过职工的协商、认同、合作实现对组织运行的有效管理。高水平的表达性参与，满足了人们意见表达、沟通交流的心理需求，自然会塑造出有利于组织工作环境质量提升的感受和评价。

再次，组织内部制度规定的正式沟通方式对组织运行和发展固然重要，但同事之间基于交往需要而有意或无意地就组织内各种事项所进行的议论、谈话等非正式沟通的作用也不可小觑。一般来说，非正式沟通是无害的，可以弥补组织内正式制度功能的不足，缓解人们心理上的郁闷，满足他们基本的日常交流需要。但由于非正式沟通所涉及的往往是正式沟通不便传播的有关组织的人员、事件、财务等方面的信息，且可能会因捕风捉影、不负责任而造成信息不确切，容易因信息失真而造成人们的曲解或误解。但这种沟通方式因为满足了人们的社会需要也可能会对其心理产生积极影响。

最后，中国单位体制改革的一个重要方面就是简政放权、权力下沉、赋予下级或基层员工更多的参与决策的权力。职工参与决策就意味着权力的行使，而权力与经济系统中的金钱一样，也是一种“流通媒介”，具有很多重要的社会和经济功能。它能够促进人们能力、天赋和工作的协调与整合，最大限度地发挥人们的潜能，产生人们无法预见的、积极的社会效果。一方面，人们的参与决策能够使他们成为巨大的劳动生产力，为社会创造出极大丰富的物质产品和服务，并使个人获得丰厚的物质和非物质报酬，提高其工作满意度。另一方面，参与决策也会改变他们劳动过程中被动性、强制性的面相，唤醒他们主人翁的意识，大大提高他们工作的热情、主动性和创造性，使得他们能够对工作过程具有较高的满意度，并体会到个人工作的社会价值。

（二）工作参与心理情绪量表

1. 非制度化维权态度

众所周知，组织内的雇主或管理者与广大雇员之间存在利益冲突，这既有经济利益方面的，也有权力方面的，还有社会层面的。面对组织中不公平交换所导致的剥夺、失范、矛盾、冲突等各种现实问题，如果组织内雇主或管理者与雇员之间的互动和沟通障碍重重，员工在组织中得不到或根本无机会，也没有制度化的渠道表达自己的意见和利益诉求，那么员工可能就会通过非常规的、激进的表达意见方式和利益诉求方式来维护个人的利益，我们将这一心理反应称为非制度化维权态度。如果组织中的制度规定使得劳动者的各种利益诉求表达渠道畅通，他们通过组织中的制度化渠道或途径来解决他们感受到的互惠和公平交换原则遭到破坏所带来的问题，这就是制度化维权行为。反之，如果矛盾和紧张问题无法在组织内得到解决，员工可能就会为维护个人权益而采取某些非常规方式。由于这些非常规方式“跳出”了组织正式规章制度协调和控制的范畴，故而我们称其为非制度化维权行为。

在这次调查中，我们用由 4 个题器构成的量表来观测组织成员的非制度化维权态度，分别是 f12a 公开聚会、f12b 游行示威、f12c 罢工和 f12d 上访，以此询问被访者是否赞成个人或组织利用这些方式来表达他们的不同意见。答案采用李克特 5 点尺度计分，“非常反对”为 1，“比较反对”为 2，“无所谓”为 3，“比较赞同”为 4，“非常赞同”为 5。非制度化维权态度量表的测量模型分析结果表明（见图7－15），4个题项的因子负荷系数在0.55～0.88，大于0.5的经验性标准，量表的信度系数 ρ = 0.82，说明量表可以被接受。计算非制度化维权态度量表的得分，由于各题项均为次序层次测量的变量，所以采用广义有序变量的Logit测量模型进行分析。获得因子标准分数值后，为便于阅读对其进行百分制转换，从而得到非制度化维权态度变量的最终数值，其分布如图7－16所示。结果显示，2017年中国城镇职工的非制度化维权态度均值是36.63，标准差为20.83，分布近似正态分布。

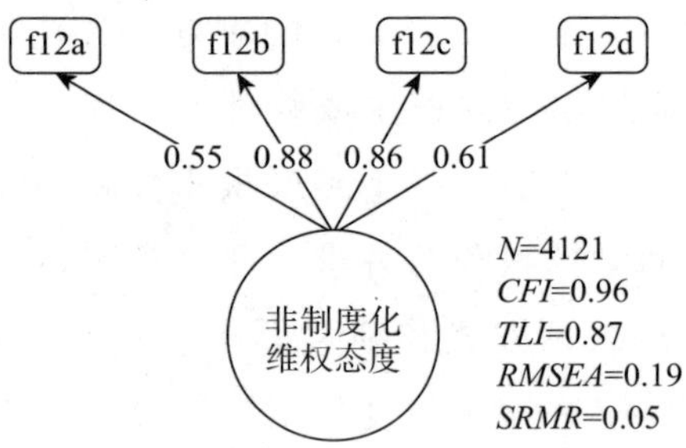

图7－15　非制度化维权态度量表测量模型分析

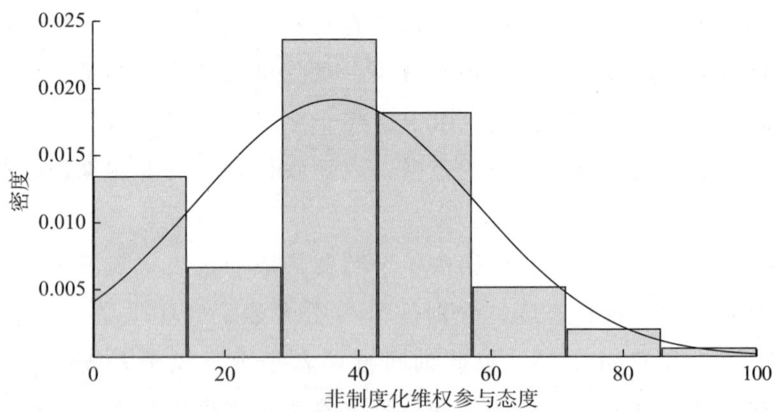

图7－16　非制度化维权态度量表的正态分布

2. 工作社会价值感量表

在工业化过程中，机器的普遍使用以及组织的日益科层化，导致劳动者的角色结构产生了一种特殊的张力，即由于劳动者减少了与领导和同事的交往和接触，难以从主管和同事那里获得令人满意的信息或情绪反应，难以把自己的技艺或思想运用到角色实践中，从而产生挫败感、无价值感、孤独感等不良的情绪体验。个人渴求在群体中的地位，希望与那些能够和他们有着令人愉悦的个人关系的人一起工作，渴望与高层人士（high-class people）、好的工作同伴（good working companions）一块工作，尤其是他们期盼与这样的人共事：能与他们交换思想、交流情感，而且确信能够得到来自他们赞许的、支持的倾听。有人倾听乃是人生的至乐。因此，基于制度的规定和安排，经常与主管领导沟通和协商，经常通过各种制度化渠道与领导和同事进行信息交流，甚至通过工作参与经常能帮助组织做出相关决策，个人就能通过这些行为体会到自己对他人或社会的价值感，感受到自身存在的社会意义。

所以，我们认为，人们在组织内的各种工作参与状况作为一组具有社会意义的解释变量，可以对人们的工作社会价值感产生直接影响。工作社会价值感量表由三个指标组成，分别是 c31 对社会的贡献、c32 对他人的帮助、c33 对他人的影响。答案“没有”、“较小”、“较大”和“很大”依次赋值为 1～4。验证性因子分析结果表明，三个指标的因子负荷系数分别为 0.76、0.85 和 0.71，内部一致性 α 系数达到 0.82，结构方程对数据的拟合优度非常好，表明量表完全可以被接受。采用广义有序变量的 Logit 测量模型分析，获得因子预测数值后再对其进行百分制转换，从而得到工作社会价值感变量的数值，其分布如图 7－17 所示。结果显示，2017 年中国城镇职工工作社会价值感量表均值是 51.53，标准差为 24.39，偏度系数和峰度系数分别为 -0.07 和 2.77，分布近似正态分布。

3. 工作满意度

这里的工作满意度指的是劳动者对工作本身及有关环境所持

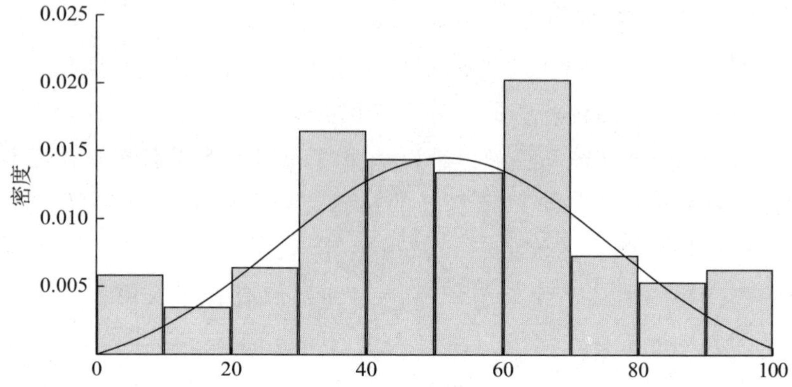

图 7－17　工作社会价值感量表的分布形态

的一种综合态度或看法，是对其工作角色的整体良性情感反应（包括工作环境、工作状态、工作方式、工作压力、挑战性、工作中的人际关系等），与个人基于工作实得报酬和其认为应得报酬之差距状况而形成的需求得到满足的心理状态有所区别。2017 年盖洛普的一项调查显示，美国员工中只有 1/3 对工作有参与感。也就是说，每 3 名员工中，只有 1 名在工作时持续充满积极性、决心、热情与效率，而其他的大多数员工则是对自己的工作感到不满意。[①] 这说明工作参与度是会影响个人的工作满意度的。个人对所在组织和工作角色的相关事务参与度越高，意味着其与组织领导、合作同事之间的垂直和水平方向的互动、影响和调适程度越高，经过参与、协商、选择和决策的动态过程而建立的组织中的社会关系就会越和谐。一旦经过高质量的参与，员工就会视组织为"家"，产生归属感，从而，他们会不由自主地对自己的工作产生责任感，并非常愿意在这种具有良好的组织文化的组织环境中工作，工作满意度自然会较高。

学术界对工作满意度的测量，一般既有对整体满意度的测量

① 转引自 Andy Kolinsky《谁都逃不过职业倦怠，但你可以做自己的"工作建筑师"》，《哈佛商业评论》2017 年 8 月 31 日。

（单一整体评估法），也有对构成工作满意度若干关键因素的测量（综合评分法）。Watson 和 Slack 通过工作本身、薪酬、提拔、管理与同事等维度使用工作描述指数评估工作的满意度，又使用明尼苏达满意度问卷（MSQ）测量了工作整体满意度，结果显示工作满意度各维度与工作整体满意度之间存在最大的正相关。[①] 有鉴于此，我们这里使用工作整体满意度评估法，用一个问题来测量劳动者的工作满意度，即 c27 您对这份工作是否感到满意。答案从“很不满意”到“很满意”依次赋值为 1 ~ 5。它是一个定序测量层次的变量，但考虑到以后统计分析上的适宜性，这里将其勉为其难地“拔高”到定距测量层次上来，统计结果见图 7 - 18。

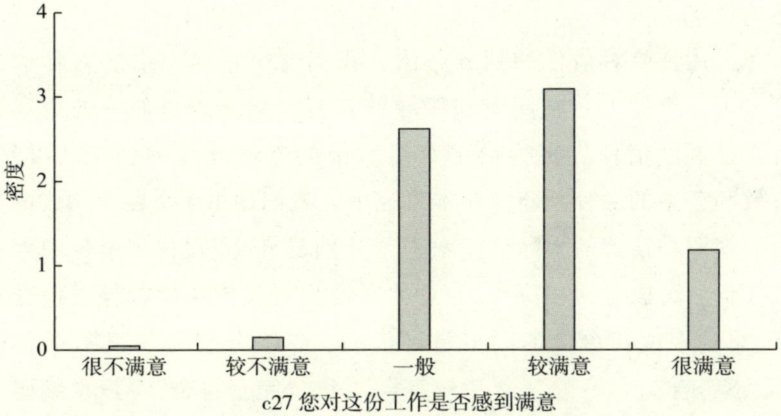

图 7 - 18　工作满意度的条形图

4. 组织信任

组织信任是员工对所在组织形成的一种相对稳定而积极的态度，它是人们对组织做出的正式或非正式承诺是否可以信赖的感受，是在与组织的互动过程中对组织环境的结构要素名实相符状况的评价，也是对组织运行的整合、激励、保障和控制等各种机

① David Watson and Ann Keltner Slack, “General Factors of Affective Temperament and Their Relation to Job Satisfaction over Time”, *Organizational Behavior & Human Decision Processes*, Vol. 54, 1993, pp. 181 - 201.

制是否正常、和谐、良性、有效的看法。由于人和制度构成了组织中的工作环境，所以组织信任感就可以被划分为基于人格因素的人际信任与基于非人格因素的制度信任两大类，它们表现为一种相互独立而又相互作用、相互制约的辩证关系。那么人们的信任感如何产生呢？按照卢曼（Luhmann）的熟悉-信任论，互动产生熟悉，熟悉塑造信任，熟悉是信任形成的前提。当组织成员能够通过各种渠道、采取各种方式进入组织内部的沟通网络之中的时候，当他们有了更多的机会参与组织运行和管理决策的时候，尤其是当他们通过广泛参与而把组织当成了自己的“家”、真正体验到了自己是“主人翁”的时候，组织信任感就会在他们心里油然而生。

采用卢曼对信任的划分方法，我们这里将组织中的人际信任定义为一个员工对其同事和领导的言行一致、表里如一的主观评价，把制度信任界定为员工对组织中的制度环境的稳定、可靠、有效和公平的一种判断。在本研究中，我们用由3个题项构成的量表来观测被访者的人际信任水平，分别是d39d在我们单位中大多数人仍然可以坦诚相待、f9h总的来说我对我们单位领导很信任和f9k总的来说我单位的同事是可信的。答案分别为“很不符合”、“较不符合”、“一般”、“比较符合”和“完全符合”，依次编码为1、2、3、4、5。对于制度信任感，我们使用由4个题项构成的量表来测量，分别为：f9c只用合乎情理，不符合单位制度也无所谓；f9g在单位中办事，熟人比规章制度更管用；f9n少数人把持着单位，其他人对此无能为力；f9p兢兢业业的人在我们单位根本不吃香。答案分别为“很不符合”、“较不符合”、“一般”、“比较符合”和“完全符合”，采用逆向编码，依次赋值为5、4、3、2、1。

我们视人际信任和制度信任为两个无法被直接观测的连续潜变量，使用验证性因子分析方法对量表进行分析。结果表明，人际信任3个指标的因子负荷系数分别为0.40、0.64和0.79，综合

信度系数 ρ 达到 0.80，测量模型对数据的拟合优度非常好，表明量表完全可以被接受。制度信任 4 个指标的因子负荷系数分别为 0.51、0.54、0.69 和 0.66，量表的信度系数 ρ 为 0.83，测量模型对数据的拟合优度状况可以被接受。这里首先计算两个量表的因子标准分，然后再进行百分制的正常化转换，保证数值分布在 0 ~ 100，数值越大，表示个人的人际信任和制度信任越高。在本样本中，人际信任的均值为 68.09，标准差为 16.51，变量分布形态如图 7 - 19 所示；制度信任的均值是 42.75，标准差为 18.95，其分布形态如图 7 - 20 所示。

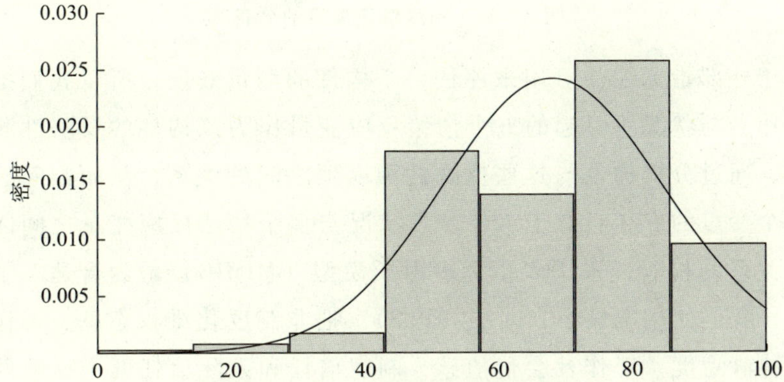

图 7 - 19 人际信任量表的分布

（三）基于工作参与的多指标多因素模型分析

在前面的分析中我们已经提出这样的假定，组织中员工的工作参与状况应该会引起他们的一些特定情感反应，在这里，工作参与状况为因，情感反应为果。用鼓励建言制度状况、配置性参与、表达性参与、参与决策权和非正式参与五个测量量表来反映工作参与状况，我们认为把这五个侧面视为构成性变量是最好的选择，因为组织中的工作参与状况可以表现为这些侧面的综合，是这五个侧面共同决定了工作参与状况。假定这五个量表的变量基本涵盖了工作参与状况的范围，那么它们的测量效度又如何呢？

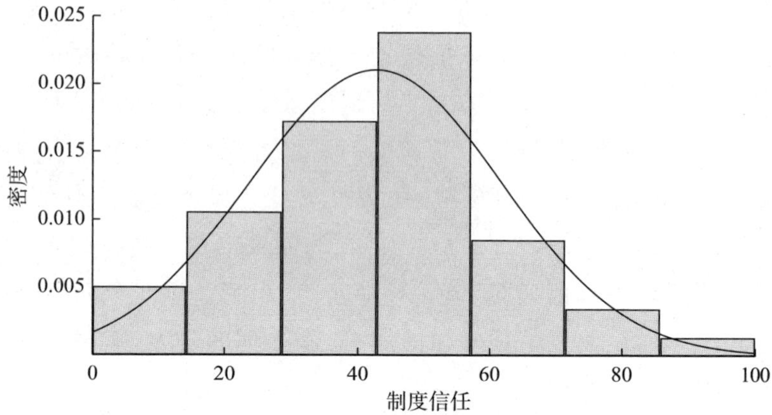

图 7－20　制度信任量表的分布

由于外部指标往往可用来评估一个构件的测量效度，所以我们把工作参与状况所引起的五个情绪反应变量作为该构件的反映性测度，通过分析构件与这些反映性测度项之间的关系，从而判断这五个变量的好坏。对于工作参与状况与多个情绪反应变量之间因果关系的检验，采用多指标多因子模型（MIMIC）最为合适。于是，我们使用偏最小二乘法（PLS），把非制度化维权态度、工作整体满意度、工作社会价值感、制度信任和人际信任五个反映性变量与五个构成性变量放在一起，建立起了相应的回归模型，对我们的基本假设进行检验。采用 Bootstrapping 重复抽样 1000 次对整个结构模型进行拟合。结构模型估计的结果包括标准化路径系数、路径显著性见图 7－21。从一阶因子到二阶因子的路径系数即为权重，代表了每个低阶因子对高阶因子的相对重要性。从二阶因子到效果指标的路径系数反映的是一阶因子对效果指标的影响状况。

相关理论研究表明，工作参与可以被视为一种权力的主要体现，通过工作参与来行使权力可以带来几个方面的效果。首先，参与意味着员工占据了一个地位（位置），意味着他们能够扩展自己决策和控制的事项的范围。员工参与组织运行决策与过程的机

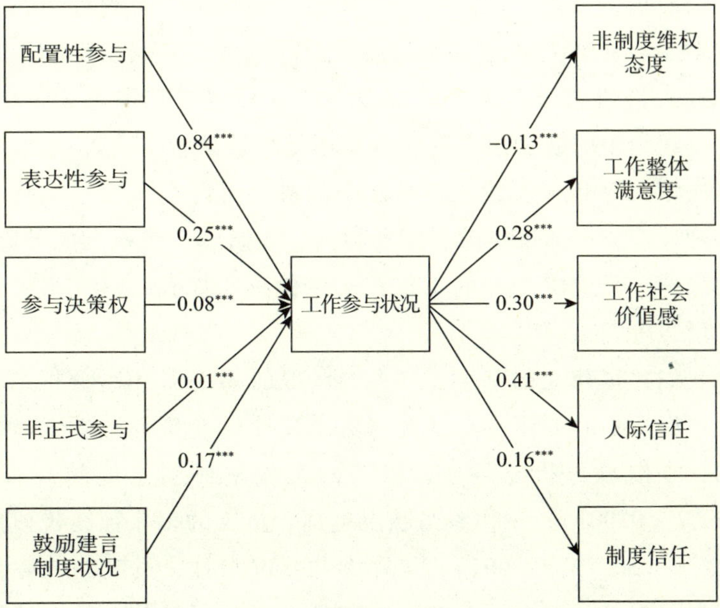

图 7－21 基于工作参与状况的 MIMIC 模型

会越多，他们越能把其影响力扩展到其他的相关领域，比如通过影响企业内部的财务政策进而影响经济收入的分配，通过决策参与员工可获得更多的有关管理层的信息、态度和工作模式，从而在权力冲突中增大其“胜算”的机会。其次，工作参与对员工的价值观和意识具有动态性影响，会导致他们产生更多的参与期望和参与要求。工作参与不只会影响相关事项的决定，还会对参与者的意识产生重要作用，有助于改变其对劳动关系的价值观，从而导致其对工作场所决策参与意愿的增强。因为伴随持续参与过程而来的是更大的利益和能力，对参与的这种动态性的回应或反馈会扩展到人们意识上的基本变化。再次，通过参与组织内部的决策过程，员工能够学习到其与周围世界（物理环境或自然环境，还有社会环境）的本质关系，从而工作过程中的疏离问题就能令人满意地得到解决。大多数工人正是因为未能有效地参与到企业运行的各种决策过程中，才会与自己的劳动产品、领导及同事乃至社会疏离了关系。而广泛的工作参与使得员工对现代组织中的劳动对象、社会关系有了深刻而全面的理解，有利于他们形成较强的社会价值感受，淡化大多数人的这种主观疏离意识。所以，无论是组织中的鼓励建言制度状况还是配置性参与、表达性参与、参与决策权等参与实践，较高水平的参与可能会产生一系列积极的心理反应，比如工作满意度的提高，非制度性维权意愿的降低，与疏离感、无力感相反的工作社会价值感的提升，以及组织信任感的增强等。

我们这里建立的基于工作参与状况的 MIMIC 模型分析结果表明，组织员工的工作参与状况对五个反映性变量都产生了显著的影响：工作参与状况越佳，员工的工作整体满意度越高（$b = 0.28$，$p < 0.001$）；工作参与状况越佳，员工的工作社会价值感越强（$b = 0.30$，$p < 0.001$）；工作参与状况越佳，员工的人际信任感越强（$b = 0.41$，$p < 0.001$）；工作参与状况越佳，员工的制度信任感越强（$b = 0.16$，$p < 0.001$）；同时，工作参与状况越佳，员工的非制度化维权态度越弱（$b = -0.13$，$p < 0.001$）。实证研究的结果与我们的理论设想保持一致，从而可以证明工作参与状况的构成性测量量表具有外部效度。在工作参与状况与五个心理效果指标显著相关的前提下，研究发现，只有非正式参与与工作参与状况的关系不显著，说明非正式参与量表不能对工作参与状况进行有效测量，所以在后面的分析中我们会将其剔除掉。

五　本章小结

本章从工作参与这个角度对组织中的工作环境进行了考察。一定数量的人们通过占据岗位、扮演角色，在组织制度环境的约束与促动下围绕工作任务展开行动，与其他成员产生交互行为和建立相互联系，这就构成了现实的组织现象。作为人们互动的产物或结果，员工的各种互动参与形式都是构成组织工作参与状况的基本材料，也都是组织中的工作环境的社会学研究的独特主题。在坚持人民当家做主的中国，劳动者作为国家与企业等组织的主人，积极参与组织的各项事务，无论是对个人的自我价值实现，还是对组织中良好人际关系环境的塑造，都具有非同寻常的重要意义。经由制度化过程而形成的鼓励建言制度，由此制度促动而成的配置性参与，通过各种正式沟通渠道而实现的表达性参与，以及在组织相关事务上体现出的决策参与权，它们结合在一起共同构成了组织中工作参与状况这一具有特定内涵的建构。相比于工作时间、工作场所与工作报偿，工作参与状况更能体现组织员工主体性“在场”的现状，较高的工作参与程度反映了一种员工能动性、建构性和自治性等的客观工作环境事实。工作参与关系到个体与组织、个体与社会之间的联系和融合，牵涉到个人对本职工作意义的理解与界定，所以必然会与个体的人格系统产生联系，进而使人们产生各种相应的心理和情感反应。从这个角度来看，工作参与是组织制度环境作用下所形成的人际互动现象，其状况如何直接体现着“人”的主体性，并对组织中的工作环境质量起着某种决定性作用。

使用2017年工作环境调查数据来考察工作环境中员工的工作参与状况，我们得到的调查结果如下。（1）对于组织中的鼓励建言制度状况，验证性因子分析结果表明，由7个指标组成的量表信度较高，可以被接受。采用有序的Logit测量模型抽取因子得分并做百分制的正常化转换，结果显示，鼓励建言制度状况量表的均值为46.81。（2）对于由正式制度规定或约定俗成的规则而促使职工所产生的配置性参与，验证性因子分析结果表明，由3个指标变量组成的配置性参与量表具有较好的信度，完全可以被接受。使用有序变量的Logit测量模型获得该量表的分值并做正常化转换，结果显示，配置性参与变量的均值为52.33，说明其总体状况一般。（3）对于员工通过组织设置的各种正式沟通渠道而将与工作相关的信息、问题、思路、意见等按照一定的规则和方向表达出来、进行交流的表达性参与，探索性因子分析结果表明，由 9 个指标变量构成的量表的克伦巴赫（Cronbach）信度系数达到 0.8，具有较好的内部一致性。采用 0～1 取值二分指标的 Logit 测量模型获得潜在因子分值，并进行正常化转换，结果显示，表达性参与变量的均值为 38.82，说明总体参与状况较差。（4）针对与职业角色紧密相关的技术、安全、工资、福利、工作条件以及更高层次的组织人事变动、规章制度和发展方向等重要事项的决策，我们编制了由 8 个指标变量组成的参与决策权量表，单一因子的验证性因子分析拟合优度表明，该量表完全可以被接受，综合信度系数 $\rho=0.865$。采用有序变量的 Logit 测量模型抽取因子得分并进行百分制的正常化转换，结果显示，决策参与权变量的均值仅为 23.96，总体状况很差。（5）非正式参与是对组织员工通过非正式渠道所参与的、有关工作各种事项的信息交流与沟通的综合概括。验证性因子分析结果表明，由 7 个指标变量组成的非正式参与量表的综合信度系数 $\rho=0.882$，测量信度完全可以被接受。采用有序变量的 Logit 测量模型抽取因子得分并进行百分制的正常化转换，结果显示，非正式参与变量的均值仅为 35.09，总体状况较差。

五个工作参与状况量表在不同群体中的分布表现出了一定的差异。（1）相比于女性，男性对鼓励建言制度状况的感知显著更差，而男性的实际参与决策权却显著大于女性。（2）老员工对鼓励建言制度状况的认知显著优于其他年龄段成员。劳动者年龄越大，配置性参与状况越佳；相反，劳动者年龄段大，表达性参与、参与决策权和非正式参与状况越差。（3）工作参与状况与受教育程度呈现一种显著的同向共变趋势，受教育程度越高，五种工作参与状况都变得更好。（4）在鼓励建言制度状况、配置性参与、表达性参与和参与决策权上，专业技术人员都比非专业技术人员更好，且专业技术地位越高，参与水平也越高；非正式参与水平在专业技术地位上表现为一种倒 U 型分布特点。（5）五种工作参与状况量表在权力地位上的均值差异都是显著的，一线员工在五种工作参与状况量表上的均值都是最低的，权力地位越高，工作参与均值也越高。（6）西部和东部地区对鼓励建言制度状况的感知较差，而中部和东北地区相对较好。在配置性参与方面，西部地区最佳，东北地区最差；在表达性参与方面，中部地区最好，东北地区最差；决策参与权最大的是中部地区，最小的是东北；非正式工作参与水平则东北地区最高，东部地区最低。（7）行政事业单位的鼓励建言制度状况最好，而私营企业的最差；行政事业单位、国有企业的表达性参与状况最好，私营企业、集体企业的最差。（8）鼓励建言制度状况最好的是粮食种植业、教育、科研/综合技术服务、金融保险业和党政机关和社团，而其他农林牧渔业、采掘业及广告业的鼓励建言制度状况最差。在配置性参与方面，党政机关、科研/综合技术服务、文化艺术与体育事业、广告和教育行业较好，而采掘业、旅游娱乐业、卫生和社会福利事业相对较差；在表达性参与方面，居民自治组织、党政机关和社团与教育行业较好，而粮食种植业、咨询业、手工业、建筑业和餐饮业等则相对较差；在参与决策权上，文化艺术和体育事业、餐饮业、咨询业、科研/综合技术服务与党政机关和社团较好，而采掘业、以农产品为原料的制造业、邮电通信业和手工业等较差；非正式参与水平最高的是粮食种植业和文化艺术和体育事业，而广告业、手工业、采掘业则相对较低。

工作参与状况关系着个体与组织乃至社会之间的整合与团结，牵涉到个人对本职工作意义的理解与界定，所以必然会带来各种相应的主观心理反应。MIMIC 统计分析结果表明，工作参与状况确实直接影响从业者的这些心理状况：工作参与状况越好，人们的工作整体满意度越高，工作社会价值感越高，组织中的人际信任感与制度信任感越高，非制度化维权态度越弱。研究还表明，在工作参与状况的这五个构成性量表中，只有非正式参与量表的效应不具有统计显著性，说明它在决定工作参与状况上不具有有效性，可以考虑剔除。所以我们的结论是，组织中的工作参与状况可由鼓励建言制度状况、配置性参与、表达性参与、决策参与权四个方面共同构成，这四个子量表各自从不同的侧面概括了组织中的工作参与状况，综合起来可以有效地帮助我们从整体上把握组织中的工作参与状况。

第八章　组织工作环境的结构模型

一　组织工作环境操作性分析框架的构建

组织工作环境研究的分析框架，应当是由适切的概念、假设和观测等以一种合乎逻辑的、有意义的方式相互关联起来而构成的一个系统。该分析框架既不能是单纯的理论建构（theory construction），也不宜纯粹是实证主义范式的理论检验，它必须能够把解释工作环境的各个概念框架与相应的参数估计、假设检验程序整合起来，既要能在理论层面做到自圆其说，又要能在方法论上站得住脚。对此，Bagozzi 和 Phillips 提出的整体性解释（holistic construal）方法尤其值得我们加以参考和借鉴。① 构建中国组织工作环境研究分析框架主要基于以下几点考虑。

（1）个人本位论认为，一个人的自由发展、个人价值、个人幸福高于一切，社会制度和规范、国家和政府以及社会组织和群体的作用当以其对个人幸福所起的作用为标准来加以评判，即使有国家设计的各种制度存在，那也只是个人发展的一种必要条件，而非充分条件，这就是波普尔所谓的“国家是一种必要的罪恶”的观点。虽然离开国家必要的干预，个人自由会失去保障，但国

① Richard P. Bagozzi and Lynn W. Phillips, “Representing and Testing Organizational Theories: A Holistic Construal”, *Administrative Science Quarterly*, Vol. 27, No. 3, 1982, pp. 459 – 489.

家过多干预同样会造成人们自由、幸福地死亡。面对这一“自由的悖论”，一个社会的出路就在于设计出合理有效的民主制度以对国家权力进行限制，防止其限制和威胁公民的社会生活。因此，人们工作于其中的各种社会组织，理应就是公民实现个人价值、追求个人幸福的理性工具，它们无须与国家的权力产生联系，也不应听从政府的命令安排、接受政府的控制和影响。

我们认为中国社会以集体秩序为本，显著区别于个人本位的西方国家，因此，研究中国组织中的工作环境必须首先从中国社会特有的宏观社会制度和结构出发，去探求组织中工作环境发生和存在的原因，而不宜从相反的方向切入，比如从人们的个性特征、教育地位、收入财富、技术职称等因素研究它们对工作参与状况、组织认同程度的影响。中国几千年文明史的经验告诉我们，离开了强大的、统一的中央集权和国家管理职能的充分发挥，社会就会陷入一片混乱和动荡不安。个人或集体越是追求私利和局部利益，就越需要有一个相对强大的国家进行管理，实施社会控制，保障社会秩序。恩格斯也告诉人们，“为了使这些对立面，这些经济利益相互冲突的阶级，不致在无谓的斗争中把自己和社会消灭，就需要有一种表面上凌驾于社会之上的力量，这种力量应当缓和冲突，把冲突保持在‘秩序’的范围以内；这种从社会中产生但又自居于社会之上并且日益同社会相异化的力量，就是国家”①。改革开放以来出现的所谓“中国奇迹”或“中国模式”，是与中国共产党及其领导下的政府坚持中国特色社会主义道路，充分发挥其对整个社会的控制力、影响力、号召力息息相关的，“坚持党政军民学、东西南北中，党是领导一切的”“坚持全国一盘棋”，所有各类组织中的这种政治嵌入以及其他非专业因素在组织中的嵌入，从根本上塑造与影响着组织中的工作环境的面貌。正是基于中国组织工作环境的这一嵌入性特点，研究组织中的工

① 《马克思恩格斯文集》第4卷，人民出版社，2009，第189页。

作环境的根源不应到劳动者个体特征那里去寻找，而应到嵌入在组织结构中的政治因素和其他非专业因素那里去探寻。

（2）我们研究中国组织的工作环境必须要清楚地意识到一个问题，那就是各类组织既是专业性、技术性的组合体，同时它们也是党和国家实现社会治理的形式和工具，过去是、现在仍是一种具有二重属性的“单位组织”。受到“社会主义”与“市场经济”双重逻辑的巨大影响，任何组织通过“制度化”的过程必然会在工作时间、工作场所、工作报酬和工作参与四个侧面造成特有的客观工作环境局面，并且这种客观工作环境还必然要随着中央政府意志的变化而发生相应的改变，因为国家制度的价值导向和追求深刻地影响着各种组织的结构布局乃至组织内部工作环境的形塑。故而组织工作环境的研究从这四个角度出发，既符合中国社会构造的逻辑，又符合社会学的社会环境影响和塑造人的生活状态的基本原理。比如，中国企业组织的工作环境肯定与40多年来我国经济制度和体制所经历的探索式改革政策紧密联系在一起。尤其是进入21世纪，中国加入了WTO，中国经济开始全面纳入全球化的世界经济体系之中，逐渐成了世界工厂，“中国制造”遍布全球，中国企业也开始全面、综合地处理组织内部环境的各种关系。与世界经济接轨、参与国际市场竞争，导致了中国经济增长非常迅猛，各行各业都突飞猛进，经济体量也于2010年位居世界第二，中国人的生活水平明显提高。然而面对各个行业发展态势的日益不平衡，党和国家又提出和开始推行供给侧结构性改革，党的十九大进一步提出“高质量发展”，将推动高质量发展作为新时代确定发展思路、制定经济政策、实施宏观调控的根本要求。可以想象，中国各种所有制经济主体始终贯彻着改革不同阶段的逻辑，在不同阶段的经济管理体制和分配体制中成就着不同的组织架构和运行机制。因此，我们设计客观的指标和量表去有效把握中国组织工作环境四个方面的客观事实，既是对宏观改革政策和制度要素“嵌入”组织所造成的工作环境状况的考察，当然也是科学构建组织工作环境研究分析框架的首要任务。

（3）人是工作环境之主体，人必然会对所处客观工作环境产生相应的认知感受和评价，从而形成工作环境中的重要构成因素：工作心理环境。客观工作环境状况不同，引发的主观心理反应属性也相异，而所有这些不同的心理和情绪因素组合起来，就成了工作环境研究分析框架里不可或缺的、具有动机和活力特性的内容。离开了这些东西，工作环境研究就可能会见物不见人，将因变得空洞无物而丧失社会学研究的特有价值追求。马克思主义的物质与意识对立统一关系原理告诉我们，物质是第一性的，意识是第二性的，相对于意识，物质具有独立性、根源性，而意识对于物质则具有依赖性、派生性。物质对于意识具有决定作用，是物质决定意识而不是相反。当然，意识也不是消极被动的，它是对物质的复写、摄影和反映，且对物质具有能动的反作用。这一物质和意识、客观与主观的统一性原理对我们构建工作环境中的因果模型很有帮助。工作环境既是一种客观存在，也是一种主观心理状态，是对客观工作条件的主观映像和反映。这种主观的意识是由各种反映形式、反映内容共同组成的完整体系，有像工作倦怠感、工作－家庭冲突感、工作场所主观感受和知觉这样的感性认识，也有像相对剥夺感、收入满意度、工作社会价值感等这样的进行判断、推理的理性认识。无论是感性认识所反映的工作环境的外部现象，还是理性认识所反映的工作环境的内在本质，它们都属于工作环境范畴。人们的主观心理环境也是一个复杂的结构系统，它首先是与人们的工作需要和利益有关的事项、关系的感受与评价，既有由历史惯性继承而来的传统成分，更多的是人们在现实的工作实践和交往活动中形成的感知。工作环境这种客观与主观对立统一的关系提示我们，构建一种关于工作环境研究的分析框架，除了客观工作环境要素之外，还必须把这些主观心理因素纳入其中，它们理应成为组织工作环境研究分析框架中不可或缺的内容。因此设计相应的反应性指标和量表去把握这些主观性心理事实，自然是框架研究的题中之义。

（4）鉴于中国社会集体本位、追求秩序的社会特征，工作环境研究分析框架必然需要与组织治理所追求的团结秩序、组织认同勾连在一起。我们认为，在中国社会制度和结构背景下，集体秩序与个人行为是同一的，集体利益和个人利益是一致的，它们二者不是所谓的零和博弈，而是真实的互构双赢，单纯偏重任何一方都可能会造成工作环境质量的下降乃至恶化。党的十八大以来，我国把经济体制改革的重点放在了处理好政府与市场的关系上，明确要划定政府和市场的边界，真正实现市场的归市场、政府的归政府，达到政府既不错位、越位，也不失位的改革目标。这样做的意图大概有两个。一是把改制后的国有企业和其他各类经济组织平等地置于市场环境中，使市场在资源配置中起到决定性作用，以此激发各类企业建设和完善工作环境，从而吸引和凝聚人才，充分调动职工的工作积极性，提高自身在市场中的竞争力。二是要充分发挥政府“看得见的手”的作用，提升国家治理体系和治理能力的现代化水平，优化其公共管理服务与监督职能，确保宏观经济稳定和社会运行井然有序。换句话说，新时代各类企业和组织所面临的是社会学意义上的治理问题，是组织决策者、管理者通过怎样的工作环境安排来激励员工，员工又如何以及在多大程度上受到激励从而达到对组织的认同并投入工作角色扮演的问题。只有当员工在工作环境中产生了更多的获得感、幸福感、安全感，他们才会产生对组织紧密的依恋感、对工作深深的投入感。这样的心理感受和激励作为一种特殊的主观心理环境因素，又会反过来对组织的良性运行、发展壮大产生能动的反作用，最后促进政府实现维护秩序、促进人民安居乐业的目的。所以设计指标及量表科学地“触摸”组织工作环境中这样的信任感、团结感、激励感等客观性的主观现实，也是构建工作环境研究分析框架的必然之举。

（5）通过前面几个章节的研究分析，我们已经从工作时间、工作场所、工作报偿和工作参与四个角度对组织内部工作环境的整体状况进行了初步测量、评估和分析。指导我们研究的是这样的思路，先设计好测量组织制度环境与客观工作环境的量表，运用调查数据对量表的信度进行评估，并获得相应的概念构建指数。然后再对这些量表在组织和社会中的分布进行描述性统计和相关因素分析，研究测量量表得分在不同特征社会群体上的分布是否存在显著的差异。至此，本研究并未继续用这些工作环境变量对个体与组织特征做探求原因的回归分析，因为我们认为造成这样客观状况的原因主要在于组织所处的宏大社会制度背景，以及组织决策者实际所做的变通和适应状况，而不在于员工个体的种种社会特征。接着我们回到工作环境的主体——职工本身，编制由反映性指标构成的量表，运用数据评估量表的测量信度，获得相应的结果，以系统把握客观工作环境因素在人们心里所造成的种种感受和情绪。最后我们用这些心理环境变量对客观环境因素做回归分析，对它们之间的关联状况进行实证评估研究。

经过以上研究，我们已得到如下结论。①工作时间质量由形式工作时间状况和实质工作时间状况构成，经过将其与直接关联的心理环境因素如工作倦怠感、工作－家庭不平衡感进行相关统计分析，我们认为本研究使用的工作时间质量指标和量表是有效的。②工作场所状况由工作物理环境和工作服务设施两个客观性维度构成，通过将其与主观工作场所评价以及组织认同感等心理变量进行相关研究，工作场所状况指标及量表的效度也得到了数据的初步支持。③工作报偿既包括物质性报酬，也包括非物质性的精神回报，把握工作环境中的工作报偿状况，我们编制了相应的量表测量了人们的工作付出和工作报偿状况，用付出－报偿不平衡比率来评估组织工作环境中工作付出与工作报偿之间关系的状况。通过与相对剥夺感、地位不一致性和工作收入不满意等心理环境因素的相关性统计，我们认为付出－报偿不平衡确实能对工作报偿相关的现象做出有效的解释，研究结果符合现实中的人们的实际感受。

④最后是工作参与状况，我们建构了鼓励建言制度状况、配置性参与、表达性参与、参与决策权和非正式参与量表，统计表明这些量表都具有一定的信度和效度，与相应的几个心理环境变量的相关统计分析结果表明，这些工作参与的指标及量表（非正式参与量表除外）能有效地帮助我们认识和把握工作参与状况这一重要社会事实。

（6）西方社会以个人利益和幸福为中心，由此作为切入点去研究工作环境并设计相关指标自有道理。但中国有强大国家的存在，有稳定秩序的诉求，所以组织工作环境的研究必须结合这一现实国情，而不可完全跟着西方学者制定的标准走。随着经济社会全球化进程的进一步推进，中国特色社会主义制度以及经济社会组织的治理体制和机制都面临着挑战。站在组织治理、组织运行的立场，如何增强组织的社会团结，增强人们与组织之间的互赖关系，提高员工的工作积极性，这是任何单位组织工作环境建设的核心问题和最终目标。因此我们认为组织工作环境研究的完整分析框架有必要置组织认同感这个概念构建于分析框架的中心位置，以使上述各个量表的效度及其之间的关系得以最终确认。需要说明的是，这里的组织认同感是指组织成员在心理和行为上对组织形成的一种综合的一致性倾向，它既属于组织心理环境的范畴，也是组织治理追求的目标，在组织心理环境中居于核心位置。道理很简单，组织成员具有了强烈的组织认同感，就意味着一个组织具有了很强的内部凝聚力，意味着组织工作环境治理的卓有成效。

至此，我们认为组织工作环境操作性框架的探讨需要包括三个层面的建构。第一个层面由客观的工作时间、工作报偿、工作场所和工作参与四个方面的客观环境条件组成，这里的指标和量表既包括有关工作活动的各种规章制度安排及措施方法，也涵盖规章制度促动和限制下的人们的客观行为表现。第二个层面主要是人们对客观工作环境以及组织制度环境的种种主观感受和评价，如因工作时间质量而造成的工作倦怠感和工作 - 家庭冲突感，因工作报酬而形成的相对剥夺感、地位不一致性和收入不满意度，对工作参与状况形成的工作社会价值感、工作满意感、组织信任感和非制度化维权态度等。这些建构及其量表把握的既是主观心理环境，也体现出了组织治理状况与水平的六个方面的内容。第三个层面则是由以上客观工作环境、主观心理环境所共同导致的后果，包括反映个人与组织依赖关系的组织承诺，反映个体工作角色行为的工作积极性或工作投入感，以及反映个体组织责任心、组织奉献意识的自愿合作的组织公民行为，即组织认同感。总之，我们期望通过将这三个层面的概念及量表整合到一个关于工作环境的完整结构模型中，对调查数据进行拟合，最后对本研究所提出的把握组织工作环境的指标及量表效度进行整体性的考察与评估。

二　组织工作环境结构模型分析结果

任何一个分析模型都由三类概念构成：理论（theoretical）概念、衍生（derived）概念和经验（empirical）概念。构建组织工作环境结构模型，工作环境自然是最为核心的理论概念，处于理论结构的中心地位。而在治理视角之下，改善工作环境的目的就在于追求组织的整体一致性，使组织成员形成组织认同感。从这个意义上说，组织认同就有理由成为工作环境治理追求的结果。治理视角下的工作环境研究，可以假设组织认同是工作时间、工作场所、工作报偿和工作参与四个方面的函数，这四个方面是由工作环境这一主题概念所衍生出来的四个分析概念，且其中任何一个分析概念又都统摄着多个反映组织制度环境、客观工作环境和主观心理环境等内容的经验概念。工作时间、工作场所、工作报偿、工作参与及组织认同这五个衍生概念都是抽象的、不可直接观测的，都要进一步通过衍生的概念来获得自身的意义。这里，理论概念（工作环境）由其衍生性概念来界定，衍生性概念则是理论概念所指称的具体概念，几个衍生性概念共同构成了一个理论概念的种类、外延，通过类属的数量而与理论概念形成一种理论性定义关系。这就是说，分析框架中的四个理论概念，包括组织认同，它们各自从不同的角度对工作环境给出了理论规定，从而这些衍生性概念形成了理论概念的名义定义（nominal definition），即衍生性概念与理论概念几乎就是同义语的关系。

图 8－1 中的小椭圆表示的是经验概念，相比于核心理论概念、衍生性概念，这些经验概念的抽象程度是最低的，它们是最接近可观测的经验界面的概念，也可以说是理论概念的指标变量。工作环境理论框架中的任何一个衍生性概念都是由数目不等的经验概念来进行观测、获得确认的，这些经验概念都是可以通过客观的工具或量表加以测量的。比如人们的形式工作时间状况可以通过实质工作时间、加班时间、通勤时间、休息时间、兼职时间、轮班时间、弹性工作时间等经验指标来反映，而相对剥夺感则可以由通过职工在经济收入、福利待遇、社会地位上与相应参照群体相比较而产生的主观判断的经验指标构成的量表来反映。工作环境理论模型中的具体指标通过个体给予的数字或符号来加以界定（短线），通过将经验指标与现实工作环境等同起来（有测量误差 e），从而给予经验概念以意义。

在我们构建的组织工作环境整体分析框架中，工作时间、工作参与、工作场所和工作报偿四个衍生性概念在工作环境整体结构框架中居于关键地位，不是工作及劳动分工本身，而是在这四个方面围绕工作者所发生的客观制度安排和角色实践状态、主观心理感受共同构成了组织的工作环境。组织工作环境应是通过组织结构（制度与规则）与个体行动的“辩证”作用而呈现的一种实践形态，即使个人没有意识到他们角色行为的目的在于形成组织制度结构，其角色行为也可以说明吉登斯所谓的结构的“二重性”。

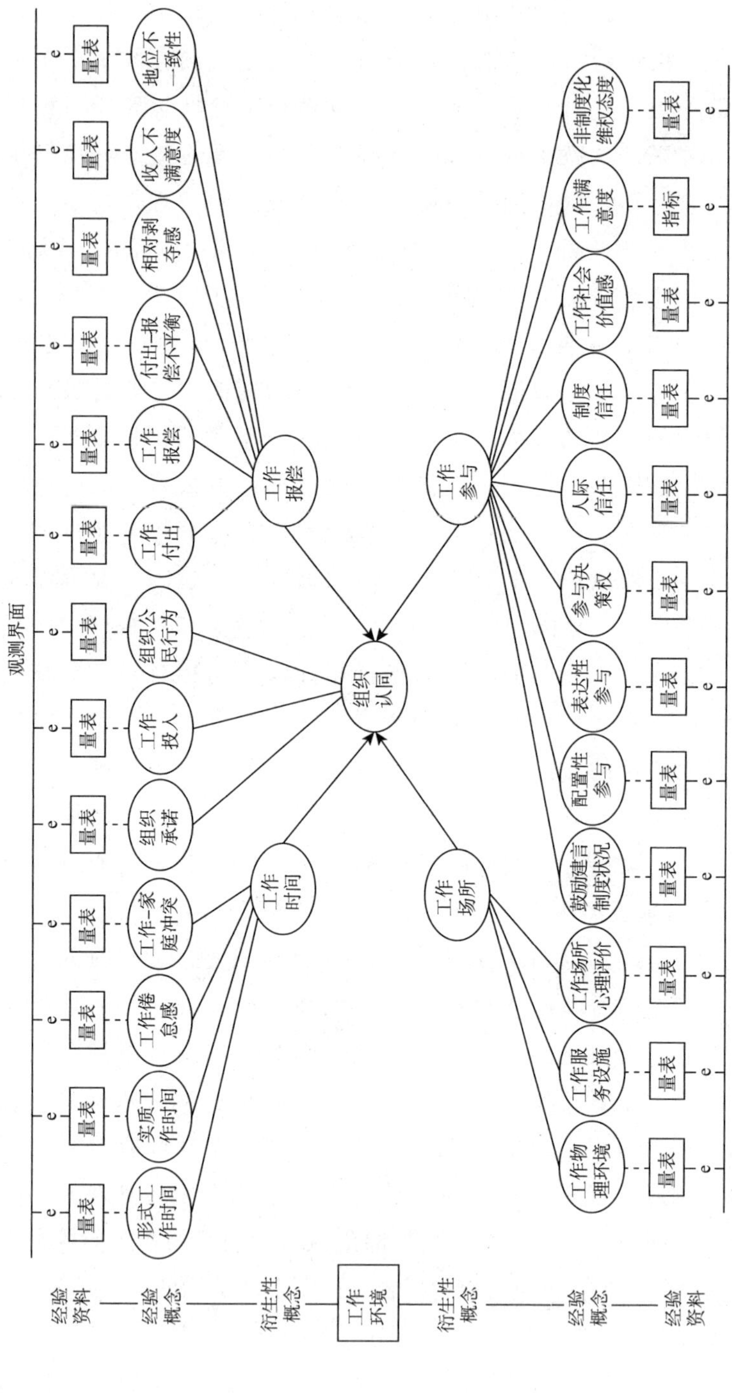

图8－1　治理视角下的工作环境研究分析框架

如果没有个人的角色行为及"反思性监控"的心理过程，就不可能存在组织的制度结构，而没有制度环境，也不可能有个人的工作角色行为。组织工作环境既是指客观结构条件和个人角色模式，也包含个人对它们的主观心理感知，包含各种特有的社会心理事实，其中组织认同感是最具组织治理意义的、组织成员对组织所产生的一种一致性倾向，所以构建分析框架当然需要考虑工作环境的这种客观-主观的二元对立及其互构关系。这里提出的组织工作环境研究的分析框架就像是一个复杂的空间网络，"节点"处呈现的是概念，而"线索"将或按照"定义"或按照"原理""假设"把这些概念联结在一起。所以分析框架中不仅有足够多的概念，而且还要考虑这些概念之间的关系。该分析框架当然不能脱离现实组织中的工作环境状况，它应当紧紧"漂浮"于经验观测的界面之上，并凭借解释的规则而"锚定"于经验观测的资料中。

工作环境的所有变量都是作为一阶因子直接进入结构模型的（将工作整体满意度设置为单指标的因子），各一阶因子测量量表的信度和效度在第四、第五、第六和第七章中均已得到评估。在对整体结构模型进行拟合之前，我们先用方差膨胀系数评估了所有 24 个一阶因子变量的多重共线性和相关状况（见表 8-1），结果显示，方差膨胀系数（VIF）分布在 1.00~1.18，都低于可接受的临界值 3.33[①]，说明这里基本不存在多重共线性的问题。

在所构建的结构模型中，我们把工作时间、工作场所、工作参与和工作报偿四个概念视为构成性因素，形式工作时间与实质工作时间是工作时间的两个构成性指标变量，工作物理环境和工作服务设施是工作场所的两个构成性指标变量，鼓励建言制度状况、配置性参与、表达性参与和参与决策权为工作参与的四个构

① R. T. Cenfetelli and G. Bassellier, "Interpretation of Formative Measurement in Information Systems Research", *MIS Quarterly*, Vol. 33, No. 4, 2009, pp. 689-707.

表 8-1 工作环境分析框架中各变量的相关系数矩阵

	VIF	1	2	3	4	5	6	7	8	9	10	11	12
1. 付出－报偿不平衡比率	1.00	1.00											
2. 组织承诺	1.11	-0.25	1.00										
3. 地位不一致性	1.00	0.29	-0.27	1.00									
4. 人际信任	1.00	0.01	-0.08	0.02	1.00								
5. 制度信任	1.00	-0.13	0.22	-0.13	-0.04	1.00							
6. 工作倦怠	1.00	0.14	-0.29	-0.01	0.21	-0.10	1.00						
7. 相对剥夺感	1.00	0.21	-0.31	0.31	-0.02	-0.08	0.18	1.00					
8. 表达性参与	1.09	-0.22	0.17	-0.35	-0.08	0.15	0.01	-0.14	1.00				
9. 工作－家庭冲突	1.00	0.04	-0.05	-0.03	0.26	-0.05	0.19	-0.07	0.00	1.00			
10. 工作投入	1.11	0.11	0.21	-0.11	0.00	0.41	-0.01	-0.03	0.17	0.00	1.00		
11. 工作付出	1.00	0.27	0.13	-0.28	-0.02	0.25	0.12	-0.12	0.27	0.01	0.59	1.00	
12. 工作报偿	1.00	-0.65	0.40	-0.52	-0.02	0.33	-0.08	-0.35	0.46	-0.02	0.27	0.34	1.00
13. 工作满意度	1.00	-0.24	0.53	-0.25	-0.05	0.26	-0.23	-0.32	0.17	0.02	0.23	0.15	0.39
14. 形式工作时间	1.00	-0.41	0.25	-0.27	0.02	0.11	-0.10	-0.14	0.32	0.03	0.10	0.00	0.47
15. 组织公民行为	1.15	-0.13	0.28	-0.24	-0.05	0.27	-0.11	-0.23	0.27	0.04	0.29	0.29	0.36
16. 配置性参与	1.16	-0.19	0.22	-0.28	0.22	0.41	-0.09	-0.23	0.20	0.12	0.27	0.22	0.38
17. 工作物理环境	1.00	-0.04	0.10	-0.09	-0.08	0.03	-0.11	-0.02	0.08	-0.08	0.00	0.02	0.09

续表

	VIF	1	2	3	4	5	6	7	8	9	10	11	12
18. 工作场所设施	1.00	-0.28	0.19	-0.30	-0.07	0.13	-0.03	-0.08	0.43	-0.04	0.12	0.15	0.43
19. 工作决策权	1.18	-0.14	0.18	-0.41	0.05	0.11	0.02	-0.22	0.25	0.17	0.10	0.19	0.30
20. 实质工作时间	1.00	-0.01	0.14	0.05	-0.08	0.03	-0.28	-0.04	-0.03	-0.24	0.09	-0.01	-0.01
21. 工作社会价值感	1.00	-0.15	0.31	-0.26	0.04	0.23	-0.05	-0.23	0.25	0.01	0.27	0.31	0.40
22. 工作场所心理评价	1.00	-0.28	0.46	-0.27	-0.08	0.33	-0.24	-0.40	0.22	0.01	0.24	0.18	0.47
23. 非制度化维权态度	1.00	0.11	-0.14	0.04	0.13	-0.12	0.21	0.10	-0.05	0.12	-0.09	-0.04	-0.16
24. 收入不满意度	1.00	0.26	-0.46	0.30	0.08	-0.22	0.24	0.60	-0.19	-0.04	-0.13	-0.14	-0.42
25. 鼓励建言制度状况	1.06	-0.10	0.15	-0.11	-0.04	0.09	-0.12	-0.11	0.16	-0.04	0.10	0.08	0.19

	13	14	15	16	17	18	19	20	21	22	23	24	25
1. 付出-报偿不平衡比率													
2. 组织承诺													
3. 地位不一致性													
4. 人际信任													
5. 制度信任													
6. 工作倦怠													
7. 相对剥夺感													
8. 表达性参与													

续表

	13	14	15	16	17	18	19	20	21	22	23	24	25
9. 工作 - 家庭冲突													
10. 工作投入													
11. 工作付出													
12. 工作报偿													
13. 工作满意度	1.00												
14. 形式工作时间	0.26	1.00											
15. 组织公民行为	0.32	0.19	1.00										
16. 配置性参与	0.23	0.22	0.33	1.00									
17. 工作物理环境	0.12	0.06	0.07	0.04	1.00								
18. 工作场所设施	0.18	0.33	0.14	0.12	0.05	1.00							
19. 工作决策权	0.21	0.22	0.34	0.34	0.04	0.12	1.00						
20. 实质工作时间	0.09	-0.03	0.05	0.07	0.07	0.00	-0.10	1.00					
21. 工作社会价值感	0.33	0.19	0.35	0.23	-0.05	0.21	0.19	0.07	1.00				
22. 工作场所心理评价	0.61	0.28	0.36	0.26	0.20	0.22	0.23	0.06	0.32	1.00			
23. 非制度化维权态度	-0.10	-0.14	-0.12	-0.12	-0.06	-0.06	-0.01	-0.13	-0.08	-0.15	1.00		
24. 收入不满意度	-0.50	-0.19	-0.30	-0.24	-0.07	-0.17	-0.25	-0.08	-0.27	-0.66	0.13	1.00	
25. 鼓励建言制度状况	0.16	0.15	0.22	0.16	0.03	0.11	0.18	0.09	0.18	0.15	-0.07	-0.16	1.00

成性指标变量，制度信任与人际信任是组织信任的两个构成性指标。同时，对于组织认同感，我们用组织承诺、工作投入和组织公民行为三个结果变量作为其反映性指标加以测量。由于模型中既有反映性指标构成的二阶因子，又存在构成性指标决定的二阶因子，基于协方差求解方法的一般路径结构模型无法使用，所以这里采用 Smart PLS3 的偏最小二乘法（PLS）进行统计分析。运用 PLS，使用 4255 个个案的完整数据（考虑到员工参与不太适用于个体户，这里使用的数据不包含个体户调查个案），采用 Bootstrapping 重复抽样 1000 次对整个结构模型进行拟合。结构模型估计的结果，包括标准化路径系数、路径显著性和最终结果变量的方差解释度（见图 8 - 2），组织认同被解释的方差比例达到 49%，从低阶因子到高阶因子的路径系数即为权重，代表每个低阶因子对高阶因子的相对重要性。整个工作环境结构模型的研究结果可归纳如下。

（1）工作时间由形式工作时间和实质工作时间两个构成性指标共同决定，且在工作时间指数（index）上，实质工作时间的权重要大于形式工作时间。工作时间对人们的工作倦怠（$b = -0.30$）和工作 - 家庭冲突（$b = -0.19$）具有显著的负向作用，即工作时间越长，工作倦怠感就越弱，工作 - 家庭冲突越小，而工作倦怠（$b = -0.05$）又会进一步对人们的组织认同感产生显著的弱化作用。

（2）通过工作场所研究组织工作环境，工作物理环境和工作服务设施确实是工作场所的两个有效构成性指标，它们共同决定了工作场所的优劣，且工作服务设施对工作场所的权重（0.82）要大于工作物理环境（0.54）。工作场所对人们的工作场所心理评价自然具有显著的正向影响（$b = 0.29$），这种心理评价又会进一步对组织认同（$b = 0.13$）产生显著的正向助推作用。研究表明，客观工作场所状况不会直接影响员工的组织认同感，而是通过人们的主观社会认知机制来真正发挥影响力。

（3）工作付出与工作报偿是工作生活中的两个重要因素，ERI

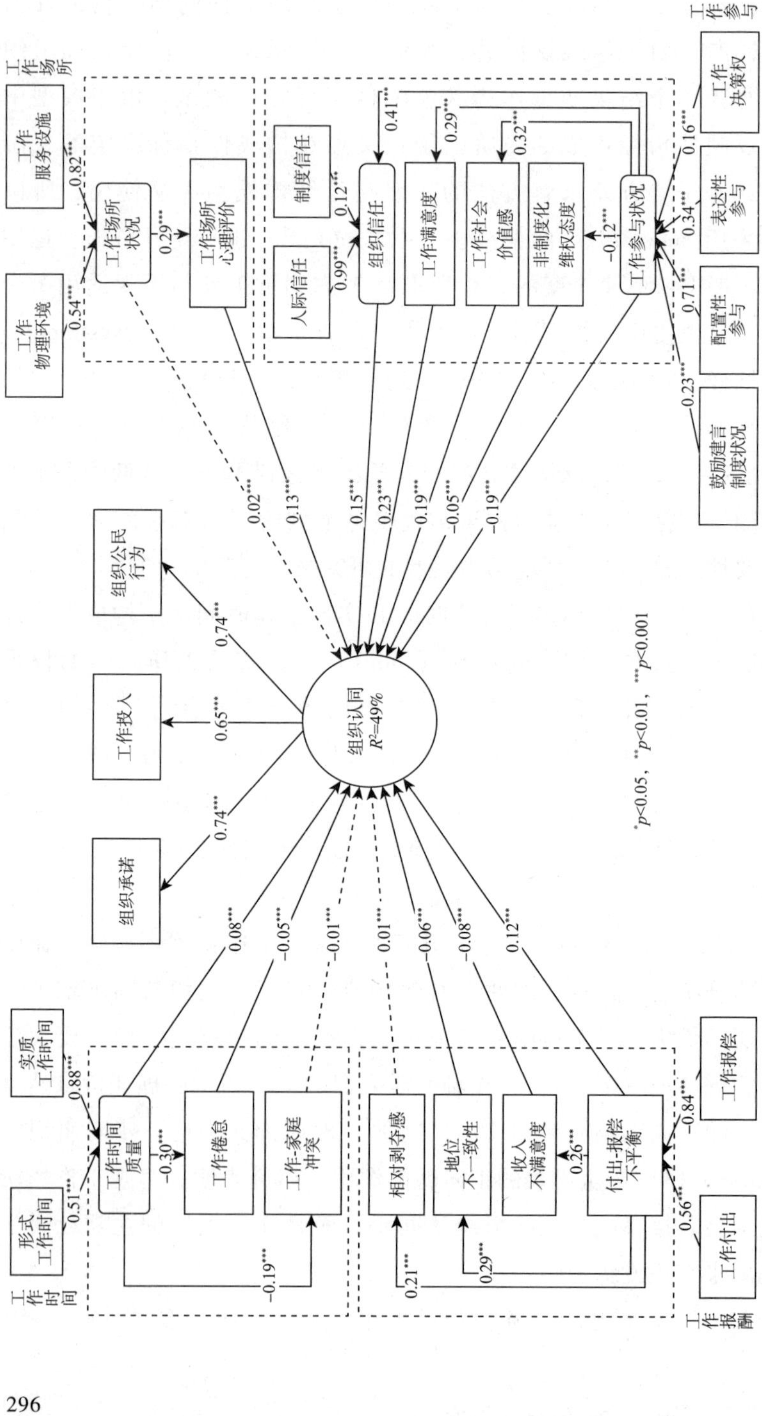

图8－2　工作环境研究分析框架的PLS结构模型分析

系数的大小就定义了二者之间关系的性质。付出－报偿不平衡所形成的矛盾和张力的确会造成三个消极的社会心理后果：显著地增强人们的相对剥夺感（$b=0.21$，$p=0.000$），显著地扩大人们的地位不一致性（$b=0.29$，$p=0.000$），显著地提高人们的收入不满意度（$b=0.26$，$p=0.000$）。而这三种社会心理后果则会进一步降低人们的组织认同感。先前的相关研究[①]表明，人们对单位组织的依赖依相对剥夺感的提高而增强，本研究发现，相对剥夺感对组织认同感的正向影响并不显著。在控制了间接效应的情况下，付出－报偿不平衡对组织认同感表现出显著的正向关联性（$b=0.12$，$p=0.000$）。

（4）研究表明，鼓励建言制度状况、配置性参与、表达性参与与参与决策权确实是构成员工工作参与的四个有效侧面，权重系数都极具统计显著性（$p=0.000$），其中配置性参与对工作参与综合指数的贡献最大（$b=0.71$），而参与决策权的贡献最小（$b=0.16$）。工作参与造成了相应的各种心理后果：显著增强了个人对工作社会价值的感受（$b=0.32$，$p=0.000$），显著提升了个人的整体工作满意度（$b=0.29$，$p=0.000$），显著减弱了人们的非制度化维权态度（$b=-0.12$，$p=0.000$）。更重要的是，它也显著地增强了人们的组织信任感（$b=0.41$，$p=0.000$）。这四种心理感受变量则会进一步对员工产生激励作用，对其组织认同感产生了预期的影响效应：工作满意度越高，工作社会价值感越强，由人际信任和制度信任共同决定的组织信任度越高，则人们的组织认同感也会显著提高；非制度化维权态度越弱，则人们的组织认同感也越强。整个 PLS 结构模型的进一步分析结果表明，客观工作物理环境的四个侧面，工作时间、工作场所、工作报酬和工作参与，都分别与组织制度、组织治理等实践的一系列后果相关联，这些后果关涉到组织内部社会团结和整合、社会矛盾与冲突、社会保护与可持续、

① 李路路、李汉林：《中国的单位组织：资源、权力与交换》，浙江人民出版社，2000，第 70 页。

员工工作角色实践状态、组织成员“主人翁”期待的满足等多方面的内容。研究表明（见表 8－2），就组织治理的目标或内容——组织认同而言，工作时间质量的作用是通过工作倦怠而与之勾连在一起的：工作时间质量经由工作倦怠对组织认同产生了显著的提升作用（$b=0.015$）。工作时间质量虽能减少工作－家庭冲突，但不会通过工作－家庭冲突而影响组织认同感。在控制了间接效应的情况下，工作时间质量依然能够直接提高组织认同感（$b=0.08$），说明工作倦怠这个中介变量承担的是部分中介的作用。

对于组织工作环境治理的目标——组织认同来说，工作场所状况的影响值得我们注意，它的作用仅能通过人们对其形成的感受、体验或评价而产生，客观物质环境条件经由工作场所心理评价而显著影响人们的组织认同感（$b=0.036$）。在这种情况下，工作场所状况对目标变量的直接影响不再显著，说明工作场所心理评价起到的是完全中介的作用。这就意味着，就组织治理而言，离开了对工作场所状况的主观评价，工作物理环境和工作服务设施都可能成为抽象之“物”，其本身是没有社会意义的。

付出－报偿不平衡（ERI）是结合工作付出和工作报酬而形成的一个变量因素，可以用来确定工作付出和工作报偿二者关系的客观属性。研究发现，付出－报偿不平衡与组织治理中的一系列紧张、矛盾或冲突直接相关，并对组织的治理目标产生显著而复杂的影响。付出－报偿不平衡经由收入不满意度对组织认同产生显著的负向作用（$b=-0.021$），通过地位不一致性也能够导致组织认同感显著降低（$b=-0.017$）。付出－报偿不平衡影响组织认同感的总间接效应系数为－0.035，且具有统计显著性（$p=0.000$）。在控制了这些间接效应的条件下，付出－报偿不平衡对组织认同感还是表现出显著的正向直接影响（$b=0.116$），于是它们之间的总效应系数为 0.081，具有统计显著性。可见，付出－报偿不平衡影响组织认同感的多重中介模型实际上是一个很复杂的现象，间接效应与直接效应的性质彼此矛盾、不同。一方面，付出－报偿不平衡确实会通过地位不一致性、收入不满意降低人们的组织认同感。另一方面，人们的付出－报偿不平衡越强，其组织认同感也会随之更强，出现不一致中介效应（inconsistent mediation）。[①] 在工作岗位供不应求的时代背景下，人们只能通过与所在组织保持认同以期从中获取更多的工作报酬，这正体现出了中国组织体制变革所带来的社会意义。

最后，站在工作参与的角度看，工作参与状况整体上会勾连到个人职业角色实践的社会价值意识、工作整体满意度、组织信任感，以及非制度化维权态度，从而对组织治理目标的实现产生作用。间接影响分析结果表明，工作参与状况确实可以经由促进工作社会价值感的提升而增强个人对所在单位组织的依赖和认同（$b=0.059$），能通过提高工作整体满意度间接对组织认同感产生显著影响（$b=0.069$），能够通过塑造较高的组织信任感进一步提高员工的组织认同感（$b=0.061$），最后也能够通过减弱非制度化维权态度而对组织认同感产生强化作用（$b=0.006$）。控制了这些间接作用后，工作参与状况对工作投入的直接影响依然显著（$b=0.192$），证明所有间接因素发挥的是部分中介作用。

总之，通过以上整体结构模型的分析，我们认为本研究提出的关于工作环境的分析框架是可以被接受的，本研究设计的各个指标和量表，以及由它们构成的整体分析框架是能够对现实组织工作环境状况做出解释和说明的。

表 8－2　直接效应和间接效应分析结果

路径	直接效应	间接效应	结论
1. 工作时间质量到组织认同特定中介效应			
工作时间质量→工作－家庭冲突→组织认同		0.001（0.496）	

① David Peter MacKinnon, *Introduction to Statistical Mediation Analysis*, Hove: Lawrence Erlbaum Associates, 2008, p. 109.

续表

路径	直接效应	间接效应	结论
工作时间质量→工作倦怠→组织认同		0.015（3.615）***	
工作时间质量→组织认同	0.078（5.867）***		部分中介
2. 工作场所状况到组织认同特定中介效应			
工作场所状况→工作场所评价→组织认同		0.036（6.331）***	
工作场所状况→组织认同	0.018（1.448）		完全中介
3. 付出-报偿不平衡到组织认同特定中介效应			
ERI→收入不满意度→组织认同		-0.021（4.026）***	
ERI→相对剥夺感→组织认同		0.003（0.859）	
ERI→地位不一致性→组织认同		-0.017（4.523）***	
ERI→组织认同	0.116（8.856）***		部分中介
4. 工作参与到组织认同特定中介效应			
工作参与状况→工作社会价值感→组织认同		0.059（12.667）***	
工作参与状况→工作满意度→组织认同		0.069（12.192）***	
工作参与状况→非制度化维权态度→组织认同		0.006（3.507）***	
工作参与状况→组织信任→组织认同		0.061（9.937）***	
工作参与状况→组织认同	0.192（12.958）***		部分中介

注：括号中为系数对应的 t 统计值。

三　本研究的主要结论

我们以 2017 年的大规模问卷调查数据为基础，对中国组织中的工作环境及各个层面的关系进行了统计分析，这里对工作环境研究的结果进行一下总结。

我们认为，一个组织中的工作环境的好坏，可以从三个既有区别又相互联系的方面的状况加以评判，即组织的规章制度环境、客观的工作物理环境和主观的心理环境。它们之间的关联机制表现为，组织的规章制度从整体上指导着人们的角色行为，塑造着成员之间权力关系和互动关系的模式化和秩序化，也决定着工作过程中物质条件和工作时间的安排。公正合理、符合人性的规章制度能够形成高质量的客观工作物理环境；反之，组织中的制度环境过于偏离其所处其中的宏观政法制度、文化期待和主导观念制度等，客观的工作物理环境自然就会恶化，导致质量低下甚至没有质量可言。比如，《职业病防治法》规定，产生职业病危害的用人单位，其工作场所应当符合相应的职业卫生要求。但企业出于种种因素特别是利益的考虑，可能在工作场所上就没有做出相应的规定，或者把一纸规定高高挂起，导致工作场所存在物理的、化学的危害性因素，形成恶劣的工作物理环境。我们的数据分析结果已经证明，工作场所安排在户外、环境中有各种粉尘、有物理性危害因素、没有安全警示标识都会显著降低工作物理环境质量，进而影响工作场所的整体状况。

组织制度环境不仅直接影响客观工作物理环境质量，而且与客观工作物理环境一起又共同对主观心理环境产生作用。组织的制度安排越合理，客观工作物理环境质量越高，这意味着这样的制度环境和工作环境越符合劳动者的心理期待，越有助于人们的身心健康和促进人的全面发展，最终就会导致相应的更为积极、正面的情感反应。反之亦然，制度规范不合理、不公平，工作中的客观条件不能满足人们物质、交往和精神生活的需要，劳动者自然就会产生相应的较为负面的、消极的心理体验，从而影响工作行为。例如，单位组织执行每天 8 小时工时制甚至更短是一个被广为接受的社会事实，工作者较短的工作时间体现了工作时间的高质量。而高质量的工作时间则有利于人们体力和精力的恢复，有利于他们处理好工作和社会生活的关系，这就有助于他们产生积极的心理状态。反之，用人单位经常做出规定要求员工每天工作的时间超过8小时，且常常有加班现象，则工作时间质量就会变差，而这种较差的工作时间质量就会加重劳动者的工作倦怠感，增强他们的工作－家庭冲突感，酿成消极的、挫败的心理情绪。前面工作时间质量的数据分析结果已经证明了这个因果链条真实存在，日工时少于8小时，未要求加班，实行弹性工作制，上班时无须打卡，工作时没有人监视，且个人可享受各种周期性节假日等，这些规章制度都可以显著地提高组织的工作时间质量。进一步的研究发现，工作时间质量与相应的两个主观心理变量——工作倦怠感和工作－家庭冲突感都呈显著的负相关关系，即工作时间质量越好，职工的工作倦怠感越弱，工作－家庭冲突感也越弱。

对于由三重现实构成的组织工作环境，我们从工作时间、工作场所、工作报偿和工作参与四个角度来进行洞察和分析是符合工作环境理论发展方向和中国组织生活现实的。综观欧盟至今为止的六次欧洲工作环境调查（EWCS），前三次将目光更多地聚焦于工作环境中的物理风险因素（例如噪声、温度、粉尘、化学用品、振动等）以及工作的环境条件，从第四次调查开始将研究视线转移到工作时间，并随后提出了工作时间质量的概念。从第二次调查首次测评个体的工作满意度，之后每次调查都逐渐增加对工作环境中主观感受的测评指标，到2015年的第六次调查又首次提出工作质量的概念来综合概括个体对工作环境的主观评价。对工作收入状况的测量自然是历次工作环境调查不可缺少的内容，与工作行为紧密相关的工作参与在历次调查中也在不同程度上必有涉及。可见，我们确定从这四个切入点来观察和分析中国组织中的工作环境，基本上可与欧盟国家的调查保持一致，并可在某些指标的测量结果上比较。另外，一方面，中国全球化和市场化发展正在走向深入；另一方面，中国人民的需求体系重心已由解决温饱问题提升到追求生活美好，人们期盼有更稳定的工作、更满意的收入、更可靠的社会保障、更高水平的医疗卫生服务、更舒适的居住条件等，而这一切在很大程度上都要靠高质量的工作环境才能实现。所以，我们从这四个角度去考察组织工作环境的质量，也是符合中国社会发展正在进入一个更高台阶的国情的。前文对数据的统计分析可以证明，从这四个角度出发所分别设计出的指标及量表对由三重现实构成的工作环境这一独特社会事实的测量的效度基本上得到了数据的支持，利用这些指标和量表我们可以对一个组织工作环境的状况加以科学的评估和把握。

组织制度环境及客观工作物理环境通过人们的主观心理环境对组织成员行为的激励以及对组织整体的效率产生影响。第四章至第七章的分析结果尤其是本章的工作环境研究分析框架的 PLS 结构模型分析结果告诉我们，在组织的工作环境中，由形式工作时间和实质工作时间共同决定的工作时间质量能直接激励人们的工作行为和组织认同。这就启示我们，组织在工作时间上的治理要侧重于提高组织中的工作时间质量，既要采取措施改善工作时间的形式状况，又要创造条件提升劳动者工作时间的实质效率。因为相关实证研究结果已然表明，如果工作时间质量低下，而且工作时间利用效率较差，组织成员在组织中的角色实践长时间处于超负荷、散漫和懈怠的状态，那么他们就很容易产生身心俱疲、精力耗尽的情绪，既不能处理好自己所承担的组织内外角色的关系（如工作与家庭生活的关系），又会使其自身的角色行为处于一种撕裂的状态，产生心理上的矛盾、紧张。而这种强烈的工作角色倦怠感和工作角色冲突感从工作时间这个角度反映出了不良的工作环境状况，也反映出了组织治理要关注的重点。

工作环境研究分析框架的 PLS 结构模型分析结果告诉我们，在组织的工作环境中，工作物理环境和工作服务设施可以共同决定客观工作场所状况的好坏，二者对客观工作场所状况的影响是正向的、显著的和有效的。有怎样的客观实在，就会有怎样的主观意识反应，工作场所心理评价作为个体对工作场所安全、健康、舒适、美好和满意等主观评价的综合概括，事实证明确实与客观工作场所状况保持着一致和统一的关系，这一主观心理情绪既源于客观物质环境特征，也从工作场所这个角度体现着工作环境质量的优劣。更值得一提的是，工作场所心理评价又会进一步与组织认同感和工作积极性显著地勾连在一起，在客观工作场所状况与结果变量之间占据着完全中介的地位，发挥着不可或缺的桥梁和纽带的作用。所以，组织治理过程中不能忽视对工作场所物质条件的改善和建设，通过消除工作物理环境中的有害因素，完善有利于劳动者身心健康的工作服务设施，也能够从整体上提升组织内部的治理效果和水平。

按劳分配、公平交换、付出与回报平衡是单位组织中每个劳动者的基本权利，是构建良好工作环境的基本条件，当然也是分析和评估组织工作环境状况的一个极为重要的角度。工作付出不单单是指工作所要求的体力消耗、工时长短，也包括工作过程所需要的精力投入、知识智力投入、情感投入等因素，工作付出状况就是对劳动者角色实践过程中多种付出状况的一种综合概括。相应地，工作报偿自然也不单单是指劳动付出之后所获得的经济报酬，也包括劳动者从工作中体验到的自尊、社会支持、发展前景、安全感和地位成就等非物质性回报，工作报偿其实是对这些物质与非物质回报因素的统一性概括。通过对调查数据的统计分析，我们编制的工作付出量表和工作报偿量表的内在结构和测量效度都得到了经验资料的支持。更重要的是，由工作付出量表和工作报偿量表共同决定的付出－报偿不平衡比率表明，约68%的劳动者或多或少存在着工作付出多于工作报偿的现象，这与相关的调查研究结果基本保持一致，说明该测量指标较之于单纯的工作付出量表或单一的工作报偿量表更能准确而有效地反映组织中的工作环境的质量。

工作付出与工作报偿不平衡状态作为客观工作环境范畴中的

一个核心要素，对组织工作环境的治理具有巨大的破坏作用，因为它能直接造成不良的心理后果，这些紧张、愤懑、不满意或抱怨的群体情绪牵连的是不公平、不合理，一旦得不到适当的宣泄，就可能会直接引发组织中的权力冲突，导致组织的分崩离析乃至解体。实证研究结果表明，付出－报偿不平衡的程度越严重，在人们身上所引起的不满意度、地位不一致性和相对剥夺感三种不良心理后果也越强烈，其路径系数极具统计显著性。同时，这一变量与其相应的收入不满意度、地位不一致性又都与组织认同呈显著的负相关关系，即它们都起着削弱组织整合和团结的作用。清楚了组织中付出－报偿不平衡所引发的一连串连锁反应机制，组织治理过程中就要特别注重增强广大劳动者的获得感、满意感和安全感。人们工作收入的增长速度不应长期低于国家经济增长的速度，要提升国民生产总值中对劳动者初次分配的份额，同时要增强人们工作的自豪感和成就感，让人们在工作中找到归属感和安全感，如此，中国组织的工作环境才能更加景气，新时代“人民日益增长的美好生活需要和不平衡不充分的发展之间的矛盾”才能逐渐得以缓解。

让组织成员对组织产生认同并投入工作角色的机制，是组织的制度安排使他们多方位地参与到与工作相关的各项事务中。从工作参与的角度来看组织中的工作环境，意味着把劳动者视为组织的真正“主人”，通过他们在组织中的积极参与行为，使其能够体验到“主人翁”的滋味，拉近用人单位与雇员的关系，激发成员的工作热情和积极性。我们国家始终坚持人民当家做主，不管是哪一类单位组织，劳动者都是“主人”。用人单位适应国家制度的要求，必然都会通过相应的形式化的制度规定给下属成员提供献言献策的机会、设置表达思想和沟通信息的渠道、下放和分配工作决策的权力等，从社会学的角度来说，我国劳动群众的这些参与更具有塑造集体荣誉感、实现组织团结的意义。我们编制了适合中国国情的工作参与指标和量表，对数据的统计分析表明，鼓励建言制度状况、配置性参与、表达性参与和决策参与权四个方面共同构成了组织中的工作参与状况，共同决定了工作参与状况的总体水平。这就启示人们，从工作参与的角度提高组织中的工作环境质量，就要重视给职工更多向上发声的机会，为他们建设和维护好各种表达思想、传递信息的制度化渠道，并“下沉”权力给他们更多的工作决定权，在组织结构日益扁平化的时代这些都是有效地加强组织工作环境治理的措施。

研究发现，从工作参与状况到实现组织中的社会团结，直接性的因果机制确实在发挥作用，而经由一系列主观心理因素在其中形成的复杂的链条式因果机制也确确实实是存在的。正是这些直接关联和间接关联机制的作用，才使得工作参与状况促进组织内的团结和整合成为现实。比如，工作参与状况越好，员工的职业成就感、工作社会价值感越高，工作的满意度越高，人际信任和制度信任的水平也越高，且非制度化维权态度更弱。而人们的工作社会价值感越高，工作满意度越高，非制度化维权态度越弱，人们对组织的认同或依赖就越强，整个组织也更加充满活力。从这些研究结果来看，高质量发展阶段组织治理的关键，就在于通过完善和执行职工工作参与的相关制度，进一步改善组织内部员工工作参与的现状，协调、拉近组织内部决策管理者与员工的社会关系，通过各方的“参与式管理”，营造一种“组织是我家，建设靠大家”的“主人翁”氛围，真正形成人人参与、人人尽力、人人享有的组织治理局面。所以，当员工积极参与组织的事务，把组织和工作的事当成与自己利益相关的事，自觉地认同组织、奉献组织，组织中的工作环境自然就会得到优化，工作环境质量必然获得提升。

在以公有制为主体、多种所有制经济共同发展的宏观制度背景下，工作组织的所有制性质不同，经由“嵌入性”机制而形成的组织制度环境和工作环境的整体状况也各异。从工作时间、工作场所、工作报偿和工作参与四个角度进入组织中的工作环境领域，我们对作为制度与行动相统一的工作环境有了更新的认识：无论站在哪个角度，定量分析结果告诉人们，与体制外工作组织如私营企业或个体化等相比，国有企业、党政机关和事业单位的工作环境状况都表现得更好。对此我们又该做何解释呢？

我们认为，如果组织确实是个体和社会之间必然存在的一个中间结构要素，那么，在个体工作质量与社会发展质量之间，就一定还有一个中间层存在：组织的工作环境质量。正是这个中间层的状况，影响或决定着进入组织的大量个人的工作生活质量，并在一定程度上成为整体社会发展质量的指针。组织工作环境状况如何，自然会依赖组织的所有权性质及其工作环境构建的主导逻辑。在我国，国有企业、党政机关和事业单位等都属于公有制的组织类型，国家是其最终的雇主或所有者，所有职工都是国家的雇员，因此这类组织的工作环境状况必定要体现国家的意志，反映国家经济和社会的整体发展理念。而私营企业或公司等则与之不同，它们隶属于私人，工作环境的构建主要遵照资本的逻辑，即减少成本、增加利润。于是，一方面，所有制不同的两类组织同时存在于我国的制度环境中，制度化的过程和合法性的机制导致它们的工作环境呈现同构特征；另一方面，在经济发展依然是国家重心的情况下，无论是单位制还是非单位制组织，它们对以“效率”为追求的技术环境的适应也会导致其对制度环境的忽视，这一点在非单位制组织工作环境上的表现尤为突出。这说明，当前我国不同所有制组织中的工作环境状况的差异主要体现在质量状态上，而不是结构参数。

我们也对社会中的各个行业领域的工作环境状况进行了观察和分析，结果表明工作环境状况在不同行业领域之间确实存在着显著的差别，且在某些行业领域中的调查结果基本上与欧盟国家的状况保持一致。比如第六次欧盟工作环境调查报告显示，金融服务业在工作质量的几乎所有维度上的得分都是高的，交通运输业和农业在工作质量的某些维度上得分较高，而在另外一些维度上的得分则相对较低。我们的研究也表明，金融保险业在工作环境的所有维度上都有高于平均水平的表现，交通运输业在形式工时状况、工作物理环境等维度上的得分较低，但在工作报偿、工作参与等维度上的状况则相对较好。实际上，类似于单位制，各个行业与国家权力中心的距离是不同的，从而在工作环境的组织化过程中必然会形成一种“差序格局”的状况，一个行业或部门距离国家权力中心越近，则其获得的可用来改善工作环境的资源就越多，受国家制度和法规的制约和促动作用就越大，对国家意志和发展理念的贯彻也越彻底，从而在工作环境的各个维度上表现越良好。研究表明，党政机关和社会事业、教育、公用事业等行业领域中的工作环境状况在各维度上的得分都要优于餐饮业、服务业等，这就使我们采用量化的语言对这个道理做了更清晰、更有力的论证。

总之，工作环境整体分析模型的实证研究给我们的工作环境治理提供了实践上的启发。首先，组织工作环境整体上由工作时间、工作场所、工作报偿和工作参与四个侧面共同构成，其景气状况受到各个侧面相应的制度规范和客观工作环境的影响，故而国家和组织应以制度建设为抓手，努力从这四个角度为劳动者提供和创造更加全面的、高质量的工作环境。比如从形式工作时间、实质工作时间入手提高员工的工作时间质量；从工作物理环境、工作服务设施入手改变工作场所状况；切实从提高一线员工的工资收入、创造体面的与有尊严的工作条件入手来改变付出-报偿不平衡的严重状况；从改善鼓励建言制度状况、促进配置性参与和表达性参与、提高员工的参与决策权等入手，改善组织中的员工参与状况。只有这样，一个组织的工作环境才会更景气，人们才会有更强的组织认同感，有更高的工作士气。其次，在组织制度环境与组织认同乃至工作投入之间，有许多主观心理环境因素在发挥着“中介”作用，如作为完全中介的工作场所心理评价，作为部分中介的相对剥夺感、收入不满意度等，以及组织信任感、工作社会价值感、工作整体满意度等，还有工作－家庭冲突感等。这就启示我们，在组织治理中要关注人们的这些切身感受，要让人们工作得体面、有尊严，要“使人民获得感、幸福感、安全感更加充实、更有保障、更可持续”。工作环境对组织成员激励、对组织整体效率产生影响的这一机制，对组织中工作环境的治理、对组织高质量的发展都有重要的指导意义。最后，工作环境整体上是一个由组织制度环境、客观工作物理环境和主观心理环境三个层次构成的社会事实，可以从工作时间、工作场所、工作报偿和工作参与四个角度来综合加以治理。一个真正高质量的组织工作环境，不可能通过“头疼治头，脚疼治脚”“攻其一点，不及其余”的治理方法来实现，只有站在全面的、普遍联系的立场上精准施策、创新治理，组织工作环境治理才会有成效，整个社会也才会更加景气。

参考文献

白晓红：《普京的“俄罗斯思想”》，《东欧中亚研究》2000年第2期。

彼得·M. 布劳：《社会生活中的交换与权力》，李国武译，商务印书馆，2012。

彼得·德鲁克：《新社会》，石晓军等译，机械工业出版社，2006。

蔡昉：《刘易斯转折点与公共政策方向的转变——关于中国社会保护的若干特征性事实》，《中国社会科学》2010年第6期。

蔡禾、曹志刚：《农民工的城市认同及其影响因素——来自珠三角的实证分析》，《中山大学学报》（社会科学版）2009年第1期。

蔡禾：《城市化进程中的农民工》，社会科学文献出版社，2009。

蔡禾主编《中国劳动力动态调查：2017年报告》，社会科学文献出版社，2017。

陈国权：《组织行为学》，清华大学出版社，2006。

陈绵同、刘晓芳：《工作嵌入理论研究综述》，《商品与质量：消费研究》2015年第2期。

传化慈善基金会公益研究院“中国卡车司机调研课题组”：《中国卡车司机调查报告No. 2：他雇 卡嫂 组织化》，社会科学文献出版社，2018。

传化慈善基金会公益研究院“中国卡车司机调研课题组”：《中国卡车司机调查报告No. 3：物流商 装卸工 女性卡车司机》，社会科学文献出版社，2019。

传化公益慈善研究院“中国卡车司机调研课题组”：《中国卡车司机调查报告 No. 1：卡车司机的群体特征与劳动过程》，社会科学文献出版社，2018。

杜安·P. 舒尔茨、悉尼·埃伦·舒尔茨：《工业与组织心理学：心理学与现代社会的工作》（第 10 版），孟慧等译，上海人民出版社，2014。

范围：《论工作环境权》，《政法论丛》2012 年第 4 期。

高鸿业：《西方经济学》，中国人民大学出版社，2011。

胡伟、李汉林：《单位作为一种制度——关于单位研究的一种视角》，《江苏社会科学》2003 年第 6 期。

黄维德、柯迪：《各国体面劳动水平测量研究》，《上海经济研究》2011 年第 11 期。

姜学文、鞠巍、常春：《职业人群焦虑和抑郁状况与工作环境的通径分析》，《中国心理卫生杂志》2019 年第 5 期。

李汉林、李路路：《单位成员的满意度和相对剥夺感——单位组织中依赖结构的主观层面》，《社会学研究》2000 年第 2 期。

李汉林、李路路：《资源与交换——中国单位组织中的依赖性结构》，《社会学研究》1999 年第 4 期。

李汉林、魏钦恭：《嵌入过程中的主体与结构——对政企关系变迁的社会分析》，中国社会科学出版社，2014。

李汉林、吴建平：《组织团结过程中的员工参与》，中国社会科学出版社，2010。

李汉林：《中国单位社会：议论、思考与研究》，上海人民出版社，2004。

李路路、李汉林：《中国的单位组织：资源、权力与交换》，浙江人民出版社，2000。

刘爱玉、陈彦勋：《工作满意度：农民工与城镇工人的比较》，《江苏行政学院学报》2010 年第 2 期。

刘爱玉：《城市化过程中的农民工市民化问题》，《中国行政管理》

2012 年第 1 期。
《马克思恩格斯文集》第 4 卷，人民出版社，2009。
马克思：《资本论》（第一卷），人民出版社，2004。
曼纽尔·卡斯特：《认同的力量》，曹荣湘译，社会科学文献出版社，2006。
牛建林等：《城市外来务工人员的工作和居住环境及其健康效应——以深圳为例》，《人口研究》2011 年第 3 期。
乔纳森·特纳：《社会学理论的结构》，邱泽奇译，华夏出版社，2001。
卿涛、丛庆、罗键：《企业知识员工工作生活质量结构及测度研究》，《南开管理评论》2010 年第 1 期。
沈原、闻翔：《转型社会学视野下的劳工研究》，《中国工人》2014 年第 5 期。
宋紫峰：《全球产业分工格局：未来走势及中国位势》，《国家治理》2018 年第 23 期。
苏东水：《管理心理学》，复旦大学出版社，2013。
孙小龙、王丽明、贾伟：《工作环境、工作强度与农民工工作流动》，《中国农业大学学报》2016 年第 8 期。
孙钰华：《工作生活质量：追求教师工作与生活的和谐发展》，《比较教育研究》2008 年第 4 期。
孙中伟、张莉、张晓莹：《工作环境污染、超时加班与外来工的精神健康——基于“二次打击”的理论视角》，《人口与发展》2018 年第 5 期。
谭深、刘开明：《跨国公司的社会责任与中国社会》，社会科学文献出版社，2003。
汪和建：《尊严、交易转型与劳动组织治理：解读富士康》，《中国社会科学》2014 年第 1 期。
汪宁：《普京的俄罗斯新思想》，上海外语教育出版社，2005。
王汉生、刘世定、孙立平：《作为制度运作和制度变迁方式的变通》，《中国社会科学季刊》（香港）1997 年第冬季卷（总 21 期）期。

王欢欢：《我一直想找到这样一种制度》，《中国新闻周刊》2017 年第 14 期。

王浦劬：《国家治理、政府治理和社会治理的基本含义及其相互关系辨析》，《社会学评论》2014 年第 3 期。

王欣：《工作嵌入影响因素研究综述》，《科技广场》2015 年第 1 期。

王彦斌：《中国组织认同》，社会科学文献出版社，2012。

王雁飞：《管理心理学》，华南理工大学出版社，2005。

王毅杰、卢楠：《工作环境、相对剥夺与农民工工作倦怠》，《南通大学学报》（社会科学版）2014 年第 3 期。

义海忠、谢德成：《工作环境权的内容及价值》，《宁夏社会科学》2012 年第 5 期。

俞林伟：《居住条件、工作环境对新生代农民工健康的影响》，《浙江社会科学》2016 年第 5 期。

袁庆宏、陈文春：《工作嵌入的概念、测量及相关变量》，《心理科学进展》2008 年第 6 期。

约翰·肯尼思·加尔布雷思：《富裕社会》，赵勇等译，江苏人民出版社，2009。

张静：《基层社会治理为何失效?》，《北京大学中国与世界研究中心研究报告》，2016 年 9 月（总第 111 号）。

张静：《社会建设传统经验面临挑战》，《战略与管理》2011 年第 7 ~ 8 期。

郑永年：《当代中国个体道德下沉根源》，《联合早报》2019 年 7 月 23 日。

中国社会科学院员工参与课题组：《中国企业组织的变迁与员工参与研究报告》，2010 年 5 月。

周雪光：《组织社会学十讲》，社会科学文献出版社，2003。

朱达秋：《俄罗斯思想的现代意义》，《四川外语学院学报》2006年第2期。

朱永凯等：《社会心理工作环境与职业人群心理健康关系的多水平分析》，《中国健康教育》2018年第10期。

Adrian Wilkinson, et al., *The Oxford handbook of Participation in Organization*, Oxford: Oxford University Press, 2010.

Agnès Parent-Thirion, et al., *Fourth European Working Conditions Survey*, Dublin: Eurofound Press, 2007.

Agnès Parent-Thirion, et al., *5th European Working Conditions Survey*, Dublin: Eurofound Press, 2012.

Agnès Parent-Thirion, et al., *6th European Working Conditions Survey*, Dublin: Eurofound Press, 2016.

Andrew E. Clark, "What Makes a Good Job? Evidence from OECD Countries", in S. Bazen, et al. (eds.), *Job Quality and Employer Behavior*, New York: Palgrave Macmillan Press, 2005.

Andrew E. Clark, "WhatReally Matters in a Job? Hedonic Measurement Using Quit Data", *Labour Economics*, Vol. 8, No. 2, 2001, pp. 223 - 242.

Andrew J. Oswald and Stephen Wu, "Objective Confirmation of Subjective Measures of Human Well-being: Evidence from the U. S. A.", *Science*, Vol. 327, 2010.

David G. Allen, Lynn M. Shore and Rodger W. Griffeth, "The Role of Perceived Organizational Support and Supportive Human Resource Practices in the Turnover Process", *Journal of Management*, Vol. 29, No. 1, 2003, pp. 99 - 118.

David Peter MacKinnon, *Introduction to Statistical Mediation Analysis*, Hove: Lawrence Erlbaum Associates, 2008.

David Watson and Ann Keltner Slack, "General Factors of Affective Temperament and Their Relation to Job Satisfaction over Time",

Organizational Behavior & Human Decision Processes, Vol. 54, 1993, pp. 181 - 201.

Duncan Gallie, *Employment Regimes and the Quality of Work*, Oxford: Oxford University Press, 2007.

Elena Ronda Prez and Ronan Van Rossem, "Differences in Working Conditions and Employment Arrangements among Migrant and Non-migrant Workers in Europe", *Ethnicity & Health*, Vol. 17, No. 6, 2012, pp. 563 - 577.

Elizabeth Chell, *Participation and Organization*, London: The Macmillan Press, 1985.

Elizabeth Silva, "Routine Matters: Narratives of Everyday Life in Families", in Graham Crow and Sue Heath (eds.), *Social Conceptions of Time: Structure and Process in Work and Everyday Life*, New York: Palgrave Publishers, 2002.

Emile Durkheim, *The Division of Labour in Society*, New York: Free Press, 1984.

Eugene V. Scheider, *Industrial Sociology: The Social Relations of Industry and the Community*, [S. l.]: McGraw Hill, 1971.

Fred Luthans, *Organizational Behavior: An Evidence-based Approach*, New York: McGraw-Hill/Irwin, 2011.

Guy Standing, "Social Protection", *Development in Practice*, Vol. 17, No. 4 - 5, 2007, pp. 511 - 522.

Hanlin Li, et al., *Searching for Hidden Reality: Anomie and Social Change*, SAD, 1998.

Henry S. Shryock, Jacob S. Siegel and Edward G. Stockwell, *The Methods and Materials of Demography*, New York, London: Academic Press, 1976.

International Labour Office, *Decent Working Time: Balancing Workers' Needs with Business Requirements*, International Labour Organization, Geneva, 2007.

International Labour Office, *Ensuring Decent Working Time for the Future*, International Labour Conference 107th Session, Geneva, 2018.

Jean-Yves Boulin, et al., *Decent Working Time: New Trends, New Issues*, International Labour Organization, Geneva, 2006.

Johannes Siegrist, "Adverse Health Effects of High-effort/Low-reward Conditions", *Journal of occupational health psychology*, Vol. 1, No. 1, 1996, pp. 27 - 41.

Johannes Siegrist, "Effort-reward Imbalance at Work and Health", in P. Perrewe and D. Ganster (eds.), *Research in Occupational Stress and Well Being Vol. 2: Historical and Current Perspectives on Stress and Health*, New York: JAI Elsevier, 2002.

K. D. Opp, *The Rationality of Political Protest*, Boulder, C. O.: Westriew Press, 1989.

K. Polanyi, "The Economy as Instituted Process", in M. Granovetter and R. Swedberg (eds.), *The Sociology of Economical Life*, Westview Press, 1992.

Lewis Coser, *The Functions of Social Conflict*, New York: Free Press, 1956.

Lonnie Golden, *The Effects of Working Time on Productivity and Firm Performance: A Research Synthesis Paper*, International Labour Organization, Geneva, 2012.

Mark Granovetter and Richard Swedberg, *The Sociology of Economic Life*, Boulder, C. O.: Westview Press, 1992.

Mary Douglas, *How Institutions Think*, London: Routledge & Kegan Paul, 1986.

Max Haller and Markus Hadler, "How Social Relations and Structures can Produce Happiness and Unhappiness: An International Comparative Analysis", *Social Indicators Research*, Vol. 75, No. 2,

2006, pp. 169 – 216.

Michael Ertel, et al., "AdversePsychosocial Working Conditions and Subjective Health in Freelance Media Workers", *Work and Stress*, Vol. 19, 2005, pp. 293 – 299.

M. Joseph Sirgy, *Handbook of Quality-of-life Research: An Ethical Marketing Perspective*, Dordrecht, London: Kluwer Academic Publishers, 2001.

M. Joseph Sirgy, *The Psychology of Quality of Life: Hedonic Well-being, Life Satisfaction, and Eudaimonia*, Dordrecht: Springer, 2012.

Nausheen author Nizami and Narayan author Prasad, *Decent Work: Concept, Theory and Measurement*, New York: Palgrave Macmillan Press, 2017.

Nee Victor, "A Theory of Market Transition: From Redistrbution to Markets in State Socialism", *American Sociological Review*, Vol. 54, 1989, pp. 663 – 681.

N. Luhmann and Soziale Systeme, *Grundriß einer allgemeinen Theorie*, Frankfurt: Suhrkamp, 1984.

N. Luhmann, *Erkenntnis als Konstruktion*, Bern: Benteli, 1988.

N. Luhmann, *Liebe als Passion: Zur Codierung von Intimität*, Frankfurt: Suhrkamp, 1982.

N. Luhmann, *Macht*, Stuttgart: Enke, 1975.

N. Luhmann, *Soziologische Aufklaerung* 1, Opladen: Westdeutsche Verlag, 1970.

Pascal Paoli and Damien Merllié, *Third European Survey on Working Conditions* 2000, Dublin: Eurofound Press, 2001.

Pascal Paoli, *First European Survey on the Work Environment* 1991 – 1992, Dublin: Eurofound Press, 1992.

Pascal Paoli, *Second European Survey on Working Conditions*, Dublin: Eurofound Press, 1997.

Richard P. Bagozzi and Lynn W. Phillips, "Representing and Testing Organizational Theories: A Holistic Construal", *Administrative Science Quarterly*, Vol. 27, No. 3, 1982, pp. 459 – 489.

R. Karasek and T. Theorell, *Healthy Work: Stress, Productivity, and the Reconstruction of Working Life*, New York: Basic Books, 1990.

R. Karasek, *Job Content Questionnaire and User's Guide*, University of Southern California, Los Angeles, 1985.

R. K. Merton and A. S. Kitt, "Contributions to the Theory of Reference Group Behavior", in R. K. Merton (eds.), *Social Theory and Social Structure*, New York: The Free Press, 1968.

R. T. Cenfetelli and G. Bassellier, "Interpretation of Formative Measurement in Information Systems Research", *MIS Quarterly*, Vol. 33, No. 4, 2009, pp. 689 – 707.

S. Albert and D. A. Whetten, "Organizational Identity", in L. L. Cummings and B. M. Staw (eds.), *Research in Organizational Behavior Vol.* 7, Greenwich: JAI Press, 1985.

Søren Ventegodt and Joav Merrick, *Health and Happiness from Meaningful Work: Research in Quality of Working Life*, New York: Nova Science 2009.

Stephen P. Robbins, *Essentials of Organizational Behavior*, N. J.: Prentice Hall, 2002.

Tony J. Watson, *Sociology, Work and Organisation*, London: Routledge, 2012.

T. Parsons, *Structure and Process in Modern Societies*, Glencoe I. L.: The Free Press, 1960.

T. Parsons, *The Social System*, New York: The Free Press, 1951.

T. Parsons, *The Structure of Social Action*, New York: McGraw Hill, 1937.

T. R. Gurr, *Why Men Rebel*, Princeton: Princeton University Press, 1971.

United Nations Research Institute for Social Development, *Combating Poverty and Inequality: Structural Change, Social Policy and Politics*, New York, 2010.

Vicki Smith, *Worker Participation: Current Research and Future Trends*, New York: JIA Press, 2005.

W. G. Runciman, *Relative Deprivation and Social Justice: A Study of Attitudes to Social Inequality in Twentieth Century Britain*, Aldershot: Gregg Revivals, 1993.

Wolfgang Lederer, et al., "Significance of Working Conditions on Burnout in Anesthetists", *Acta Anaesthesiologica Scandinavica*, Vol. 50, 2006, pp. 58 – 63.

World Bank, *Social Protection Sector Strategy Paper: From Safety Net to Springboard*, Washington D. C., 2001.

图书在版编目（CIP）数据

中国组织工作环境研究：理论框架与实证分析 / 张彦等著. -- 北京：社会科学文献出版社，2021.11
（中国工作环境研究丛书）
ISBN 978-7-5201-9021-3

Ⅰ.①中… Ⅱ.①张… Ⅲ.①组织工作-研究-中国 Ⅳ.①C916.1

中国版本图书馆 CIP 数据核字（2021）第 184270 号

中国工作环境研究丛书
中国组织工作环境研究
——理论框架与实证分析

著　　者 / 张　彦　宋争辉　李　俊　董金秋

出 版 人 / 王利民
组稿编辑 / 谢蕊芬
责任编辑 / 胡庆英　庄士龙
文稿编辑 / 谭紫倩
责任印制 / 王京美

出　　版 / 社会科学文献出版社·群学出版分社（010）59366453
地址：北京市北三环中路甲 29 号院华龙大厦　邮编：100029
网址：www.ssap.com.cn
发　　行 / 市场营销中心（010）59367081　59367083
印　　装 / 三河市尚艺印装有限公司

规　　格 / 开　本：787mm×1092mm　1/16
印　张：20.5　字　数：276 千字
版　　次 / 2021 年 11 月第 1 版　2021 年 11 月第 1 次印刷
书　　号 / ISBN 978-7-5201-9021-3
定　　价 / 128.00 元

本书如有印装质量问题，请与读者服务中心（010-59367028）联系